首都经济贸易大学出版资助

张成刚 ◎ 著

时代的重铸
新就业形态与去产能职工再就业

首都经济贸易大学出版社
Capital University of Economics and Business Press
·北京·

图书在版编目（CIP）数据

时代的重铸：新就业形态与去产能职工再就业 / 张成刚著. -- 北京：首都经济贸易大学出版社，2024.6.
ISBN 978-7-5638-3699-4

Ⅰ．D669.2

中国国家版本馆 CIP 数据核字第 2024KB3195 号

时代的重铸：新就业形态与去产能职工再就业
SHIDAI DE CHONGZHU: XINJIUYE XINGTAI YU QUCHANNENG ZHIGONG ZAIJIUYE
张成刚　著

责任编辑	胡　兰
封面设计	砚祥志远·激光照排　TEL: 010-65976003
出版发行	首都经济贸易大学出版社
地　　址	北京市朝阳区红庙（邮编100026）
电　　话	(010)65976483　65065761　65071505(传真)
网　　址	http://www.sjmcb.com
E-mail	publish@cueb.edu.cn
经　　销	全国新华书店
照　　排	北京砚祥志远激光照排技术有限公司
印　　刷	北京建宏印刷有限公司
成品尺寸	170 毫米×240 毫米　1/16
字　　数	309 千字
印　　张	17.75
版　　次	2024 年 6 月第 1 版　2024 年 6 月第 1 次印刷
书　　号	ISBN 978-7-5638-3699-4
定　　价	79.00 元

图书印装若有质量问题，本社负责调换

版权所有　侵权必究

前　言

本书聚焦于新就业形态这一劳动力市场最新的变化趋势。我们将探讨这种趋势在帮助中国去产能职工再就业中所发挥的作用，如何利用这一趋势形成帮扶去产能职工、失业者再就业的长效机制，并在去产能行业或任何面临结构性转型行业解决其中劳动者转型过程困境中发挥积极作用。

化解过剩产能中的职工安置问题，即将过剩产能行业的职工向其他岗位、其他企业甚或其他行业转移，本质上是由政策推动的劳动力流动和再配置问题。尽管这一过程有明显的行政化色彩，但在2015年开始的供给侧结构性改革中，中国政府对于去产能职工的安置工作高度重视，为去产能职工提供了多元的流动选项，其中也包含各类市场化色彩明显的、能够与劳动力市场对接的选项——为去产能职工转移到新就业形态中提供各种政策优惠和便利就是其中的典型代表。尽管这一政策尝试仅在局部地区试点，在个别地区和企业获得了一定成功，并未在大范围内铺开，但这一创新举措中的细节、经验和教训，在未来中国经济面临深刻转型的挑战中，对如何帮助传统产业转型升级被"挤出"的劳动者继续在劳动力市场中发挥作用具有重要的借鉴意义。

本书所讨论的去产能职工是2015年开始的供给侧结构性改革中产生的。在中国供给侧结构性改革"三去一降一补"的任务中，去产能是最重要的任务。而去产能中最关键的环节是安排这一过程中受到影响的劳动者群体，即将去产能职工重新安置到能够发挥作用的岗位。去产能所涉及的行业如钢铁、煤炭、煤电、水泥、平板玻璃、电解铝等，都是产业链较长、影响范围较广的行业。在这些行业开展去产能工作，不可避免地会导致本行业以及上下游行业劳动者受到影响。按照官方的说法，对去产能职工进行重新安置，是化解过剩产能工作的首要任务和面临的最大困难。

作为中国特色社会主义的有为政府，在历次经济结构性改革中，中国政府都非常重视普通劳动者的权利和利益保护。在此次供给侧结构性改革的配套措施中，中国政府专门出台了去产能职工安置的配套政策，目的是避免这部分劳动者在改革过程中的利益受损，为推动去产能工作顺利推进减小阻力。相关政府部门从 2016 年起就已经为做好去产能职工安置工作出台相关政策；这当中既包括实施特别职业培训计划、创业担保贷款支持创业就业等积极就业政策，也包括针对部分去产能任务比较重的地区组织实施专项就业援助行动等消极劳动力市场政策，以及通过发挥社会保障和生活救助的托底作用，确保没有能力再就业人员有稳妥的基本生活的长期救助政策[①]。在这些政策指导下，去产能职工安置工作总体进展顺利。人力资源和社会保障部预测的 180 万涉及去产能分流安置的职工中，到 2018 年已经有 110 万得到妥善安置（人力资源和社会保障部党组理论学习中心组，2018），到 2020 年得到安置的去产能职工达到 121 万（人力资源和社会保障部党组，2020）。

但是，去产能职工安置依然面临着重重困难，例如：去产能企业内部安置能力下降；去产能重点地区产业结构单一、就业岗位短缺；去产能职工普遍年龄偏大，长期从事单一工种，学习能力较低，难以适应新岗位要求。在这样的背景下，迫切需要引入新的解决办法，帮助去产能职工获得更好的安置机会。

从 2014 年左右开始，新就业形态开始在劳动力市场中广泛出现。新就业形态是伴随着数字技术发展出现的对劳动力资源的新组织方式，是以互联网平台连接供给和消费两端的工作模式，涵盖了城市生活服务行业中的多个行业。在现实中可以观察到大量的去产能职工群体在失业或本职工作收入受影响后，进入到新就业形态工作并获得收入。这样的成功实践也引起了政策制定者的关注。中国政府在 2015 年"十三五"规划纲要和十八届五中全会公报最早提到"加强对灵活就业、新就业形态的扶（支）持"，首次提出"新就业形态"的概念，激起了社会各界的广泛关注。2016—2019 年的政府工作报告都提到：加强对灵活就业、新就业形态的扶持（2016 年）；加强对灵活就业、新就业形态的支持（2017、2019 年）；运用"互联网+"发展新就业形态（2018 年）。2019 年 7 月的两次国务院常务会议都提到了新就业形态，肯定了我国新就业形态在创造就业岗位方面的巨大作用。

---

① 例如《关于在化解钢铁煤炭行业过剩产能实现脱困发展过程中做好职工安置工作的意见》（人社部发〔2016〕32 号）、《关于做好 2017 年钢铁煤炭行业化解过剩产能实现脱困发展工作的意见》（发改运行〔2017〕691 号）。

除了在理念和方向上支持新就业形态发展外，中国政府尝试了新就业形态对去产能职工就业帮扶的政策试点。2016年，人力资源和社会保障部联合多部委出台了《关于开展东北等困难地区就业援助工作的通知》（人社部〔2016〕106号文），鼓励利用电商、移动出行、家庭服务业等新就业形态平台帮扶去产能职工。在该政策指引下，中国新就业形态的典型代表——滴滴出行成功地与去产能重点企业山西焦煤集团达成战略合作协议，并成功地帮助了5 000多名去产能职工通过网约车平台获得了更多的收入。在滴滴平台上注册的武汉车主中，有7 000多名来自武汉钢铁集团，其中约三成是分流员工，即被安排离开的职工。在供给侧结构性改革和去产能企业转型升级中，如何通过新就业形态这条新途径，帮助去产能企业职工获得就业机会、提升收入、改善就业质量，是本研究关心的主题。

　　国内外对新就业形态发展的研究，已经勾勒出新就业形态的发展现状和可能产生的影响。新就业形态适合去产能职工的人力资本特征。政府部门也已经认识到新就业形态对于推动去产能职工安置的作用。但总体而言，学术界对新就业形态本身的特征，去产能职工如何在平台型劳动力市场顺利转移安置，去产能职工转移到新就业形态工作后的就业质量、就业能力有何变化，政府如何引导和管理新就业形态的发展以更好地发挥其就业效应等问题研究较少。这些问题还需从理论和实证角度进一步予以回答，以更好地为去产能职工安置提供科学、有效的政策建议。本书的研究目标，是分析2015—2019年中国企业去产能中受影响职工在新就业形态中获得就业的过程，包括描述去产能职工在新就业形态中就业的总体情况，记录和评估新就业形态支持去产能职工就业试点政策的经验与教训，构建新就业形态帮扶去产能职工长效机制，并提出相关政策建议。

　　本书详细描述了在此次去产能职工的安置过程中政府以及去产能企业如何将劳动者群体与新就业形态相结合的努力，并尝试在这样的实践中总结如何通过新就业形态帮助去产能职工再就业的规律，吸取在项目组织中的教训。在本书中读者可以观察到新就业形态如何在劳动力市场中发挥岗位创造的作用；可以了解中国政府在劳动力市场机敏而又不失原则的施政策略，最大程度激发了企业贡献社会价值的动力；可以探知煤炭、钢铁等这些传统行业如何与互联网企业在矛盾碰撞中又能协调配合，帮助劳动者解决生计难题。

　　本书的目标不仅仅在于理性分析与客观记录，更希望能够为与去产能职工安置相类似的结构性失业找到解决办法，提供解决思路，为去产能职工以及其他受结构性失业影响的劳动者群体提供新的再就业的途径,为政府的就业服务体系提供新的内容。希望本书能够为政府相关部门制定促进就业、职工安置、产业结构升级中的就业政策等提供参考。

目　录

第一章　导论 ……………………………………………………… 001
　　一、化解过剩产能职工安置工作的问题与挑战 ………………… 003
　　二、新就业形态的概念内涵 ……………………………………… 009
　　三、新就业形态为去产能职工就业安置带来新机遇 …………… 013
　　四、研究问题与研究方法 ………………………………………… 015
　　五、内容框架及研究思路 ………………………………………… 025

上篇　新就业形态

第二章　新就业形态的涌现 …………………………………… 031
　　一、新就业形态兴起的推动力量 ………………………………… 034
　　二、新就业形态的发展 …………………………………………… 047
　　三、新就业形态的影响 …………………………………………… 057

中篇　去产能职工安置的实践

第三章　化解过剩产能与职工安置的理论与实践 ………… 065
　　一、化解过剩产能的现状及政策措施 …………………………… 067
　　二、化解过剩产能中的职工安置问题 …………………………… 074
　　三、去产能职工向新就业形态流动的理论解释 ………………… 089
第四章　新就业形态支持去产能职工就业总体情况 ……… 105
　　一、新就业形态中去产能职工的特征 …………………………… 107
　　二、去产能职工在新就业形态中的工作现状 …………………… 120

三、去产能职工在网约车平台灵活就业的总量测算 …………… 132

第五章　新就业形态对去产能职工就业帮扶实践 ……………… 141
　　一、新就业形态对去产能职工就业帮扶实践主要内容 ………… 144
　　二、煤炭行业政策试点情况 ……………………………………… 147
　　三、钢铁行业政策试点情况 ……………………………………… 157
　　四、政策试点实施存在的问题 …………………………………… 164
　　五、国有企业推进去产能职工市场化安置的经验模型 ………… 167

第六章　新就业形态去产能就业帮扶的政策评估 ……………… 171
　　一、新就业形态去产能就业帮扶实施总体情况 ………………… 173
　　二、新就业形态去产能就业帮扶具体情况 ……………………… 177
　　三、参与政策试点职工调研分析 ………………………………… 179

下篇　新就业形态帮扶去产能职工再就业的机制与建议

第七章　去产能职工就业安置与新就业形态对接长效机制 …… 205
　　一、去产能职工就业安置与新就业形态对接的阻碍 …………… 207
　　二、公共就业服务与新就业形态 ………………………………… 208
　　三、公共就业服务体系与新就业形态对接存在的突出问题 …… 218
　　四、公共就业服务与新就业形态对接长效机制设计 …………… 222

第八章　新就业形态促进去产能职工就业安置的政策建议 …… 229
　　一、去产能职工安置应在供给侧结构性改革和产业升级背景下
　　　　考虑 …………………………………………………………… 233
　　二、就业帮扶思路应从以"输血"为主转向以"造血"为主 …… 234
　　三、新就业形态对去产能职工的长期支持需要政府与企业的支持
　　　　与配合 ………………………………………………………… 235
　　四、加强适应新就业形态从业者社会保障制度设计 …………… 241
　　五、行业监管措施和地方政府态度影响巨大 …………………… 241

第九章　结语 …………………………………………………………… 245

参考文献 ………………………………………………………………… 251

后记 ……………………………………………………………………… 268

附录　关于开展东北等困难地区就业援助工作的通知 …………… 270

第一章
导 论

一、化解过剩产能职工安置工作的问题与挑战

化解过剩产能是中国经济工作的重点，也是供给侧结构性改革的核心问题。"供给侧结构性改革"是十八大后党中央在经济工作领域做出的重大决策。习近平总书记在2015年11月召开的中央财经工作领导小组第十一次会议上提出该概念；同年12月，中央经济工作会议强调，要推进供给侧结构性改革，包括去产能、去库存、去杠杆、降成本、补短板等五个方面的行动。

去产能指的是化解各类行业中由于供应远大于需求而造成的过剩产能。从20世纪末开始，我国关于产能过剩的讨论就从未停歇。在不同的历史时期，不同的行业或产品都出现过所谓的产能过剩的局面。政策话语体系中存在过产能过剩的行业或产品包括全塑市话电缆（佚名，1997）、汽车、航运运力（林汉辉，1998）、钢材、机械、稀土材料、手机、化工产品、医药、大豆压榨、轮胎、空调、焦炭、水泥、玻璃、化肥、集装箱、房地产等，产能过剩似乎成为中国经济中久治不愈的痼疾，甚至有人说产能过剩将成为常态（徐滇庆、刘颖，2016）。

对于形成过剩产能的原因，早期普遍的观点认为是投资过热而消费能力较弱导致，即供需不匹配，供给越来越大，需求没有同步跟上（张江湖，2005）。逐渐地，越来越多文献阐述了投资过热或者过度投资，主要是由于政府在投资决策上权力太大，使得市场的纠错功能不能正常发挥（徐滇庆、刘颖，2016）。

对于化解产能的政策措施，早期的解决方法包括在市场准入、银行贷款、出口贸易等方面给予非国有企业和国有企业同样的待遇，刺激非国有企业的投资；改善消费信贷，刺激居民的消费需求，包括启动农村消费等（王擎，2001）。从政策角度，政府对于产能过剩问题的解决也始终没有停歇。解决的方法始终是控制总量，包括严格控制总量及准入标准；加快产业结构调整，控制工业生产能力，淘汰落后生产能力等（商文，2005）。2008年以后，政府越来越多开始采用直接干预的手段压制过剩产能。2015年，供给侧结构性改革正式提出，当时，化解过剩产能的主要策略是对钢铁、煤炭等行业淘汰关停环保、能耗、安全、质量等方面不达标的企业及企业产能。

化解过剩产能将不可避免地冲击产能过剩行业职工就业。如何妥善安置去产能受影响职工，既减轻企业负担、推动企业转型升级，又不损害职工的切身利益，是关系供给侧结构性改革顺利推进的关键，也是这一阶段中国就

业工作中的重点和难点。

(一) 产能过剩的原因及化解措施

中国学者在解释中国产能过剩的原因时，认为是扭曲的退出机制加剧了产能过剩。周其仁（2005）指出，完全由国有垄断、政府定价的行业（如电信、石化等），其产能过剩并不严重。基本上由市场竞争主导的行业，其产能过剩的情况经常发生，但是市场机制会很快起到调节作用，因此产能过剩的情况也不严重。发生产能过剩的行业往往是多种所有制并存、政府干预较多的行业，如钢铁、水泥、平板玻璃等。一般来说，国有企业占比较大、大企业较多的行业，其产能过剩往往比较严重。如果因产能过剩而必须让部分企业退出，那么各级政府从财税、就业和地方GDP增长率的角度考虑，就会宁可让中小企业和民营企业退出，也不愿意让大型国有企业退出。若效率较高的民营企业进入这个行业，而效率较低的国有企业在政府的保护下不能及时退出，很可能出现较长时期的产能过剩。如果政府继续给予国有企业信贷和财税上的帮助，产能过剩的状态就会久拖不决。

产能利用率是测度产能过剩程度最直接、最常用的指标。所谓产能利用率是指企业或行业的实际产出占潜在生产能力（或者合意产出）的比重。有多种方法可以估计产能利用率，但对于合意产能利用率，或者正常的产能利用率并没有一个统一标准。国内目前经常引用的合意产能利用率是75%，而一般认为美国总体工业产能利用率的合意区间是79%~82%（钟春平、潘黎，2014）。2008年到2010年，中国政府推动的扩张型财政与货币政策虽然在短期内维持了宏观经济的总量均衡，但许多领域的投资速度超过了市场需求的增长速度。产能过剩开始积累和加速。到2012年底，中国钢铁、水泥、电解铝、平板玻璃、船舶产能利用率仅为72.0%、73.7%、71.9%、73.1%和75.0%[1]，明显低于国际通常水平。

产能过剩导致行业利润大幅下滑，企业普遍经营困难，成为影响经济和就业稳定的一个突出问题。化解过剩产能成为转变发展方式、优化产业结构、建设现代化经济体系、保障经济社会健康与可持续发展的必要之举。2013年10月，国务院出台的《关于化解产能严重过剩矛盾的指导意见》（国发〔2013〕41号）将化解产能严重过剩矛盾作为"当前和今后一个时期推进产

---

[1] 数据来源：《关于化解产能过剩矛盾的指导意见》（国发〔2013〕41号）。

业结构调整的工作重点",将钢铁、水泥、电解铝、平板玻璃、船舶等行业作为产能严重过剩行业来分业施策。该文件出台标志着化解产能过剩问题上升为国家宏观政策调整目标。2016年2月,《国务院关于煤炭行业化解过剩产能实现脱困发展的意见》(国发〔2016〕6号)正式发布,明确了煤炭行业去产能工作任务。2016年2月4日,《国务院关于钢铁行业化解过剩产能实现脱困发展的意见》(国发〔2016〕7号)正式发布,明确了钢铁行业去产能工作任务。在上述政策目标及一系列政策措施推动下,2016年以来,中国已经累计压减粗钢产能1.5亿吨以上,退出煤炭落后产能8.1亿吨,淘汰关停落后煤电机组2 000万千瓦以上,均提前两年完成"十三五"去产能目标任务[①]。

(二) 化解过剩产能中职工安置困难

随着落后产能的关停并转,在短期内不可避免地会出现各种冲击,其中社会各界最关注的就是失业问题。人们担心化解产能过剩过程中会像20世纪90年代国有企业改革时那样引起大面积的下岗失业潮,甚至引发严重的社会问题。

20世纪90年代中后期至2002年,伴随着国有企业改革出现的下岗潮,导致规模庞大的国有企业劳动者在短时间内丧失劳动收入来源。当时中国的社会保障体系尚不健全,民营经济发展处于起步阶段。因此,下岗潮导致大量下岗职工的生活陷入困顿。根据国家经贸委资料(2002年3月),1998—2001年,全国国有企业累计有2 250万职工下岗(转引自胡鞍钢,2002)。胡鞍钢(2002)根据《中国统计摘要(2002)》数据分析得出,1995—2001年,若扣除正常退休人数,全国城镇下岗职工累计在4 500万人左右。下岗职工的收入锐减,消费水平降低,"61%的靠积蓄,14%的人靠国家提供的各种补助,8%的人靠借钱来维持生活",心理健康状况和社会交往程度都下降了(张子林、黄艺红,2007)。下岗工人成为城市贫困人口的重要组成部分(王朝明,2000;Solinger,2002)。下岗问题激化了社会矛盾,造成大量群体性事件与冲突。根据相关机构统计,从1995年到2003年,全国群体性突发事件从将近1万起猛增到近6万起,增长了近5倍;参加群体性事件的人数从73.3万人次激增至307.3万人,增加

[①] 数据来源:《关于做好2019年重点领域化解过剩产能工作的通知》(发改运行〔2019〕785号)。

近3.2倍；与此同时，群体事件发生的规模不断扩大，规模达百人以上的事件从1 387起上升到6 832起，增加了近3.9倍，年均递增率达14.6%（郎静臣，2011）。

相比20世纪90年代中期的下岗潮，2015年以来化解过剩产业中去产能职工安置问题的规模和量级要小很多，但挑战依然存在。从劳动力供给角度看，去产能涉及职工规模依然庞大。根据人力资源和社会保障部的数据，化解过剩产能煤炭系统涉及约130万人，钢铁系统约50万人[①]。新华社2016年初援引中金公司的研究报告称，未来2~3年，若产能过剩最严重的五个行业减产30%，将造成裁员300万人[②]。学术界也估计了化解过剩产能所可能涉及的受影响劳动力规模。曲玥（2014）认为，由于产能利用水平低，中国工业的"冗余就业"达到2 738万人。除了钢铁、煤炭行业180万职工失业，还有水泥、玻璃、电解铝、船舶等行业去产能也会导致职工失业（谭璐，2016）。

同时，去产能职工的人力资本水平偏低。大部分去产能职工年龄偏大、受教育水平低、技能单一、自谋职业与创业能力较低，向其他产业转移困难（王宏，2016）。煤炭、钢铁行业国有企业管理者和职工的思想较为守旧，职工对企业高度依赖，去产能职工安置不当有群体性事件风险（蒋景坤，2016）。

另一方面，去产能职工安置费用紧张，部分职工生活困难。由于产能过剩行业中的大多数企业都处于亏损甚至严重亏损状态，部分企业银行贷款、企业债务都已经出现逾期或违约，企业流动资金非常紧张，因此造成职工工资延迟发放或难以发放，部分企业对已出台的安置政策难以完全落实，部分职工由于工资长期拖欠甚至面临生活困难，子女教育、就医等问题都亟待解决。

从劳动需求看，随着经济增速下行，企业劳动力需求普遍下降。去产能往往集中于就业渠道少的资源型城市以及资源枯竭地区、独立工矿区，这些地区产业结构单一，服务业占比低，新兴产业发展不足，岗位创造能力有限，致使职工转岗、再就业面临巨大困难。从地域分布来看，东北、河北、山西、内蒙古等地区是本次去产能的核心区域。这些地区经济增速缓慢，在新兴战略产业及高新技术产业发展方面整体上不具有核心竞争优势。随着原先产能过剩行业同时也是当地支柱产业的逐步收缩，"过剩产业已去，新兴产业未

---

① 见2016年2月29日在国新办举行的新闻发布会发言。
② 见中金公司2016年2月1日发布的专题报告《解决产能过剩取决于政策执行力》。

起"乃至经济发展后劲缺失等现象就很有可能发生。

中国政府高度重视在化解过剩产能过程中受影响劳动者的就业与安置问题。毕竟能否妥善解决该问题,关系到社会稳定与和谐发展的大局。吸取了20世纪90年代下岗潮的经验,中国政府高度重视本次去产能过程中可能导致的劳动者失业问题,将此次去产能职工就业安置的总体目标设定为"转岗不下岗、转业不失业"(白天亮,2016),围绕此目标提出"内部分流""转岗就业创业""内部退养""托底安置"等分流渠道,并出台大量支持政策。

2011年4月,人力资源和社会保障部会同国家发展和改革委员会、财政部、工业和信息化部等七部委下发了《关于做好淘汰落后产能和兼并重组企业职工安置工作的意见》(人社部发〔2011〕50号),对促进职工再就业等政策进行了规定,为日后化解过剩产能职工就业安置奠定了重要基础(刘燕斌、孟续铎、黄湘闽,2019)。国务院(2013)41号文明确规定,将化解产能严重过剩矛盾中企业下岗失业人员纳入就业扶持政策体系,通过多种方式促进下岗失业人员的安置和再就业。2016年4月7日,人力资源社会保障部、国家发展改革委等七部门发布《关于在化解钢铁煤炭行业过剩产能实现脱困发展过程中做好职工安置工作的意见》(人社部发〔2016〕32号),提出多渠道分流安置职工,包括支持企业内部分流、促进转岗就业创业、符合条件人员可实行内部退养以及运用公益性岗位托底帮扶。中央财政安排1 000亿元专项奖补资金对去产能职工安置予以支持。

企业层面的职工安置措施包括:①大型国企安置分流由政府主导,以本地国企接收为主。例如,2015年年底黑龙江省政府发布《龙煤集团第一批组织化分流人员安置政策意见》,这一批分流职工22 500人,主要分流方向是黑龙江省内农垦、森工系统和林业系统,安置意见明确规定了人员安置范围、劳动关系转移、工资标准、社会保险关系接续、住房公积金及安置资金来源等内容。②提前退休和内部消化。武钢集团董事长马国强在2016年两会期间接受媒体采访时表示,武钢将会采取多种途径分流员工。一是采用国家推动的钢铁、煤炭去产能意见里面谈到的,距法定退休年龄五年之内的,如果员工没有工作能力或者没有工作愿望,可以离开岗位等待退休;二是武钢的一些其他非钢产业,也可以消纳部分职工;三是与地方政府、其他用工企业进行对接,为职工寻找新岗位等。此前武钢已经与当地政府合作,派出部分员工前往当地化工园区从事交通协警等服务性岗位,同时发展其他多种辅助产业，为多余职工拓宽安置渠道。③停薪留职后自谋职业。山西、河南等部分经济落后地区煤矿和钢铁等过剩产能企业由于亏损严重，产业结构单一，地方财政也比较紧张，普遍采取停薪留职、暂时放假等措施，大部分职工停薪留职后需直接走向劳动力市场，自谋出路。这部分职工由于地处经济落后地区，当地就业机会有限，自身技能单一，除了个别人自主创业外，很难再找到合适工作。

与20世纪90年代国有企业职工下岗潮相比，本次去产能职工安置过程中也有其特点。研究者认为，此次化解过剩产能中职工安置更倾向于使用积极性失业控制政策，即政府不仅关注社会保障制度的托底政策，还更加侧重于积极、主动性的失业控制政策。比如，注重扶持新兴产业、寻找新的经济增长引擎，以及鼓励创业、开拓创新、提高劳动生产率并拓展新的就业条件等更加积极的措施来释放失业压力（丁守海、沈煜，2016）。

现有研究文献较少提及化解产能职工安置过程中国有企业和民营企业的差异。产能过剩行业中，国有企业和民营企业往往同时存在，但是在去产能职工安置中，国有企业和民营企业存在差异。民营企业职工比国有企业职工分流安置相对容易。民营企业就业机制灵活性和适应性较强，用人机制较为灵活，应对外部环境变动反应敏捷，劳动力市场化程度高，分流职工转岗就业的积极性、主动性较高，下岗分流的规模较小，再就业周期短；职工分流比国有企业分流规模小，容易解除劳动就业合同。而国有企业由于治理结构的弊端，就业依附观念固化，市场化具有弹性的劳动供求关系扭曲，能进不能出，长期累积下来的职工冗余、隐性失业问题突出（孙飞，2017）。从政策层面看，政策对于国有企业和民营企业去产能职工安置一视同仁。例如，优化职工安置基金发放机制，国有企业和民营企业一视同仁，把安置资金切实用在已经离开企业人员的生活保障、就业培训和养老保险等层面（孙飞，2017）。但是，不同所有制企业间就业形势分化明显，说明去产能和稳就业的核心和主战场是国有企业。因此，化解过剩产能中的职工主要是指受去产能影响的国有企业职工。在政府的政策文件中使用"职工"一词，也带有强烈的体制性色彩。本书主要讨论煤炭、钢铁行业国有企业去产能职工再安置工作。相较而言，民营企业去产能过程中，劳动者一般自行遣散到劳动力市场再就业，再安置困难较小。

目前的国有企业职工安置措施仍以企业内部消化为主，这对企业长远发展仍然形成压力。对企业而言，去产能涉及职工人数众多，内部消化压力巨大（韩永江、段宜敏，2016）。内部分流后职工人工成本负担仍由企业承担，成为企业进一步转型升级的阻碍。从长远看，企业必须推进组织新陈代谢、优化年龄结构，这在目前的安置措施中也无法实现。对于政府而言，职工分流安置1 000亿元专项补助资金、失业保险作为稳岗补贴难以持久。"内部退养"允许员工提前5年办理退休，虽然减轻了企业负担，但加大了养老保险运行负担。从职工角度看，受影响职工以40~50岁男性为主，家庭负担重，他们所需要的不仅是短期以帮扶或救助为目标的岗位，而且是能够帮助其创造价值的岗位。去产能职工就业安置需要找到能帮助职工实现价值创造的新途径。

在传统企业去产能的同时，一种崭新的就业模式——以平台作为组织基础的新就业形态开始在中国的劳动力市场出现并不断发展壮大，为去产能职工安置提供了新的解决办法。

二、新就业形态的概念内涵

新就业形态被定义为由电子商务或在线平台等技术革新动员起来的劳动力所开展的工作类型或就业类型，指的是互联网平台凭借移动互联网、大数据、人工智能等信息技术，进行劳动者与服务消费需求大规模、大范围的组织、调配、任务分派等活动，实现劳动者和消费者直接对接的就业形态（张成刚，2022）[①]。该定义着重体现了新就业形态所依托的电子商务或在线平台等数字商业模式的崛起。在新的商业模式下，就业和工作呈现了与工业革命时代以来所形成的"标准"就业形态不同的特点（张成刚，2019a）。也有学者将新就业形态定义为以互联网平台连接供给和消费两端的工作模式，是共享经济、平台经济在劳动用工领域的体现，呈现出关系灵活化、工作碎片化、工作安排去组织化的特征（唐镖等，2016）。

新就业形态所对应的概念是"标准就业形态"。标准就业形态是工业革命以来所形成的，其最为典型的代表是"福特制"组织模式下的就业模式。标准就业形态以这一工业经济的堪称顶峰的生产组织形式为基础，围绕大机器系统的自动化运转和标准化的流水线作业模式，实施对劳动者的全日制的、终身的雇佣，并附带社会保障等法律要求的相关保障，由此实现劳动者和生

---

① 该定义最早在2020年提出，见《"新就业形态"受到国家领导人关注，专家解读补短板方向》，《第一财经日报》2020年5月25日第四版。

产资料之间稳定的结合，进而实现经济与社会的稳定发展。国际劳工组织（2017）所定义的"标准就业"就是这种就业形态的典型描述："在世界上大部分地区，规范就业的法律主要涉及持续、全日制、构成雇主和雇员双方（或直接）从属关系一部分的雇佣形式，这类雇佣形式通常被称为'标准雇佣关系'。"标准雇佣关系是工业时代典型的就业形态，并不局限于制造业，也扩展到服务行业，成为全社会普遍公认的标准就业形态。

尽管标准就业形态是工业时代就业形态的主流，但这并不表示在工业时代不存在对标准就业形态的偏离。事实上，早在20世纪70、80年代，随着信息技术的逐渐发展，就出现了"SOHO一族"等偏离标准就业形态的"新"就业形态。这说明就业形态并非一成不变，而是会随着技术、组织模式、商业模式等发生调整。尽管20世纪70、80年代仍然属于工业时代，但信息技术的萌芽已经开始改变就业形态。

随着人类社会逐步进入数字经济时代，劳动世界中对传统的、标准的就业形态的偏离现象越来越普遍。国际劳工组织在讨论非标准就业的发展趋势时指出，在过去的几十年中，非标准就业的重要性在发达国家和发展中国家都有所提高，非标准就业在各个行业和职业中的应用范围也日益广泛（国际劳工组织，2017）。这样的偏离当然有制度层面变化的原因，如政府放松对劳动力市场的管制、全球化和金融化重塑劳资关系等，但究其本质仍然是技术变革带来的经济范式的整体变革，进而导致了劳动世界的解构和重构。

也有学者归纳了目前已经出现的新就业形态表现为生产力和生产关系两个方面：生产力角度的新就业形态是指新一轮工业革命带动的智能化、数字化、信息化的工作模式。生产关系角度的新就业形态是指伴随着互联网技术进步与大众消费升级出现的去雇主化、平台化的就业模式。近年来，生产力角度的新就业形态有了初步发展，生产关系角度的新就业形态已在主要工业国广泛发展（张成刚，2016）。

目前政策制定者和社会所关心的"新就业形态"主要是指生产关系角度的新就业形态，即由互联网平台凭借移动互联网、大数据、人工智能等信息技术，进行劳动者与服务消费需求大规模、大范围的组织、调配、任务分派等活动，实现劳动者和消费者直接对接的就业形态（张成刚，2022）。

塑造和推动新就业形态出现的一个关键要素是平台。新就业形态是以平台作为组织基础的。平台是数字技术推动的组织模式创新。与平台相对应的组织模式包括等级制度（集中权力）、市场（分散权力）或网络（将权力分配给受信任的合作者），平台通过在参与者之间委派控制权来对经济交易行使权力（Vallas and Schor, 2020）。平台经济中的一个重要组成部分是实现劳动服务与消费者需求对接的新就业形态平台。目前的新就业形态平台主要包括：①基于网络的平台，其中工作任务通过向地理上分散的人群公开呼叫外包；②基于位置的应用程序（App），将工作任务分配给特定地理区域内的个人，通常执行本地的、以服务为导向的任务，例如驾驶、跑腿或清洁房屋。自 2010 年以来，全球范围内在线工作平台或直接聘请"零工"或"平台工人"提供出租车和送货服务的平台数量增加了五倍。数字劳动力平台通过在全球范围内引发创新，为工人、企业和社会创造了前所未有的机会。但与此同时，它们也构成了对现有劳动力市场规制的挑战。Uber 等该领域的核心企业，因为就业保护不足（不公平工作）、搭便车传统业务（不公平竞争）和消费者保护不足而面临严厉批评。

推动新就业形态出现的第二个关键要素是数字技术应用于对劳动力要素的组织。数字技术，或是部分学者所狭义理解的算法，成为替代马克斯·韦伯官僚从属体系组织劳动力要素的力量。算法指的是使用计算机解决问题的一系列技术和方法。算法大致可以分为两类。基于规则的算法有明确的输入和结果。但有些算法是基于人工智能和机器学习的，应用这类算法所得到的结果可能和预设的结果不一致。由于平台对接了规模巨量的用户，并且很多情况下需要做出即时的反应，因此需要使用算法管理对劳动者实现全自动（无需人工协助）或半自动（部分决策由人类做出）的管理，人工的管理和干预只能作为算法管理的补充。但同时也有学者担忧算法管理可能增加工作压力，削弱人类技能和判断力的价值，或者算法管理会增加就业决策中的偏见和非法歧视（张凌寒，2022；汤晓莹，2021）。但算法仅仅是数字技术中由计算机提出的解决办法。对于劳动力要素的组织，涉及更为底层的"移动互联网、大数据、人工智能等信息技术"。这些技术使得劳动者的工作任务在更加精确描述的前提下得以快速分配，也使得劳动者的工作结果得以更加透明地展现，消除了劳动者和管理者由于信息不对称所导致的交易成本。因此，数字技术对劳动过程控制的影响是全方位的，而这样的影响在现有的文献讨论中还远远不够。

新就业形态概念的第三个关键要素涉及规模和范围。规模与范围被认为是工业资本主义的原动力（钱德勒，2006）。现代大规模的销售和大规模生产，成为经济持续不断增长和改造的核心动力。但上述规模与范围的扩张主要是工业品或称可贸易品的扩张,与之相对应的是劳动者所能够提供的服务,而服务仍然局限于本地提供,作为一种非可贸易品,劳动者的服务在规模和范围上仍然受到较大限制。以数字技术推动的平台,可以将劳动者的服务在更大规模、更大范围得以组织。尽管新就业形态的类别之一——共享经济平台的按需就业[①]服务于本地,但其规模以及在本地服务的范围已远远大于新就业形态未出现的时代。2019 年,美团平台的日订单数量已经突破 4 000 万单,意味着在全国范围内劳动者至少为消费者在一天之内提供了 4 000 万次服务。2021 年,同城即时配送服务行业订单规模为 279.0 亿单,亿万消费者得以享受物品在城市范围内快速配送的便捷。2022 年,网约车平台完成订单量 69.6 亿单,这样规模量级的人员组织以及这样大范围的超视距监督下的人员组织,就是在数字平台上完成的。一些批评认为,网约车驾驶员、网约家政服务员、网约配送员等新就业形态的典型代表都属于主要依靠体力劳动来获取收入的职业,属于低端的经济模式(闻效仪,2020)。实际上,通过数字技术和平台的组织方式,在更大规模和范围内实现千万量级的人员规模组织,相比传统服务业主要局限于本地的模式,即使部分新就业形态工作依然依靠劳动者体力完成,但仍然是生产力上的巨大进步。

除了以上关键要素,新就业形态的一个关键特点是劳动关系或雇佣关系的改变。本节开始时的定义中,"实现劳动者和消费者直接对接的就业形态""呈现出关系灵活化、工作碎片化、工作安排去组织化的特征"等都描述的是新就业形态中传统劳动关系的转变。雇佣关系本身在"新兴的微型企业家网络社会"之后失去了主导地位(Sundararajan,2017)。对于新就业形态中的平台从业者与平台之间的劳动关系问题,学术界仍然存在争议。大部分学者以传统劳动法律认定劳动关系的标准为依据,认为劳动关系的确定需要考虑人格从属性、经济从属性、组织从属性。部分学者认为新就业形态从业者与平台企业以及相关合作方在法律上难以被确认为劳动关系。由于当前平台从业者的人格、经济和组织从属性都有所弱化,其收入构成、计算也与一般劳动者的情况有差异,所以无法适用既有劳动法中有关工资的构成、计算、信息告知等规范性条例。新就业形态发展使雇佣关系虚化、工作内容及工作场所自由灵活,导致新就业形态从业者的劳动关系难以界定,涉及休息、劳动安全、劳动报酬等劳动法律规定的劳动权益无法覆盖新就业形态从业者。我

---

① 关于新就业形态的分类,详见第二章。

国目前的法律判例中，大部分确认新就业形态从业者和平台企业具有劳动关系的判例也主要是为了帮助从业者争取工伤保险待遇。

三、新就业形态为去产能职工就业安置带来新机遇

20世纪90年代的下岗潮之所以会对下岗工人的生活产生巨大的负面冲击，主要原因在于当时的劳动力市场不能在短期内消化如此巨大规模的工人。数字经济时代的新就业形态，可以在短期内为去产能职工提供较大规模的就业机会。新就业形态的出现为去产能行业或任何面临结构性转型行业在短期内应对下岗潮或失业潮压力提供了解决办法。

（一）新就业形态可以为去产能职工提供大量工作机会

2019年7月，国务院两次召开常务会议，都肯定了新就业形态在创造就业岗位方面的巨大作用。随着各类平台企业的出现，中国的新就业形态逐渐成为中国劳动力市场新增就业的重要组成部分，并且大量的就业机会都是提供给技能水平较低群体的。滴滴平台为17个重点去产能省份提供了总计388.6万就业机会，其中来自去产能行业的从业者为101.9万（滴滴政策研究院，2016b）。美团外卖平台中，高达31%的送餐骑手曾为去产能产业的工人（美团点评研究院，2018）。新就业形态就业方式灵活，就业弹性大、门槛低，创业成本小、范围广、不受城乡地域限制，青年、妇女、残疾人等弱势群体皆可就业。截至2015年6月底，淘宝网上共有残疾人卖家31.6万人（中国残疾人联合会等，2015）。中国人民大学劳动人事学院课题组（2016b）指出，55%在中国优步平台工作的司机，曾经因为学历、年龄、户籍等原因在其他岗位中遭受过歧视待遇。

（二）新就业形态可以改善去产能职工的就业质量

新就业形态减少了劳动供给与服务消费匹配的成本和中介费用，可以提升劳动生产率。在城市化进程不断加快、服务业快速发展、内需逐渐成为带动经济发展引擎的背景下，新就业形态在收入水平、工作条件等方面相比传统非正规就业已经有了大幅度改善。低就业门槛和高劳动生产率的新就业形态，在短期内可以为去产能职工提供工作机会；其在时间和空间上的灵活性，也使得有家庭负担的去产能职工在实现照料家庭的同时获得收入。长期来看，新就业形态也可以减少去产能职工长期失业比例以及因失业导致的疤痕效应，

为职工接受新工作做好准备,减少职工因丧失信心导致的退出劳动力市场行为。

（三）中国政府支持新就业形态对接去产能职工安置

新就业形态发展之初,中国政府采取包容审慎的态度,支持新就业形态发展。《"十三五"就业促进规划》强调健全就业、劳动保障等相关制度,支持发展就业新形态。2017年,《国务院关于做好当前和今后一段时期就业创业工作的意见》(国发〔2017〕28号)提出,"支持新兴业态发展。以新一代信息和网络技术为支撑,加强技术集成和商业模式创新,推动平台经济、众包经济、分享经济等创新发展。改进新兴业态准入管理,加强事中事后监管。将鼓励创业创新发展的优惠政策面向新兴业态企业开放,符合条件的新兴业态企业均可享受相关财政、信贷等优惠政策。推动政府部门带头购买新兴业态企业产品和服务","完善适应新就业形态特点的用工和社保等制度。支持劳动者通过新兴业态实现多元化就业,从业者与新兴业态企业签订劳动合同的,企业要依法为其参加职工社会保险,符合条件的企业可按规定享受企业吸纳就业扶持政策。其他从业者可按灵活就业人员身份参加养老、医疗保险和缴纳住房公积金,探索适应灵活就业人员的失业、工伤保险保障方式,符合条件的可享受灵活就业、自主创业扶持政策。加快建设'网上社保',为新就业形态从业者参保及转移接续提供便利。建立全国住房公积金异地转移接续平台,为跨地区就业的缴存职工提供异地转移接续服务"。

2016年,人力资源和社会保障部联合多部委共同出台《关于开展东北等困难地区就业援助工作的通知》[①],其中要求搭建政企合作平台,包括引导社会企业参与,发挥电商、分享经济、人力资源服务等企业资源优势,借力"互联网+"行动,拓宽东北等困难地区就业门路;提出了电商专项帮扶活动和移动出行专项帮扶活动两项专项帮扶活动。

"电商专项帮扶活动"包括扩大返乡创业试点发展农村电商战略合作协议覆盖范围,推进农村青年电商培育工程,将东北等困难地区就业困难城市纳入其中,发挥电商企业的资金和渠道等资源优势,设立电商帮扶基地,采取"平台+园区+培训"帮扶方式,对接市场需求,整合优势产品,帮助去产能中失业人员、长期停产停工企业职工、高校毕业生开办网店及从事流通行业。

---

① 详见附录。

"移动出行专项帮扶活动"包括支持滴滴公司等分享经济企业,通过优先录入平台、初期现金激励、专项技能培训、购车优惠支持等帮扶措施,对东北等困难地区有意愿从事移动出行行业的人员进行登记,开展车辆营运、安全、保险等方面培训,帮助去产能中失业人员和长期停产停工企业职工通过从事移动出行行业实现就业、增加收入;同时,分享经济企业将及时收集行业内汽车租赁公司、货运公司的用工需求,帮助部分人员转入这些公司,成为正式司机。

在此项政策试点的支持下,滴滴平台与山西省焦煤集团、河北省唐钢集团以及东北地区的阜新市、白山市、鹤岗市等开始了新就业形态对接去产能职工就业安置政策试点,并取得了良好的效果。这是本研究的重点分析案例。

四、研究问题与研究方法

(一)研究问题

本研究尝试回答以下研究问题。

第一,在笔者所观察的2015—2019年中国去产能职工安置的实践中,有一大批去产能职工选择新就业形态作为短期过渡,也有一大批去产能职工彻底转型为新就业形态劳动者,那么新就业形态到底是什么?去产能职工选择新就业形态的逻辑是怎样的?为了回答这些问题,我们需要拆解新就业形态的概念、出现的背景、发展的态势以及理论解释,也需要知道去产能职工向新就业形态转移的情况和动力机制。

第二,国有企业面临较大的去产能职工安置困难。其中的细节性问题复杂繁琐,涉及劳动关系、用工制度、工人的制度性依附、内部劳动力市场安排、职工对外部市场适应等一系列复杂因素。在如此多的限制条件下,企业需要在尽可能不引发内部矛盾的前提下尽快完成去产能职工安置,难度可想而知。作为一项创新的选择,去产能企业怎样与新兴的互联网企业相互配合,帮助去产能职工在新就业形态中顺利转移安置?利益相关方如何参与和博弈?在去产能职工转移到新就业形态工作后,其就业质量、就业能力有何变化?这些问题同样值得考察。

第三,政府部门参与并支持去产能职工向新就业形态转移。在快速变革的环境和巨大的去产能压力下,政府如何引导新就业形态在去产能过程中发挥就业带动效应?行政化的目标如何结合市场化的手段予以实现?工作目标和业务范围不同的政府部门之间在政策决策中可能面临的协调问题是什么？本书也希望就这些问题予以考察。

(二) 研究方法

本研究通过文献资料收集、实证分析、实地调研、实地访谈、电话访谈、组织有关专家和企业代表座谈等多种方法进行研究。

文献资料收集：课题组搜集了大量去产能职工就业安置政策资料、去产能企业背景资料、去产能企业职工安置情况资料，以及新就业形态、共享经济等相关资料。

实证分析：本研究以全国滴滴平台车主的抽样调查数据、滴滴出行后台大数据、北京市共享经济平台劳动者调查数据、外卖平台骑手数据等为基础，分析了去产能职工在网约车平台、外卖平台等数字平台的就业状况。

实地调研：课题组先后调研了山西焦煤集团总部，(山西焦煤集团下属) 白家庄矿业公司、西山煤电 (集团)、汾西矿业 (集团)，山西飞灵网络科技有限公司，滴滴出行太原办事处、唐山办事处，上述去产能企业、地区滴滴平台的车主代表，以及北京地区新经济典型企业 (滴滴出行、京东、58 到家、百度外卖、首汽约车等)。

深度访谈：深度访谈是一种研究者和受访者之间有特定目的的会话，焦点在于了解受访者对自己生活经验的感受并用他（她）自己的话表达出来。对于去产能职工在面临职业生涯和个体命运巨大转变时的思考和选择的剖析，需要从去产能职工面对各项选择的评估、对新就业形态这一新生事物的思考、去产能职工愿意承担的风险等方面的反复、深入对话，获取鲜活、翔实的第一手资料。本研究对北京、深圳、山西、河北、黑龙江、吉林、辽宁等省市人社局领导、地方去产能企业负责人、滴滴平台司机、与滴滴平台合作的租赁公司、滴滴公司总部和地方办公室负责人，以及山西焦煤集团职工、河北开滦集团职工、唐山钢铁集团职工等开展了深度访谈。

参与观察：运用参与观察法，研究者可以描述发生了什么，所牵涉的人或物，时间和地点，怎样发生，为什么发生等问题，尤其适用于研究事件的发生过程，人们与事件的关系及组合，事件的时间连贯性和模式。参与观察法排除了对个体进行询问以了解其行为倾向的需要，减少了受控反应的可能性。本研究中，笔者参与观察了"山西焦煤造福职工、携手滴滴双创富民"滴滴出行去产能就业帮扶宣讲会。该宣讲会对集团最大的下属子公司西山煤电集团的 400 多名有意向的职工阐述滴滴出行与焦煤集团对参与滴滴平台工作职工的激励政策，鼓励员工积极参与。

召开座谈会：课题组先后与山西省人社厅就业处相关领导、焦煤集团人力资源公司领导、焦煤集团去产能职工代表、唐山市人社局相关领导、唐山市唐钢集团人力资源部领导及职工代表、唐山市开滦煤矿集团组织部领导及职工代表、唐山新宝泰钢铁公司人力资源部负责人进行座谈。

电话访谈：课题组电话访谈了黑龙江哈尔滨市，吉林省长春市，辽宁省沈阳市、大连市等城市人力资源和社会保障局相关工作人员，以及上述地区滴滴出行区域经理和黑龙江、吉林、辽宁三省区滴滴平台车主代表。

案例研究：课题组在前期大量访谈基础上，梳理了滴滴平台、外卖平台上去产能职工的就业案例。

（三）数据来源

为保证研究的时效性、准确性和可靠性，课题组收集了去产能省份滴滴平台车主的一手资料、北京市共享经济平台劳动者调查数据等。课题数据来源包括：①北京市交通运输工会、政法卫生文化工会、市总工会工运史和劳动保护研究室、北京市互联网行业工会联合会等 2017 年共享经济平台劳动者就业状况、劳动权益状况调查数据；②全国滴滴出行平台车主抽样调查数据，五试点省份（河北、山西、辽宁、吉林、黑龙江）滴滴出行平台车主的专项调查数据；③滴滴出行平台后台大数据，使用滴滴部分后台大数据的目的是补充样本车主在运行里程、接单量、服务时间、服务城市等方面的准确数据；④焦煤集团参与新就业形态试点职工调研数据，该数据包括了参与试点职工在参与试点前和参与试点后的就业状态数据；⑤广东省公共就业服务机构调查问卷。

1. 主要调查数据情况介绍

（1）北京市共享经济平台劳动者调查数据收集是按照全国总工会《第八次全国职工队伍状况调查方案》中关于开展"新技术新业态新模式蓬勃发展对职工队伍和劳动关系的影响及应对举措"专题调研要求开展的。北京市交通运输工会、政法卫生文化工会、市总工会工运史和劳动保护研究室、北京市互联网行业工会联合会于 2017 年 3—5 月联合开展了共享经济平台劳动者就业状况、劳动权益状况调查。本研究的部分数据来源于这次调查，包括问卷抽样、典型平台型企业访谈和平台就业者深度访谈三种形式。该调查共收回问卷 1 400 份，其中有效问卷 1 338 份。问卷调查涉及交通出行、生活服务和物流快递三大共享经济领域 1 338 名劳动者，涵盖滴滴、58 到家、E 代驾、闪送、国安社区、医护到家、口袋律师等 25 家代表性平台以及网约车驾驶员、网约家政服务员、网约快递员、网约美甲师、网约搬家人员、网约律师、网约教师、网约医护人员等 10 个职业的劳动者。劳动者个体特征见表 1-1。该调研主要通过网络自填问卷、面对面拦截访问、电话访问等三种调查方式完成。调查样本一部分来源于 58 到家平台的网约工，涉及网约家政服务员、网约搬家人员、网约美甲师、网约维修人员等职业群体；一部分由零点调查公司和北京市总工会通过定向邀约访问的形式，邀请符合条件的受访者填答并扩散传播，主要涉及网约车驾驶员、网约厨师、网约洗车人员、网约按摩师、网约快递员和网约律师、网约教师、网约医护人员等职业群体。

表 1-1 北京市共享经济平台劳动者个体特征

变量		比例（%）
年龄	24 岁及以下	8.45
	25~34 岁	41.03
	35~44 岁	35.02
	45~54 岁	13.98
	55~64 岁	1.35
性别	男	61.21
	女	38.79
学历	高中或中专及以下	56.13
	大专或高职	26.16
	大学本科	14.28
	硕士及以上	3.44

在本次调研的从事新就业形态的劳动者中，有 257 份问卷来源于下岗失业后再就业的劳动者，占比为 19.21%。图 1-1 显示了网约服务从业人员从事该工作的主要原因。尽管并非所有的下岗失业者来自去产能行业，但调研完成于 2017 年，因此该调研中有相当比例的下岗失业者来自去产能行业。

进入新就业形态的下岗失业者主要从事网约车驾驶员、网约按摩师、网约洗车人员等（见表 1-2），其中网约车驾驶员占比最高，约三分之一左右。

第一章 导 论

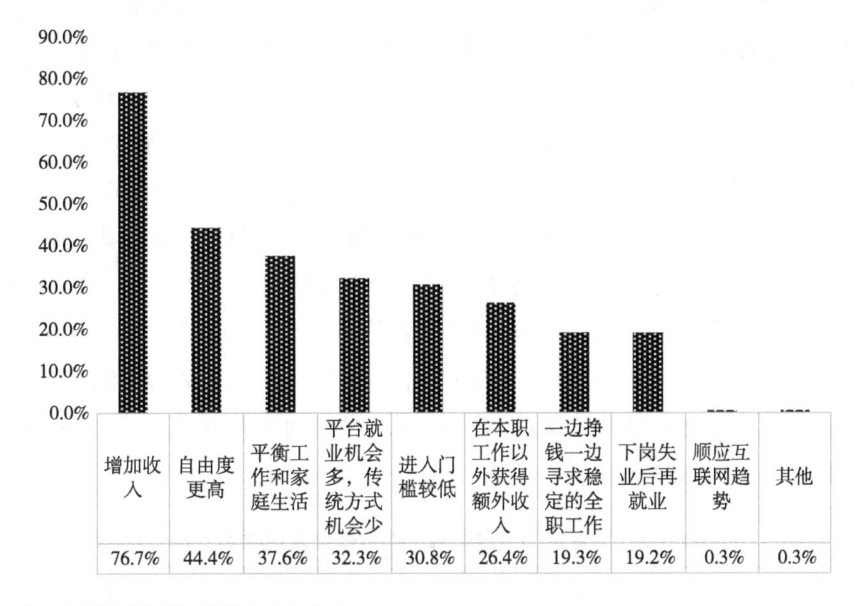

	增加收入	自由度更高	平衡工作和家庭生活	平台就业机会多，传统方式机会少	进入门槛较低	在本职工作以外获得额外收入	一边挣钱一边寻求稳定的全职工作	下岗失业后再就业	顺应互联网趋势	其他
	76.7%	44.4%	37.6%	32.3%	30.8%	26.4%	19.3%	19.2%	0.3%	0.3%

注：本题为多选题，百分比之和大于100%。

图 1-1　网约服务从业人员从事该工作原因分布情况

表 1-2　进入新就业形态的从业者职业分布

职业	全样本比例（%）	下岗失业者比例（%）
网约车驾驶员	46.19	34.24
网约美甲师	4.11	1.56
网约维修人员	4.48	2.72
网约家政服务员	12.18	5.45
网约按摩师	6.88	19.46
网约快递员	8.37	5.45
网约搬家人员	2.17	0.78
网约厨师	6.13	14.40
网约洗车人员	6.50	15.18
网约律师、网约教师、网约医护人员	2.77	0.78
其他	0.22	0.00

(2) 滴滴平台数据抽样情况。该调查于2017年投放。课题组在全国各省抽取滴滴平台专、快车交易量排名中上、中下城市各1至2个，随机选取当地活跃司机总量的30%发放。问卷通过手机短信方式发放，共回收有效问卷30 671份。调研数据来源分布包括全国31个省、自治区、直辖市的312座城市。"活跃司机"指2017年1月到6月在平台有过接单记录的司机。

(3) 课题组同时调查了去产能任务最为繁重的山西、河北、黑龙江、吉林、辽宁五省。调查对象为五省2016年初至2017年中17个月（2016年1月1日至2017年6月30日）在滴滴平台注册以及有收入的所有专、快车车主（个体特征见表1-3，家庭特征见表1-4）。有收入车主定义为在滴滴出行平台完成1单及以上交易并获得收入的车主。问卷调查共回收问卷31 826份，其中有效问卷31 823份。

表1-3 五省滴滴平台司机个体特征变量描述性统计

变量		比例（%）
年龄	22~30岁	19.06
	30~40岁	29.95
	40~50岁	16.48
	50岁以上	34.50
性别	男	95.69
	女	4.31
学历	初中及以下	22.96
	高中或中专	38.35
	大专或高职	23.76
	本科	13.78
	硕士及以上	1.14
户籍情况	本地户口	69.84
	非本地户口有居住证	18.75
	非本地户口无居住证	11.40
工作年限	0~5年	7.65
	5~10年	22.43
	10~20年	42.76
	20年以上	27.16

续表

变量		比例（%）
是否退伍军人	是	12.06
	不是	87.94

表1-4　五省滴滴平台司机家庭特征变量描述性统计

变量		比例（%）
婚姻状况	未婚	9.84
	已婚	86.30
	离异	3.86
子女个数	无	7.48
	1个	60.80
	2个	29.05
	3个及以上	2.67
最小子女年龄	3岁以下	26.22
	3~7岁	24.39
	7~13岁	23.49
	13岁以上	25.91

（4）课题组收集了焦煤集团参与新就业形态试点职工追踪调研数据。2016年，人力资源和社会保障部联合多部委出台的《关于开展东北等困难地区就业援助工作的通知》，提出移动出行专项帮扶活动。山西焦煤集团积极参与此次试点活动。本研究组收集了参与此次试点活动的去产能职工在收入水平、就业质量、就业风险感知等方面的数据，并在上述职工加入试点活动后三个月到半年后进行追踪调研。课题组第一期问卷投放时间为2017年4月6日，共收集第一期调研问卷406份，其中有效问卷406份；第二期问卷投放时间为2017年7月12日，共收集第二期追踪调研数据203份，其中参加了试点活动的问卷186份，最终形成追踪数据186条。

（5）为了解公共就业服务对新就业形态的支持情况，讨论去产能职工安置与新就业形态对接的长效机制，课题组于2019年5月调研了广东省公共就业服务机构，共收集问卷172份，基本情况如表1-5所示。尽管该套问卷数据样本量不大，但样本中的调研对象全部为广东省各市县公共就业服务机构的管理人员和业务骨干。课题组同时访谈了中国就业培训技术指导中心、北京市各区公共就业服务机构的负责人和一线工作者。

表1-5 广东省公共就业服务机构调研人员基本情况

变量		占比（%）
地区	珠三角	29.07
	粤东	15.12
	粤西	39.53
	粤北	16.28
机构	市级	28.49
	县级	71.51
职级	机构负责人	11.63
	部门负责人	31.40
	业务骨干	56.98

2. 后台大数据情况介绍

在完成调研数据收集后，课题组将调研数据与滴滴平台后台大数据进行了匹配。通过匹配获得的大数据内容包括：滴滴平台车主服务周数、接单城市、性别、年龄、车型、驾驶证发证日期、车辆注册日期、注册滴滴的时间、第一次接单时间、滴滴车主端收入、在线时长、服务时长、服务分、运营里程等。

3. 访谈资料介绍

笔者访谈了北京、深圳、山西、河北、黑龙江、吉林、辽宁等省市人社局领导、地方去产能企业负责人，以及滴滴平台司机、与滴滴平台合作的租赁公司、滴滴公司总部和地方办公室负责人、去产能企业职工等。访谈内容主要包括：滴滴平台政策设计和司机管理；滴滴平台工作内容和特征；滴滴平台运营者和司机对滴滴平台工作特征的评价以及对这种新就业形态的理解等。访谈过程中，本研究注意了不同利益主体之间对事实描述的相互印证（如平台运营方与平台外部服务商之间，平台司机与平台运营方、租赁公司之间等）。访谈总时长1 143分钟，经过录音整理形成19.6万字访谈资料，具体访谈对象情况见表1-6。

表1-6 被访者的描述统计信息

地区	被访者单位	被访者	被访者身份	接触新就业形态年限（年）	访谈时长（分钟）	访谈记录（字数）
北京	滴滴出行总部	冯*	研究负责人	5	35	3 387
		薛*	资深研究员	4	30	3 210
		陈**	研究员	3	25	3 091
		缐**	研究员	3	22	3 102
	滴滴平台	陈*	专车司机	3	36	2 976
		祝**	专车司机	2	26	1 744
		杨**	快车司机	3	27	2 128
	京东集团总部	龙**	副总裁	—	15	1 887
		李*	经理	—	25	3 154
		王**	总监	—	10	1 211
		王**	经理	—	17	2 086
	百度外卖	刘*	经理	—	12	1 361
	58到家	张*	经理	—	43	3 196
	首汽约车	梁**	副总经理	—	37	3 613
S省	人社厅就业处	3人	就业处领导	—	93	17 628
	某国有煤炭企业总部	安**	领导	1	35	2 677
	某国有煤炭企业下属某矿业公司	4人	领导、职工	1~3	118	13 709
	某国有煤炭企业下属煤电集团	8人	领导、职工	2~3	155	23 221
	某国有煤炭企业下属矿业集团	6人	领导、职工	2~3	97	18 187
	去产能职工创业企业	4人	去产能职工创业者	1~3	121	15 974
	某国有钢铁企业总部	李**	领导	1	18	1 340

续表

地区	被访者单位	被访者	被访者身份	接触新就业形态年限（年）	访谈时长（分钟）	访谈记录（字数）
某一线城市S市	滴滴出行	杨**	与滴滴合作出租汽车公司负责人	4	77	16 582
		马**	综合业务负责人	4	62	13 401
	租赁公司甲	曾**	租赁公司董事长	3	55	9 921
	租赁公司乙	张**	租赁公司董事长	3	60	11 438
	滴滴平台	10人	滴滴平台司机（包括该市"滴滴村"村长夏**）	1~4	168	23 409
		兰**、罗**、刘**	出租车司机（出租车司机使用滴滴平台接待量前3名）	1~4	125	15 221
某省会城市Y市	滴滴出行	单*	综合\快车业务负责人	3	79	14 981
		魏**	专车业务负责人	2	36	3 590
		伍*	代驾业务负责人	2	33	3 167
	滴滴平台	8人	滴滴平台司机	3	187	36 184
T市	人社局	3人	人社局领导	—	185	35 198
	滴滴平台	3人	滴滴平台司机	3	69	10 654
	某国有煤矿	3人	人力资源部负责人/职工	1~3	73	13 534
	某民营钢铁企业	1人	人力资源部负责人	—	20	2 464
C市	人社局	1人	人社局领导		13	1 294
	滴滴出行	万**	综合业务负责人	2	28	2 609
D市	人社局	1人	人社局领导	—	21	2 538
	滴滴出行	何*	综合业务负责人	2	37	4 471

续表

地区	被访者单位	被访者	被访者身份	接触新就业形态年限（年）	访谈时长（分钟）	访谈记录（字数）
H市	人社局	1人	人社局领导	—	16	1 438
	滴滴出行	郑**	综合业务负责人	2	30	4 190

资料来源：作者整理。

五、内容框架及研究思路

（一）内容框架

本书主要分为四个部分。

第一部分即第一章，概括了本书的研究背景。

第二部分即第二章，主旨在于阐释"新就业形态"，主要包括新就业形态概念内涵、发展影响和理论基础。本章将带领读者了解新就业形态实践与现象背后的规律和趋势。本章分析了新就业形态兴起的基本推动力量，包括经济-技术范式变革和平台组织成为新商业模式，并重点阐述新就业形态发展对劳动力市场带来的影响。

第三部分包括第三~六章，讨论去产能职工安置的实践。在关注去产能职工安置主要实践基础上，本书将目光放在通过新就业形态帮助去产能职工再就业的实践中。中国在新就业形态领域的实践已经走在世界前列，涌现出大量新就业形态的典型代表。有大量的去产能职工已经开始尝试新就业形态，也有部分地区利用新就业形态帮助安置去产能职工。第三章讨论了化解过剩产能与职工安置的理论与实践。这部分讨论了当前化解过剩产能的现状及政策措施，特别是化解过剩产能中的职工安置问题是本章的重点。对于去产能职工为何能够向新就业形态流动也给出了理论解释。第四章讨论了利用新就业形态帮助去产能职工安置的实践情况以及实践中出现的问题。第五章和第六章通过总体情况和个案情况，展现了新就业形态为去产能职工再就业所提供的机遇，以及去产能职工在新就业形态中的就业表现。第五章从总体层面讨论了新就业形态中去产能职工的特征、去产能职工在新就业形态中的工作现状，并特别测算了去产能职工在网约车平台灵活就业的总量。第六章是对去产能职工向新就业形态转移的政策评估。本章对去产能职工向新就业形态转移的政策进行评估，分析了各个政策主体在政策试点中的表现；之后将视线转移到劳动者身上，深入分析了去产能职工群体在与新就业形态结合后在福利方面的改善以及面临的问题。

第四部分包括第七~九章，讨论通过新就业形态帮扶去产能职工再就业的机制与建议。这一部分所提出的政策工具与政策建议，也可以适用于在产业升级过程中可能受到损害的其他类型的劳动者群体。第七章从公共就业服务的角度，讨论了推动新就业形态与公共就业融合。第八章在现有中国劳动力市场政策的框架下提出发展新就业形态的政策建议。第九章为结语，概括总结了新就业形态与去产能职工安置——本书的研究主题——的主要发现和意义，并在此基础上总结新就业形态、去产能职工安置间的互动，以及在协调治理框架下，理顺多元利益主体之间的矛盾，将短期的就业帮扶转化为长期制度化的机制设计。

（二）研究思路

根据化解过剩产能职工安置工作以及新就业形态出现的历史背景，依托现有文献材料和调研一手资料，本书从新就业形态发展和去产能职工安置的理论和实践两条线索出发，汇聚于进入新就业形态的去产能职工群体，以新就业形态支持去产能职工再就业作为讨论的核心，总结去产能职工进入新就业形态的推动因素和面临的困难，发现其对去产能企业、结构性调整产业、国有企业改革过程中进行职工安置、就业困难群体帮扶的借鉴意义。

第一，本书试图描述新就业形态在中国劳动力市场的发展及其理论意涵。与 20 世纪 90 年代中后期至 2002 年左右因国有企业改革出现的下岗潮不同，2015—2019 年左右的去产能过程同时伴随着数字技术影响劳动力市场而兴起的新就业形态，这在已有的市场岗位规模基础上为劳动者提供了更多市场化的就业选择机会。

本书考察了新就业形态涌现的基础以及新就业形态的发展趋势，从理论角度解释了新就业形态的组织模式。新就业形态的组织基础与传统雇佣模式的差异也使得新就业形态成为兼具灵活性和稳定性的就业模式，其岗位规模、技能要求水平、工作效率、接入的便利性、需求的广泛性、培育新动能等方面的特征有利于提升劳动者整体福利水平。

第二，本书考察了去产能职工安置的理论和实践。20 世纪 90 年代的下岗潮为本书所讨论的去产能职工安置提供了一个历史对照。本书分析了中国产能过剩的原因及化解措施，并对比了此次化解过剩产能职工安置与20世纪90年代下岗潮时的不同社会经济环境；详细叙述了2015—2019年去产能职工安置的各项举措，并分析了去产能职工安置面临的困难与问题。

第三，本书分析了进入新就业形态的去产能职工的特征。为什么新就业形态可以成为去产能职工在行业周期和企业效益下行中获得收入的重要选择，这与新就业形态的特征（如工作时间灵活性强，进入退出门槛低等）有很大关系。本书描述了新就业形态支持去产能职工就业总体情况，包括在新就业形态中工作的去产能职工的个体特征、工作现状、总量测算等，也分析了新就业形态为什么成为这些群体的就业选择，从而帮助读者增加对这一群体特征及其选择的理解。

第四，本书重点关注新就业形态如何在去产能职工安置中发挥作用，以及发挥了怎样的作用。去产能职工与新就业形态结合，是职工通过市场化手段获得新收入机会的创新尝试。在市场层面，大批职工在去产能背景下从企业走向新就业形态平台，说明了新就业形态所具有的吸引力和发展动力。在政策层面，政府及时发现去产能职工与新就业形态结合的趋势并推出政策试点，反映了中国政府作为有为政府所具备的高度的灵活性和创新能力。在社会治理层面，在此次去产能职工安置过程中，政府积极借助市场手段为去产能职工提供更多元的选择，协调传统国有企业与平台企业建立联系，体现了对新就业形态平台协同治理的思路。新就业形态平台承担社会责任的同时，扩充了从业者规模，提升了双边平台的网络效应。国有企业根据其运行实际和去产能职工安置压力不同，或积极配合政府协同，或拒绝尝试创新的解决办法，其中的细节层面因素值得分析与记录。

第五，本书试图构建新就业形态帮助去产能职工就业安置的长效机制，并提出政策建议。新就业形态不仅可以作为短期失业者或待业职工获得收入的途径，也可以成为从业者长期稳定的就业机会，这是由新就业形态所面对的市场的稳定性决定的。因此，可以考虑从公共就业服务的角度，将新就业形态作为帮助包括去产能职工在内的所有就业困难者的新就业途径，让就业困难者可以获得收入。

（三）研究意义

我国仍然是转型国家，我国的产业结构性改革仍在推进过程中，未来仍然可能出现类似于供给侧结构性改革、去产能等规模较大的结构性调整，从而带来短时间内较大规模的劳动力调整。另一方面，即使现有去产能工作已经完成，但笔者在调研中发现，国有钢铁、煤炭企业仍未达到最优人效比，仍然存在大量人员冗余。在未来国有企业改革进一步推进过程中，如何解决企业职工的再就业问题，依然需要相关研究进行解答。因此，从这个角度看，本研究所讨论的内容和总结形成的经验，可以为产业结构调整和国有企业改革中的劳动者调整提供借鉴，该研究因此而具有可推广性。

上篇　新就业形态

第二章
新就业形态的涌现

第二章 新就业形态的涌现

与 20 世纪 90 年代下岗潮所处的时代不同,此轮化解过剩产能所处的时代是信息与数字技术快速发展的时代。云计算、大数据、移动社交、人工智能、物联网、区块链等让人应接不暇的新技术,正在将人类社会带入数字经济时代。数字技术和信息技术及其应用的发展速度和传播速度快于历史上任何一个时期。有学者认为,数字经济的发展带来了自工业革命以来最深刻的社会变革(杨伟国、张成刚、辛茜莉,2018)。数字经济是继原始经济、农业经济、工业经济之后的一种由信息技术和信息化带来的新的经济社会发展形态。新的数字技术不断出现,正在孕育着新的商业模式与新的商业机遇。数字经济对于商业模式的改变,最终会反映到劳动力市场或工作关系上。经济范式向数字经济转变过程中,工作关系的各个方面将发生巨大变化,其中最具代表性的现象就是新就业形态的诞生。

新就业形态被定义为由电子商务或在线平台等技术革新动员起来的劳动力所开展的工作类型或就业类型,指的是数字平台凭借移动互联网、大数据、人工智能等数字技术,进行劳动者与服务消费需求大规模、大范围的组织、调配、任务分派等活动,实现劳动者和消费者直接对接的就业形态(张成刚,2022)。这与传统就业形态中由雇主组织生产、工作时间与工作场所相对固定有较大差异,也与不受数字平台规制约束的传统自由职业有差异(Donovan et al.,2016)。平台上的就业者既不同于雇佣组织中的雇员,也不同于完全拥有自主权的自雇者,他们根据平台上指派的需求自主选择工作,但在工作过程又接受平台规则的监管。

中国新就业形态的发展已经跨入世界前列。从在线创意设计、营销策划到餐饮住宿、物流快递、交通出行、生活服务等各类平台不断涌现。由于目前的劳动统计无法区分新就业形态从业者与传统非正规就业者,我们只能从平台统计的数据大致了解中国新就业形态从业者的规模。例如,阿里巴巴平台创造了 3 083 万个就业机会(中国人民大学劳动人事学院课题组,2016a),滴滴出行为 1 332 万劳动者提供获得收入的机会(滴滴政策研究院,2016a)等;此外,还有生活服务领域的 58 到家、送餐平台"饿了么"、猪八戒网等都拉动了大量就业。尽管学术界对平台提供的就业数据有质疑,但不可否认新就业形态已经成为中国劳动力市场的重要组成部分与未来的发展趋势。

中国政府在 2015 年"十三五"规划纲要和十八届五中全会公报最早提到"加强对灵活就业、新就业形态的支持","新就业形态"概念激起了社会各界的广泛关注。2016—2019 年的政府工作报告都提到要加强对灵活就业、新就业形态的扶持（2016年、2017年、2019年），运用"互联网+"发展新就业形态（2018年）。"新就业形态"这一政策性概念概括了新一轮技术革命所导致的就业模式、工作模式的巨大变化，也概括了中国劳动力市场以及世界其他先进国家劳动力市场的新趋势。

2019年7月的两次国务院常务会议都提到了新就业形态，一方面肯定"数字平台经济是生产力新的组织方式，是经济发展新动能，对优化资源配置、促进跨界融通发展和'双创'、推动产业升级、拓展消费市场尤其是增加就业，都有重要作用"，另一方面提出"完善新就业形态支持政策，促进零工市场、灵活就业等健康发展，培育就业新增长点"。2020年两会期间，在全国政协经济界联组会上，听完有关委员关于"新就业形态"的发言，习近平总书记指出："新冠肺炎疫情突如其来，'新就业形态'也是脱颖而出。要顺势而为。当然这个领域也存在法律法规一时跟不上的问题，当前最突出的就是'新就业形态'劳动者法律保障问题、保护好消费者合法权益问题等。要及时跟上研究，把法律短板及时补齐，在变化中不断完善。"

新就业形态的涌现成为新世纪中国劳动力市场的重要现象，也代表了进入数字经济时代劳动力市场的发展趋势。本章主要讨论新就业形态涌现背后的推动力量、新就业形态在中国的发展现状以及新就业形态发展对劳动世界以及社会经济带来的影响。

一、新就业形态兴起的推动力量

人类进入移动互联网时代后的技术与商业模式变化，或者说人类在20世纪七八十年代进入信息时代后的技术与商业模式变化趋势，明显呈现出经济-技术范式的重构。这样的重构投射到劳动世界，就产生了与工业时代的经济-技术范式截然不同的工作形式和就业形态。因此，范式转换的角度是理解新就业形态的本质与内涵。

（一）经济-技术范式的转变

"范式"（paradigm）这一术语最早出现于托马斯·库恩的《科学革命的结构》（库恩，1962），库恩主要从科学发展的角度，定义了科学"范式"的转变。库恩的"范式"是指常规科学所赖以运作的理论基础和实践规范，是从事某一科学的研究群体所共同遵从的世界观和行为方式。一个范式就是一个公认的模型或模式，体现共有的信念、价值。以共同范式为基础进行研究的人，都承诺以同样的规则和标准从事科学实践。库恩认为科学革命即是由旧范式向新范式的转变。科学家由一个新范式指引，去采用新工具，注意新领域；更为重要的是，科学家去注意以前注意过的地方时，会看到新的不同的东西。范式改变使得科学家对他们所研究的世界的看法变了，可以说科学革命之后，科学家们所面对的是一个不同的世界。

技术创新经济学家多西（Dosi，1982）于1982年将"范式"这一概念引入技术创新之中，提出了"技术范式"（technology paradigm）的概念。技术范式被定义为：解决所选择的技术经济问题的一种模式，而这些解决问题的办法立足于自然科学的原理。多西开创性地将技术范式与技术的经济功能联系在一起，肯定了技术范式在产业经济发展中的重要作用。

一方面，新技术能够给市场带来创造性的破坏，这种破坏是周期性的，影响在位企业的生存基础。新的技术一开始还不能成为完整的新技术范式，而是从垂直细分市场开始，所以一开始也无法冲击主流市场。随着解决方案的逐渐完善、产品性能的逐步提高，新的技术范式的影响力从细分市场扩散到主流市场，通过取代旧的技术范式进行大范围的市场范围渗透。在这个过程中，新的技术范式往往以产品为媒介进行边界模糊和市场渗透，通过技术进步带来的产品性能提升使得新技术对旧的技术产品和市场结构产生了破坏性影响，新的技术通过降低细分市场用户的异质性偏好打破原有的竞争壁垒并逐渐占领主流市场。

另一方面，竞争既可能推动技术范式的形成，也可能导致新技术范式的产生。产业技术竞争中，如果企业开发的技术成为产业技术标准，就可使该企业处于产业竞争中的有利位置，并极大地影响将来几代产品的走向。但如果企业支持的技术没有成为产业技术标准，则可能被迫采用新的技术标准，由此就会丧失自己在原创技术上的投资成本和学习成本。因此，企业总会通过各种手段使自己支持的技术成为产业技术标准，而一旦该技术成为相应产业的技术标准，它就会成为制造商和供应商参照的标准，并以此作为解决技术经济问题的模式；同时，产业技术竞争还能使竞争者根据新技术的利基市场开发出新的技术范式。

此外，新技术要成为技术范式，必然要适应市场需要。只有适应市场需要的新技术，才能获得一定市场份额，成为企业追踪的对象。从这个意义上讲，最终成为技术范式的新技术不是纯粹在技术的某个单一维度上的最优，而是一个基于市场主体需要的技术统一体。当然，在新技术刚出现时，它可能在功能上不如原有技术完善，只能适应某些新的市场缝隙的特殊需要；但是，新环境里有大量可以支持新技术飞速发展的资源。如果成为技术范式的新技术随着外部环境的变化，失去了解决技术经济问题的功能、不能适应市场需要时，它也会被更新的技术范式挤出主流市场，甚至被完全替代。

1983年，卡萝塔·佩蕾丝在论文《社会经济系统中的结构变迁与新技术吸收》中用"技术-经济范式"的表达取代了"技术范式"（Perez, 1983），来描述"生产组织的一种理想形式或最佳技术法则"，因为该范式所带来的变化超出了特定产品或工艺的技术轨迹，而影响了整个经济系统的相对成本结构和生产分配条件。这篇论文是技术-经济范式理论的开山之作，界定了技术-经济范式的概念，阐述了技术-经济范式变革即技术革命中不同经济部门所起到的作用；其重要意义在于说明技术变革不仅会引起一些新兴产业的极端快速增长，而且在更长的时间内，将带来许多传统产业的复苏，这些传统产业受新兴产业的影响，找到了利用新技术进行组织和管理变革的方法。1988年，弗里曼和佩蕾丝合作发表《结构调整危机：经济周期与投资行为》一文，进一步明晰了"技术-经济范式"这一概念（Freeman and Perez, 1988）。他们用"技术-经济范式"来描述被广泛传播的技术通过经济系统影响企业行为和产业的现实，其重要特征在于："具有在整个经济中的渗透效应，即它不仅导致产品、服务、系统和产业依据自己的权利产生新的范围；它也直接或间接地影响经济的几乎每个其他领域。同时还带来社会层面和制度层面的变革。"

技术-经济范式变革影响了劳动、企业家的活动方式，以及资源的开发利用模式。技术-经济范式的转变重构了产业结构、产业空间布局、企业盈利模式、人的参与形式、资源的开发利用模式等诸多经济现象。弗里曼和佩蕾丝从"1+9"个方面对技术-经济范式变革中的经济系统进行特征分析。其中，"1"是指新的关键生产要素，新的关键生产要素是新技术-经济范式产生的重要标志，在新关键生产要素基础上才有了经济系统其他9个方面的变化，即：①在企业和产业层面出现一种新的最佳的组织形式；②新的劳动技能产生，这种技能影响劳动者的数量和质量，以及相应的收入分配；③充分利用新关键生产要素的新产品组合将成为投资重点，在国民生产总值中的比重也将不断增长；④出现充分利用新关键生产要素的根本性、渐进性创新；⑤在国内、国际出现新的投资模式和投资市场；⑥形成新的基础设施投资高潮，这种基础设施投资将对整个系统带来适宜的外部性，并方便新产品的普遍使用和新生产流程的普遍应用；⑦创新家-企业家型的小企业大量出现并趋向于形成一个新的产业部门；⑧大企业通过迅速扩张或经营多样化集中于生产和使用关键要素密集的新部门；⑨形成新的商品消费与服务模式。可以发现，当下的经济系统正呈现出了弗里曼和佩蕾丝所言的新技术-经济范式下的一系列新特征。

"关键生产要素"决定着技术-经济范式的特征，并成为划分不同类型的技术-经济范式的依据。工业经济时代，不同的物质资本先后成为新的关键生产要素，进而工业经济被划分为不同的发展时期（见表 2-1）。在数字经济时代，新的关键生产要素已经变为了"数据"。数据正在介入从用户需求分析、研发设计、生产制造到物流营销等产品与服务生产的各个环节，成为众多企业着力投入并极力获取的关键生产要素。国际数据资讯公司（IDC）预计，到 2025 年，全球产生的数据量将达到 175ZB[①]。《经济学人》杂志报告《决定要素：大数据与决策制定》[②]指出，90%的企业领导人都认为，数据已成为基本的"第四生产要素"。仅凭直觉做出判断的领导者变得越来越稀少，有 54%的受访者仅根据直觉或经验作为怀疑依据做出管理决策，而 65%的受访者则断言越来越多的管理决策基于"硬性分析信息"，而在金融服务、医疗保健和制药等领域，这一比例上升到了 73%。

表 2-1 五次技术革命和对应的技术-经济范式

技术革命	技术-经济范式的形成时间	主导技术	关键要素及基础设施	新兴产业
第一次技术革命：工业革命，始于 1771 年	早期的机械化范式：构建于 18 世纪七八十年代	机械技术	棉、生铁；收费高速公路	纺织业、纺织化工业、机械制造业、铸铁铸件业
第二次技术革命：蒸汽动力革命，始于 1829 年	蒸汽动力和铁路范式：构建于 19 世纪三四十年代	蒸汽动力技术	煤炭、交通；世界铁路运输	蒸汽机制造业、机床制造业、铁路设备制造业
第三次技术革命：电工革命，始于 1875 年	电气和重型工程范式：构建于 19 世纪八九十年代	钢铁、电力、天然气、合成燃料技术	钢铁；供配电	电工电气机械及器材、重型武器、船舶用钢、重化学品、合成燃料等制造业

---

① 1ZB 等于 1 万亿 GB。
② The Deciding Factor: Big Data and Decision Making, Economist Intelligence Unit, 2012.

续表

技术革命	技术-经济范式的形成时间	主导技术	关键要素及基础设施	新兴产业
第四次技术革命：石油革命，始于1913年	福特制大规模生产范式：构建于20世纪三四十年代	石油、化工、航空航天技术	能源（主要是石油）；机场	飞机、汽车、拖拉机、机动作战武器等制造业，耐用消费品、石油化工等生产和供应业
第五次技术革命：信息革命，始于1971年	数字经济范式：构建于20世纪八九十年代	信息通信技术	芯片（微电子）、数据；卫星、数字基础设施	电子信息制造业、电信业、软件和信息技术服务业、互联网行业

资料来源：王姝楠、陈江生（2019）根据弗里曼和佩蕾丝1988年的论文《结构性调整危机，商业周期和投资行为》（Freeman and Perez, 1988），以及佩蕾丝的著作《技术革命与金融资本———泡沫与黄金时代的动力学》整理（Perez, 2003）。

数字成为关键生产要素是从20世纪70年代随着信息技术的出现开始的（表2-2）。卡斯特（2000）在21世纪初认为，人类正处于信息技术革命时期，在这场革命中，信息技术重组着社会的方方面面。根植于信息技术的网络已成为现代社会的普遍技术范式（我们称之为信息化范式），其特征是经济行为的全球化、组织形式的网络化、工作方式的灵活化和职业结构的两极化。20世纪70年代到20世纪末是信息革命的导入期，是工业革命范式向信息革命技术范式转型的开始。1971年世界上第一台微处理器的诞生标志着信息革命的爆发，随之而来的是20世纪80年代的个人电脑销量暴增和90年代的互联网技术投入商用。信息革命带来了新的投资和增长潜力，人类的日常活动开始由物理空间向虚拟空间延伸。信息技术革命进一步推动了各个经济部门的变化，人类社会开始进入数字经济这种全新的技术-经济范式。

1995年，美国经济学家唐·泰普斯科特首先用"数字经济"一词来描述这种"以人类智慧网络化为基础的新型经济"（Tapscott, 1996）。随后，大量数字经济相关的政府报告和学术著作相继问世，数字经济时代宣告来临。到1998年，全球互联网用户已达到1亿多人，五年内增长了30万倍；接入互联网的主机数量将近2 000万台，十年内增长了10倍；信息技术产业的总资本达到5 880亿美元，十年间翻了50倍；对信息技术公司的风险投资高达年均120亿美元。全世界掀起了一股数字化狂潮，数字经济范式逐步成型。

表 2-2　进入数字经济技术-经济范式的演变

技术革命	技术-经济范式的形成时间	主导技术	关键要素及基础设施	新兴产业
信息技术革命	20世纪六七十年代	计算机		电子信息产业、集成电路产业
互联网	20世纪70年代末—21世纪初	互联网	台式计算机、笔记本计算机、	软件业、网络产业
移动互联网	21世纪的第一个10年左右	大数据、云计算	4G通信技术、智能手机、多点触控平板电脑	数字金融、平台服务业

在讨论人类社会已经进入数字经济这种全新的技术-经济范式时，必须要对20世纪初的互联网科技泡沫破裂做具体的分析。21世纪初，美国经历了科技股泡沫破裂。从1995年到2000年3月达到最高点，纳斯达克综合股票市场指数上涨了400%，但之后两年时间下跌了78%，回吐了泡沫期间的所有涨幅。在崩溃期间，Pets.com、Webvan、Boo.com等多家在线购物公司以及Worldcom、NorthPoint Communications和Global Crossing等多家通信公司倒闭。随着股票市场泡沫破灭，硅谷大量公司破产，有些公司破产时刚购入的电脑设备还没打开包装。这个风潮重创了互联网业，也包括许多投资基金，包括大名鼎鼎的索罗斯。然而，在互联网泡沫后，仍然有48%的互联网公司存活下来。随着科技行业的增长趋于稳定，亚马逊和eBay等一些公司获得了市场份额，并在各自的领域占据了主导地位。乔布斯也重新回到苹果，开创了苹果公司势不可挡的黄金时代。尽管科技泡沫破裂对股票价值产生了负面影响，但它促成了改变美国和世界经济的信息和通信革命（Lind, 2018）。

佩蕾丝（Perez, 2009）认为，世纪之交的互联网科技泡沫，是由20世纪90年代末的互联网风潮和破灭，以及21世纪初流动性泡沫和破灭两个独立部分但看似同属于一个事件构成的。20世纪90年代末的互联网风潮是以技术创新为基础的，而21世纪初流动性泡沫是由于宽松的信贷导致的。所以，科技股破灭导致的金融危机背后，依然反映了技术-经济范式的转移。当时世界所面临的不仅仅是金融危机，而是一个时期的结束，需要社会和经济背景的结构性转变，以允许在这种新范式下继续增长。全球化和国家繁荣都将取决于为应对类似的经济衰退带来的挑战而实施的长期解决方案并受其影响（Perez, 2009）。因此，有学者认为，经济数字化并不是一场新的工业革命，而是新范式的安装和部署时期之间艰苦而不确定的过渡（Valenduc and Vendramin 2017）。自 2008 年危机以来，由于尚未满足转型的制度、政治和社会条件，人类社会仍未从转折点前行，而是继续被信息和通信技术的狂热所蒙蔽（Valenduc，2018）。

数字经济的下一个阶段是移动互联网阶段。自 2007 年以来，随着大型多点触控智能手机的兴起以及多点触控平板电脑的兴起，向移动网络访问的转变加速了。根据玛丽·米克每年做出的互联网趋势报告，人类社会大约在 2009 年左右进入移动互联网时代。到 2009 年，当国际电联报告订户数量将达到 46 亿用户时，只使用移动电话的用户数量也达到了地球人口总量的一半，这意味着有 38 亿部已激活的手机以及 34 亿手机用户。许多欧美用户第一次使用手机上网时，就已经是固定互联网用户了，但在世界其他地方，比如印度，很多人第一次上网就是在手机上。2014 年 1 月，美国的移动互联网使用量超过了台式机使用量。当前，拥有智能功能手机的人数为 71.01 亿，占世界人口的 89.84%。

信息技术－数字经济范式是最新一轮的技术－经济范式。从石油革命－工业革命范式到信息技术－数字经济范式变革的逻辑如下：信息技术的重大创新引发产业变革，进而带动信息设备的普遍安装以及互联网基础设施建设，形成数字化的一般性生产技术条件。生产条件的升级催生出新的关键生产要素。经济主体基于新的生产技术条件和生产要素开展经济活动，其思维模式和行为习惯发生改变并不断被强化，带动新规则和常识的产生，而经济系统从硬件到软件也由此实现系统变革，即实现技术－经济范式的转变。

数字经济是继原始经济、农业经济、工业经济之后的一种由信息技术和信息化带来的新的经济社会发展形态。塔普斯科特（Tapscott，1996）详细描述了数字经济各方面的情况，并从互联网角度研究了信息技术对经济社会的影响。1998 年，美国商务部发布报告 *The Emerging Digital Economy*，研究了与互联网技术密切相关的"新经济"现象，从政府角度判断数字经济的到来，并开始设计测量指标，将数字经济纳入官方统计中（Henry et al.，1998）。此后，"数字经济"概念开始在全社会广泛使用。

2016 年，在中国杭州举办的二十国集团（G20）峰会上，与会国领导人共同发起《二十国集团数字经济发展与合作倡议》，对数字经济做出了定义：数字经济是指以使用数字化的知识和信息作为关键生产要素、以现代信息网络作为重要载体、以信息通信技术的有效使用作为效率提升和经济结构优化的重要推动力的一系列经济活动。

　　数字经济范式带来了不同于福特制大规模生产的特征，表 2-3 显示了数字经济与工业经济时代技术-经济范式对比。在新范式对旧范式的突破方面，数字经济范式中产生了灵活的制造系统。企业由量化生产转型为弹性生产、由"福特式"生产模式转型为"后福特式"生产模式。同时，由于网络和范围经济的存在，打破了规模不经济和流水线的不灵活性。在企业组织和竞争形式方面，数字经济中，大大小小的企业越来越依赖现代信息网络，在技术、质量控制、培训、投资和生产规划等方面密切合作，产生了"大平台+小企业"这一新的组织形式。在最佳实践模式方面，数字经济展现出独有的特征。首先，数字经济是技术密集型的经济模式。信息技术和数字技术的广泛应用使得企业能够更高效地进行生产和管理。现代企业依赖于大数据、人工智能、物联网等技术，这些技术的整合应用提高了生产效率，降低了运营成本，并创造了新的商业机会。其次，知识资本和无形附加价值的作用提升。在数字经济中，企业的竞争优势更多地依赖于知识资本。无形资产，如品牌、专利、版权和技术诀窍，成为企业价值的重要组成部分。数字经济还注重异质性、多样性和适应性。企业能够根据市场需求的变化迅速调整生产和运营策略，以满足不同客户的需求。通过定制化生产和个性化服务，企业能够提供更加灵活和多样化的产品和服务，增强市场竞争力。范围经济和专业化的规模经济也是数字经济的重要特征。通过信息网络，企业可以实现跨地域、跨行业的资源整合和协同合作，形成范围经济。同时，企业通过专业化分工和协作，提高了生产效率和产品质量，达到了专业化的规模经济效应。全球化和全球与本地的互动是数字经济的重要特征之一。信息技术打破了时间和空间的限制，使得企业能够在全球范围内进行资源配置和市场开拓。企业在全球化过程中，不断与本地市场互动，适应不同地区的市场需求，实现全球资源的最佳配置。最后，即时通信是数字经济的重要实践模式。企业通过现代信息网络实现即时的信息传递和快速响应市场变化。这不仅提高了企业的应变能力，也增强了企业的竞争力。在产业结构方面，数字经济推动了产业链形态向产业生态形态的转变。传统的产业链模式中，各企业之间的联系较为松散，合作程度较低；而在数字经济中，企业之间通过信息网络形成了更加紧密的协作关系，构建了一个相互依存、共同发展的产业生态系统。这种生态系统不仅促进了企业间的协同创新和资源共享，也增强了整个产业的竞争力和可持续发展能力。

表 2-3　数字经济与工业经济时代技术-经济范式对比

指标	数字经济时代	工业经济时代
关键生产要素	数据或大数据、知识、智慧、资本等	资本、劳动力等
最佳行为方式	产业生态组织之下的大规模社会化协同，众包、众创、用户参与生产盛行	以企业内部经营为核心的大规模生产
劳动技能	对互联网行业相关技术人才需求大幅增长；知识就业、智慧型创新创业成为新经济时代的主流职业特征；互联网基本操作技能成为劳动者的必需技能	机器设备操作技能
关键生产要素生成的产品组合	充分利用大数据生产要素的新产品和服务组合不断产生，如智能交通，互联网金融产品等	如基于芯片植入的数控机床等
关键生产要素推动的根本性、渐进性创新	互联网相关技术创新，基于大数据的产品和服务创新、模式创新等	如基于电子计算技术的创新
投资模式和投资市场	众筹，集中在智能硬件、新媒体、移动互联网软件开发等领域	如纳斯达克市场的兴起等
基础设施投资高潮	互联网基础设施投资，云平台、网络通道等基础设施成为政府、运营商、大企业的投资重点	如电话网络建设，通信基站建设等基础设施投资高潮
产生创新创业机会的产业部门	智能硬件、电子商务、O2O 餐饮等新行业领域	信息通信领域的创新创业机会
大企业战略选择	大企业成为平台性企业，以数据的流入和整合利用为核心	大企业以资本/资产的扩张为核心
商品消费与服务模式	O2O 等，线上与线下相结合的各类消费与服务模式兴起	线下的消费和服务

资料来源：改编自：胡贝贝、王胜光、段玉厂（2019）。

随着数字经济范式的不断发展，人类的工作关系也受其影响发生着变革。首先是工作任务或技能之中出现了云计算、大数据、移动、社交、人工智能、物联网、机器人、GPS、区块链等数字技术的要求；然后出现一批完整的数字岗位；之后又出现一个以数字为业务的企业，从而扩展到行业；最终发展成为数字经济范式或形成数字文明。

现有的研究文献主要讨论了数字经济的发展与劳动者、劳动力市场的关系。一方面，数字经济使得一些人担心人工智能、机器人会取代传统劳动力，从而引发大规模失业。格雷茨和迈克尔斯（Graetz and Michaels, 2015）针对不同国家的行业机器人使用情况的变化，发现机器人可以提高生产率和工资，从而减少低技能工人的就业。施瓦布（2016）也认为，信息和其他创新技术会通过取代现有人工来提高生产率，从而导致常规性和重复性工作大幅减少。不过，阿塞莫格鲁和帕斯夸尔（Acemoglu and Pascual, 2017）认为，自动化对就业的影响可能也没有那么大：首先，我们并不能保证企业会选择自动化，这主要取决于机器替代劳动力的成本，以及对这种威胁做出反应的工资变化；其次，技术进步对劳动力市场的影响不仅在于他们所处的阶段，也取决于经济部门的结构调整。

另一方面，数字技术的发展克服了劳动力配置时所面临的信息不完全性问题，有效改进了劳动力配置空间，从而会增加就业机会，能够帮助因产业结构变动导致的失业人员。纪雯雯、赖德胜（2016）指出，依托互联网技术高效配置信息，将会克服传统劳动力市场在时间和空间上的限制，让更多的人参与其中，从而创造新的经济增长点，带来新的就业岗位。张成刚（2016）认为，以数字经济为基础的新就业形态不仅可以创造更多的工作岗位，而且可以增加弱势群体的就业机会。2017年，阿里巴巴零售电商平台为全社会创造就业岗位3 681万个，其中交易型就业机会1 405万，带动型就业机会2 276万（中国人民大学劳动人事学院课题组，2018）。首都经济贸易大学劳动经济学院课题组发表的《中国新就业形态就业质量研究报告》显示，2017年6月至2018年6月，共有3 066万人（含专车、快车、顺风车、代驾、豪华车司机和车主）在滴滴平台获得收入。

从微观角度看，随着数字经济的发展，组织的行为也在不断地发生变化。阮芳等（2017）指出，数字技术使新的组织内外协作模式顺畅运行，并更契合业务诉求。借助数字技术，组织内部的协作和沟通成本大幅缩减，流程运行加速，更趋向于扁平化、精益化。此外，数字技术还使得组织之间的边界逐渐消弭，加强了组织间的合作。施瓦布（2016）认为，第四次工业革命的影响力遍及全球，推动全球一体化进程的发展，各大企业、各大行业、各个国家之间，要强化合作意识、共融意识，以团体智慧赢得共同发展。这主要是因为社会呈现非群体化趋势，企业为了维持他们之间的平衡关系，必须交换更多的信息（托夫勒，2018）。

笔者认为，应从技术-经济范式转化的角度认识数字经济对人类社会的影响，即：产业与商业运作的理论基础和实践规范发生转变，并由过去的企业主导的经济模式向网络经济、平台经济、共享经济、零工经济、协同经济等数字经济模式转变。数字经济正在形成并破坏关于企业结构、企业如何互动以及消费者如何获得服务、信息和商品的传统观念。积极利用数据正在改变当前的商业模式，对促进新产品和服务的诞生、创造新的流程，以及引入新的管理文化产生更大效用。数字经济也改变了行业内部和跨行业的伙伴关系以及合作的结构。在数字经济中，市场营销以及满足消费者需求的商品和服务的分配也发生了变化。

信息技术-数字经济范式是最新一轮的技术-经济范式。前面谈到从石油革命-工业革命范式到信息技术-数字经济范式变革的逻辑。当经济主体基于新的生产技术条件和生产要素开展经济活动，经济主体的思维模式和行为习惯发生改变并不断被强化，带动新规则和新常识的产生。

新就业形态就是在信息技术-数字经济这个最新一轮的技术-经济范式变革中产生的。一方面，经济主体的思维模式和行为习惯发生变革，对应新就业形态产生的背景就是平台型企业的出现或企业采用了平台商业模式；同时，劳动者的供给偏好也在改变。灵活化的就业方式得到了部分劳动者的青睐。另一方面，关于新就业形态的新规则和常识正在逐步形成的过程中。从政府规制的角度，目前，新就业形态打破了旧有行业和法律秩序下的利益关系和管理规范，对传统就业群体、管理手段、劳动法律体系、就业服务管理、社会保障政策等形成冲击。

托马斯·库恩在《科学革命的结构》提到，新范式与旧范式之间存在"不可通约性"，即新旧范式不能进行简单比较（库恩，1962）。笔者认为，托马斯·库恩所提到的"不可通约性"同样存在于技术-经济范式转变后，对生产要素的组织模式和商业模式中。因此，劳动世界发生的转变，新就业形态与传统就业形态之间也存在"不可通约性"。经济-技术范式转变对整个劳动世界，包括劳动科学的基本假定和知识积累、劳动力市场的政策实践都提出了转型的要求。

（二）平台组织成为新商业模式

多边交易平台（或者俗称中间人）的这种角色，是从古代就存在的一种社会经济角色，它的功能是在不同类型的社会成员或经济单元之间进行撮合，使其更快完成交易。随着技术-经济范式转向信息技术-数字经济范式，数字技术为平台这一种社会经济角色赋予了强大的功能，使之从几千年的农业社会和工业社会的边缘性经济角色开始进入经济舞台的中心。

随着技术-经济范式转向信息技术-数字经济范式，生产要素的组织模式由传统"福特制"企业向平台型企业转变。数字平台成为新的商业模式和组织模式。Airbnb、优步、亚马逊、谷歌、Salesforce 和 Facebook 等公司创建了在线网络平台，以促进人们之间的数字互动。数字平台的功能和类型之间存在很大差异，从提供服务的平台（例如 Uber 和 Airbnb）到产品（例如 Amazon 和 eBay），再到支付（例如 Square 和 PayPal），再到软件开发（例如 Apple 和 Salesforce）等等。数字平台在社会经济活动中正变得越来越占主导地位。肯尼等（Kenney et al.，2021）描述了平台的普遍性和力量范围，表明平台已经在服务行业中无处不在，并且正在积累跨越传统行业边界的力量。肯尼等估计，美国超过 520 万家机构的 70% 的服务行业可能受到一个或多个平台的影响。

数字平台被定义为：能够连接两个或者多个价值链客户群体，采用价格策略整合互补性的产品、服务或者技术来为多方客户提供达成交易的可能性，并且能够发挥网络效应扩大交易规模（范瑾瑜，2019）。平台可以将有需求的人（客户）与提供供应的人（工人）联系起来。平台组织连接了分散的劳动者和用户，促进了人与人之间的互动。

数字平台组织就是数字经济时代的象征和体现，就像工厂是工业革命的象征和体现一样（Kenney and Zysman，2016；Rahman and Thelen，2019；Srnircek，2017）。数字平台是信息技术-数字经济范式的产品。随着技术-经济范式向数字时代转变，平台组织开始登上社会经济舞台，并发挥着越来越重要的作用。从 20 世纪 90 年代开始，技术环境的动荡给新型组织提供了很多发展机会，并催生出了很多新型组织。从个人电脑到智能手机的技术发展将数十亿人连接到互联网，促进了平台商业模式的兴起。平台将自己定位为众多社会和经济活动的关键中间人，利用网络效应的力量和赢家通吃的特征来实现增长。平台的发展加速是由技术发展推动的，最明显的是智能手机的引入，将更多人连接到互联网。社会和经济活动转移到线上使得这些活动可以通过平台来中介。这种变化使得平台能够在提供服务、促成交易以及促进用户间互动方面发挥关键作用（Kenney et al.，2021）。发展到今天，基于数字平台的企业已经成为世界上最有价值和最强大的一类企业。新冠疫情的流行加速了在线社会和经济活动，将平台进一步嵌入我们的日常生活。据《华尔街日报》报道，2021 年大型平台公司亚马逊、苹果、Facebook、谷歌和微软的总利润增长了24%，总市值几乎翻了一番，达到7.511万亿美元。

基于数字技术和数据生态的数字平台成了数字经济发展中创新活动的主导者和引领者。一方面，在互联网发展中，通过从交易平台向数据和计算平台转型，数字平台企业拥有了更强的资源配置能力，通过数据和计算能力可以为其他创新主体的生产和创新活动提供服务和支撑。另一方面，数字平台企业通过技术研发和软件的组件化和模块化，以"平台+赋能+开发者"的模式不断拓展其商业生态系统的同时，也加速推动了网络化组织创新方式的发展和创新生态系统的形成。这些力量推动着以平台作为运营基础的新兴企业大量涌现，同时也推动着现存企业不断调整适应。

数字平台以一种生态系统的方式发展自身，其决定性特征是稳定的核心或"平台"之间的相互依存关系（姜奇平，2016b）。平台与一组动态的、异构的互补组件交互，生成一系列衍生产品。尽管平台生态系统中的每个组织可能在法律上是独立的（即不属于共同所有权），但它们通常会联合进行专业化发展和投资，或签署将它们绑定到长期关系的排他性协议。这种关系既不像现货市场合同那样有限和具体，也不像等级组织内部的那样持久和广泛。它们可以被视为组织和市场之间的混合结构，提供基于市场和等级权力的混合，以及基于市场和等级激励的混合（Makadok and Coff，2009）。

数字平台的出现使得供需双方海量触达、匹配、互动、交易成为可能，平台生态系统激发了新产品和服务，激发了创新，并提高了各个行业和技术部门的经济效益。平台组织架构的显著特点是其模块化和相互依赖的核心和互补组件系统，这些组件通过设计规则和总体价值主张绑定在一起。因此，平台可以概念化为"元组织"或"组织的组织"（Kretschmer et al.，2022），不像传统公司那样，它们等级结构更少，但比传统市场更紧密地耦合。为了成功运作，平台需要协调多个利益并非一致的参与者。

杰奥夫雷·帕克等（Geoffrey et al.，2016）认为，在外部技术环境动态性极高的情况下，企业组织形态发展的结果将是成为平台性组织或者成为组织平台的一部分。瓦拉斯和舒尔（Vallas and Schor，2020）认为，平台管理经济交易不是通过扩大对参与者的控制，而是通过放弃重要的控制维度并将其委托给交易的其他两方。平台公司保留对重要职能的权力——任务分配、数据收集、服务定价，当然还有收入的收集，但放弃对其他职能的控制，例如工作方法的规范、对工作时间表的控制，以及对工作的绩效评估。这就是为什么很少有平台从业者需要制定工作场所脚本，这是交互式服务工作的一个共同特征（Leidner，1993）。实际上，劳动过程获得了一种新的结构，其中"控制被彻底分散，而权力仍然集中"（Kornberger et al.，2017）。价值的提取依赖于一种新的结构形式，即使平台放弃了对劳动过程各个方面的控制，平台仍然保持强大。

二、新就业形态的发展

随着移动互联网技术的发展，新就业形态蓬勃发展，如 Uber 在较短时间内已成长为百亿美元级别的全球性平台。与 Uber 相类似，其他的以劳务分享为主的平台企业也在不断扩张规模。

数字经济发展导致的就业形态的变化也被政府和学界广泛讨论。国际劳工组织（2015）认为，未来劳动世界中，影响最为深远的是近年来出现的"以互联网技术为媒介，将物品和服务的需求方与可提供物品和服务的供应方联系起来，双方形成临时的商业关系，该关系于产品或服务交付后即不存在"的工作模式。有报告（OECD，2016）指出，过去十年来，服务类平台市场呈现指数级增长。预计到 2020 年，美国新就业形态规模年均增长会达到 18%（JPM，2016）。根据最新数据，2023 年美国的零工经济规模已达 4552 亿美元，增长速度显著超过传统劳动力市场。据报告，零工经济的增长速度约为总劳动力市场的三倍（TeamStage，2024）。全球零工经济预计在 2022 年至 2031 年期间将以 16.18% 的复合年增长率增长，显示出持续扩张的潜力（Business Research Insights，2024）。

中国新就业形态发展位居世界前列，平台企业数量持续上升，市场规模扩展迅速，创造了大量就业机会。从在线创意设计、营销策划到餐饮住宿、物流快递、交通出行、生活服务等各类平台不断涌现。由于目前的劳动统计无法区分新就业形态从业者与传统非正规就业者，我们只能从平台统计的数据大致了解中国新就业形态从业者的规模。例如，打车领域的滴滴出行，2017—2018 年一年内，就为 3 066 万人（含专车、快车、顺风车、代驾、豪华车司机和车主）创造了获得收入的机会。截至 2016 年底，餐饮外卖领域的饿了么带动了包括食材供应链、餐饮、配送等各个环节约 1 000 万人的就业，注册蜂鸟配送员达到 300 万人。如果劳动者有一技之长，还可以在猪八戒平台为代表的威客网站从事专业技能要求较高的服务。该平台服务商数量已达 1 300 万，孵化出的新企业数量达上万家。尽管学术界对平台提供的就业数据有质疑，但不可否认的是，新就业形态已经成为中国劳动力市场的重要组成部分与未来的发展趋势。

(一) 新就业形态的类型

劳动者进入由平台组织的新就业形态已经形成了趋势。由于出现的时间较晚，新就业形态的名称尚未统一，有多个不同的名称，但其内涵基本上是指可以通过基于互联网的平台提供劳动者和消费者对接的服务。

中国新就业形态的发展，无论是技术先进程度还是使用规模都已经处于世界前列。同时，由于各种新就业形态迅速变化，一些新就业形态快速出现，或者快速消失，因此很难总结出所有新就业形态的类型。本研究总结了近年来中国相对稳定的主要新就业形态类型，包括：①基于数字平台的共享经济就业，如滴滴出行司机或美团点评送餐员；②基于电子商务平台生态系统的新就业形态，如阿里巴巴或拼多多的网上店主；③基于在线劳动力市场的众包就业，如猪八戒网。此外还有创业式就业、粉丝经济就业、社群经济就业等工作内容新、从业规模稍小的各类新就业形态。

1. 共享经济平台的按需就业

共享经济平台的按需就业主要基于移动互联网，由在线平台组织，以完成消费者服务需求作为工作内容，例如网约车司机、外卖骑手等。该类新就业形态依赖于数字技术和数字平台，可以直接连接劳动力的供应方和需求方。与传统非正规工作相比，数字平台市场的按需工作服务质量更加稳定，需经由客户排名或评估；服务空间、客户范围扩大，由服务于熟悉客户到由平台直接匹配；劳动者和消费者体验更优，劳动者可以更快地发现需求，更快与消费者匹配，消费者更信任通过平台提供的服务。这种就业模式改变了传统的服务使用方式，刺激了消费者的需求，也扩大了就业规模。

在"2017年共享经济平台劳动者就业状况、劳动权益状况"调查中，共享经济平台就业者主要以25~44岁中青年为主，学历普遍为高中或中专及以下，主要职业包括了网约车驾驶员、网络平台送餐员、网约家政服务员、网约快递员、网约美甲师、网约搬家人员等等。兼职与专职比例与职业类型相关，网约家政服务员以专职为主，占比达到70%以上；网约车驾驶员、网约快递员兼职占比较高，达到50%以上。共享经济平台就业门槛较低、就业规模大，因而也吸引了大量就业困难群体和重点就业人群。以网约车为例，调研显示，网约车平台为大量国家重点扶贫人员提供了收入机会。2018年，滴滴平台6.7%的司机属于国家建档立卡贫困户，他们中很多人通过租车进入平台。2019年该比例上升为6.9%。根据平台大数据显示，属于国家重点扶贫人员的网约车司机在滴滴平台获得人均3 335元的月收入。滴滴平台中也包括大量"零就业"家庭劳动者。调研数据显示，2019年滴滴平台司机中，有28.44%的司机家庭中仅其一人就业。

2. 电商平台就业

电子商务平台创造的新就业机会不仅包括与线上交易的核心产品或服务直接相关的就业机会，还包括围绕电子商务形成的生态系统带来的间接就业机会，其中最具代表性的是阿里巴巴集团的淘宝平台。

基于电子商务平台的新就业形态最重要的特征是电子商务平台所培育的"生态系统"。随着电子商务的范围不断扩大，电子商务发展成为一个复杂的网络或相互连接的系统，共同构成了电子商务全部业务，这就是电子商务生态系统。每当电子商务生态系统各组成部分工作分工细化，就会产生新的工作。对于像阿里巴巴这样的大型电子商务平台来说，任何种类的新就业形态的数量都是巨大的。

3. 基于在线劳动力市场的众包就业

在线劳动力市场的服务提供者起初在中国被称为"威客"，它指的是通过互联网将智慧、知识、能力和经验转化为实际利益的人。威客根据他们的知识、智慧、经验和技能帮助解决客户在科学、技术、工作、生活和学习方面的问题。威客提供的大多数产品都是知识产品，例如设计与创意、技术与编程、写作与翻译、营销与咨询、法律咨询等。

众包就业模式的一个关键特点是打破了地理和时间限制，使得全球的个人和企业可以在虚拟环境中相互合作。这种工作方式为威客提供了灵活的工作时间和地点选择，促进了个性化和专业化服务的提供。一些国家欢迎数字游民的到来，这些数字游民可能就是在旅行中通过在线平台接取工作项目。

此外，众包平台通常提供评价系统，以评估威客的工作质量和可靠性，这有助于建立信任并促进更多的合作机会。通过这些平台，威客可以根据自己的专长和兴趣选择项目，而客户则可以从广泛的专业人才中找到最适合其需求的服务提供者。

4. 其他类型的新就业形态

创业式就业模式是指将个人创业作为一种就业方式。在创业过程中，人们自己寻求项目，自己筹集资金，自己经营。创业就业模式的从业者，其个人工作或新创企业正处于酝酿、孵化和注册业务的过程中。创业就业模式的代表是"创客",其正处于向正规企业过渡的阶段。如果创业成功,"创客"将转变为企业家或新企业的雇员。研究显示,大学毕业生创业的比例从 2011 年的 1.6% 上升到 2017 年的 3.0%,约为 23.85 万人(麦可思研究院,2017)。一些公司在其内部建立了企业的创新平台,如海尔的海创汇平台,为创业就业模式提供了动力。

其他如粉丝经济就业,以自身影响力和粉丝效应为基础的网络内容生产者、知识付费作者、自媒体发布者、职业拍客、旅游美食达人等。这些有影响力的人能够提供粉丝需要的服务或信息,并以此获得粉丝的财务支持。

综上所述,根据不同新就业形态的技能水平和工作复杂程度,工作的性质是在线还是离线,是扎根于特定地点还是在更广阔的空间分散(如全国或全世界),以及产出的服务类型,新就业形态的主要类型如图 2-1 所示。电商平台就业和在线劳动力市场众包就业所要求的技能水平和工作复杂程度高于共享经济平台的按需就业,同时也是面向更广阔市场空间的。粉丝经济就业包含了不同技能等级和复杂程度的工作任务,可能面向广阔的市场空间,也有可能是基于当地的。但总体上说,粉丝经济就业是以更广阔市场空间为主要类别。共享经济平台就业的技能水平相对较低,例如网约车、外卖、同城配送等。由于算法设计、市场条件和监管政策的频繁变化,很多新就业形态快速出现又快速消失。本章所列的新就业形态类别,是目前中国劳动力市场中规模较大、发展较为成熟的新就业形态类别。当然,这些新就业形态类别也可能会随着时间推移而发生变化。

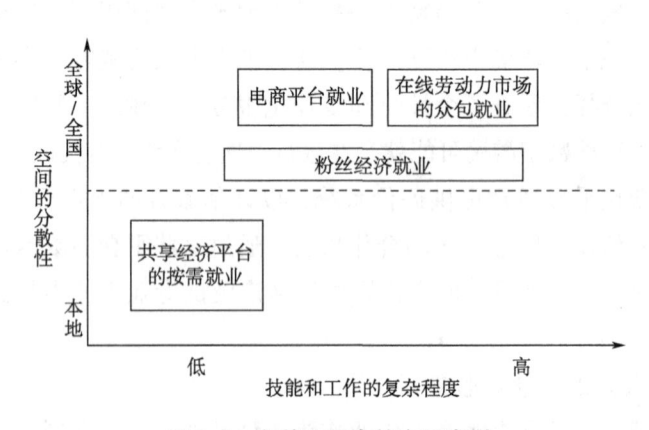

图 2-1 新就业形态的主要类型

（二）新就业形态集中的领域

本研究总结了中国新就业形态从业者就业的细分领域（见图 2-2）。这些细分领域显示了数字经济已经逐步在各行业渗透，重塑甚至颠覆了部分行业。数字经济极大地提升了各行业经济运行的效率，降低了部分行业的从业门槛，也改变了行业从业者的利益格局。从大类别划分，新就业形态集中的领域可以划分为电子商务、平台服务市场和在线平台市场。

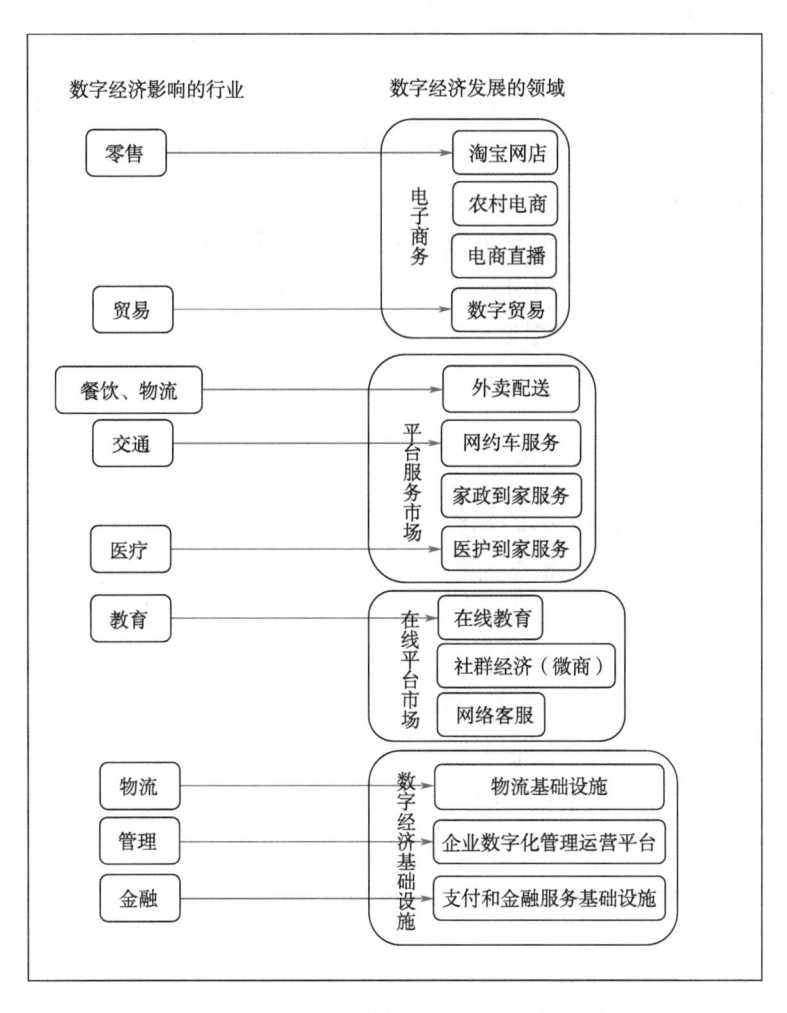

图 2-2　中国新就业形态发展的细分领域

资料来源：阿里研究院、中国新就业形态研究中心（2022）。

电子商务是中国数字经济最早,也是发展最为成熟的领域。国家统计局发布的 2019 年中国经济发展新动能指数显示,中国电子商务平台交易额达到 34.8 万亿元,比上年增长 10.1%。其中,电子商务不断下沉,形成了活跃的农村电商市场,不仅带动了返乡创业就业的热潮,也缓解了农村人口就业压力。近年来,电商直播与跨境电商发展迅速。电商直播作为一种新型的销售方式,催生了一系列新就业形态。跨境电商的发展为劳动者提供了超越国界、链接全球的创业机会。

平台服务市场主要是通过平台组织实现劳动者与服务需求者线下面对面交易的市场。外卖骑手、网约车司机等是通过平台组织的新就业形态,已经成为中国城镇新增就业的重要来源(张成刚,2020)。通过平台组织的家政人员、医护服务人员,也可以通过线上接单或派单获得服务需求,在线下提供服务。平台服务市场提升了劳动者和消费者匹配的效率。

在线平台市场是通过平台组织实现劳动者与服务需求者线上交易的工作形式。这种工作形式可以将分散在不同地点的劳动力资源进行连接。从业者可以不受时间、地域空间限制,工作形式更加灵活。与平台服务市场不同,在线平台市场中劳动者和需求方的交易主要在线上完成。

(三)新就业形态的规模

目前,关于新就业形态的规模,国际上并没有统一和官方的说法,国内也缺乏官方的统计数据。根据皮尤研究中心 2016 年的调查,将近四分之一的美国人在此前一年通过一个或多个数字平台获得过收入。根据该调查,8% 的美国人使用过数字平台接受过任务或工作,18% 的美国人通过网络销售获得过收入,1% 的美国人通过房屋分享的方式获得过收入。

关于中国新就业形态从业者规模,目前引用较为广泛的是《共享经济发展报告》发布的从业者数据。中国国家信息中心自 2016 年起每年发布中国共享经济发展报告,其中包含了共享经济从业者的统计数据(详见图 2-3)。据 2016 年报告显示,截至 2015 年底,约有 5 000 万服务提供者参与了共享经济。2018 年、2019 年报告显示,2017 年中国约有 7 000 万人通过网络平台提供某种服务,2018 年该数字增长为 7 500 万人,2020 年上升至 8 400 万人(国家信息中心共享经济研究中心,2018,2019,2020,2021)。根据该统计数据,"十三五"期间(2015—2020 年),新就业形态从业者从 5 000 万人增长至 8 400 万人,年均增长率为 10.9%。

第二章 新就业形态的涌现

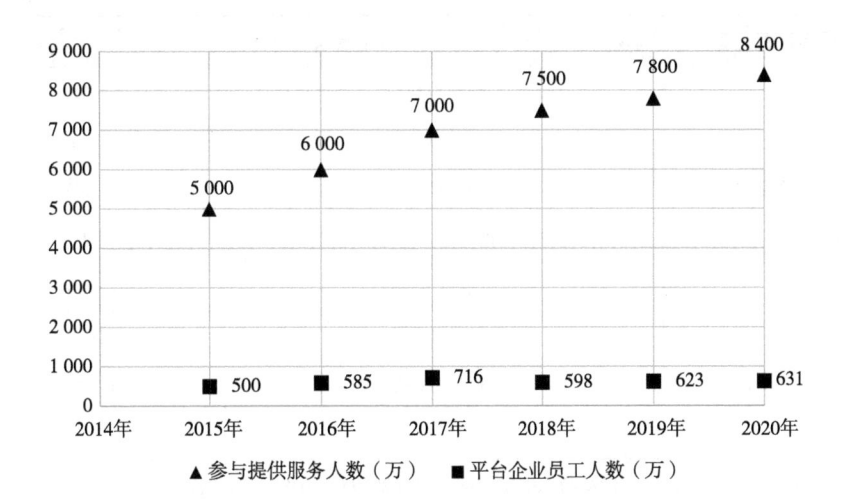

```
9 000                                              8 400
                                          7 800  ▲
8 000                             7 500  ▲
                          7 000  ▲
7 000              ▲
              6 000
6 000        ▲
        5 000
5 000  ▲
4 000
3 000
2 000
1 000           500    585    716    598    623    631
        ■      ■      ■      ■      ■      ■
    2014年 2015年 2016年 2017年 2018年 2019年 2020年
        ▲ 参与提供服务人数（万）   ■ 平台企业员工人数（万）
```

图 2-3 中国共享经济从业人员数

资料来源：《中国分享经济发展报告 2016》《中国分享经济发展报告 2017》《中国共享经济发展年度报告（2018）》《中国共享经济发展年度报告（2019）》《中国共享经济发展年度报告（2020）》《中国共享经济发展年度报告（2021）》。

除了上述计算就业总体规模的研究外，一些科研机构和平台运营企业也通过各自的研究报告提供了部分关于新就业形态规模的信息（详见表 2-4）。根据中国人民大学劳动人事学院课题组估计，三大数字平台直接从业者数量为 4 329.3 万人[1]，所创造的总就业机会达到 7 868 万人[2]。

表 2-4 2018 年主要平台企业公布的从业者人数

平台运营企业	就业规模（万人）	
阿里巴巴淘宝平台	总就业机会	4 082
	交易型就业机会	1 558
	带动型就业机会	2 524
	支撑型就业机会	
	衍生型就业机会	

---

[1] 根据各平台直接就业机会或线上就业机会计算。
[2] 各级各平台总就业机会计算。

053

续表

平台运营企业	就业规模（万人）	
美团点评	总就业机会	1 960
	线上劳务交易型	270
	线上服务产品交易型	1 277
	商户展示关联	407.4
	企业自身	5.86
滴滴出行	总就业机会	1826
	直接就业机会	1194.3
	间接就业机会	631.7

资料来源：中国人民大学劳动与人事学院课题组（2019a，2019b，2019c）。

尽管缺乏精确的、官方的统计数据，但根据国家信息中心《共享经济发展报告》中共享经济从业者规模和平台公司就业规模的研究，可以粗略地推断出新就业形态所带动就业规模应该可以达到千万量级（张成刚，2019a）。

(四) 新就业形态的特征

正如工业革命造就了以雇佣关系为基础的劳动力市场，数字革命造就了以平台组织和联系的新就业形态。新就业形态的出现，代表了在经济范式向数字经济转变过程中，工作关系各个方面发生的巨大变化。

数字经济条件下，生产要素最重要的变化是"数字"本身作为新的生产要素形态出现了。中国共产党第十九届四中全会明确提出，健全劳动、资本、土地、知识、技术、管理、数据等生产要素由市场评价贡献、按贡献决定报酬的机制。这是中国政府决策层首次提出将数据作为生产要素参与收益分配，也是一次重大的理论创新。数据作为生产要素参与收益分配可以分为几个阶段：第一阶段是数字化阶段，主要是将各类信息数字化，包括从源头直接产生数字化信息和对已产生的模拟信息数字化。第二阶段是大数据作为决策预测的基础。在收集大量数据基础上，从数据中挖掘人类行为和经济运转的模式，作为决策的工具。第三阶段是智能化阶段，即通过数据与模型积累替代人工做出类人类智能的自动化决策。

传统企业对劳动力需求是企业产品的引致需求，即企业根据自身产品市场需求而决定的劳动要素的需求。这意味着企业中劳动力的供给可能和企业实际需求之间存在差异。新就业形态通过开放、快速响应的信息平台，将劳动者与消费者同时接入市场，可以将劳动供给和消费者需求进行即时对接。平台既是信息中介，也是服务交换的市场。

依据匹配技术与方式的不同，平台撮合供需对接的方式可以分为后台人工匹配、消费者选择匹配、算法信息匹配三种模式。后台人工匹配的典型代表是传统的电话接线员。消费者选择匹配的典型代表是淘宝购物平台，平台提供信息由消费者进行人工选择。滴滴出行平台的匹配模式属于典型的算法信息匹配。平台根据供需双方提供的信息由平台算法进行匹配。乘客与司机不需要手动选择交易对象[1]，而由算法进行最优的交易对象选择。对劳动者而言，相比传统意义上的灵活就业或自由职业，新就业形态（尤其是算法信息匹配的模式）可以提供更稳定的需求来源和更高的匹配效率。例如，2016年7月，使用滴滴平台在北京市场叫快车，从乘客发出订单到车辆到达预订地点的平均时长仅为4分钟[2]。

交易密度的增加会减少劳动者和消费者双方的交易成本。对劳动者来说，交易密度的增加可以创造波动更小的需求来源。传统雇佣关系中，通过国家力量介入劳资关系，由企业和劳动者共同承担需求波动对劳动者福利造成损害的风险。企业的边界成为劳动者面对市场不确定性的"防波堤"。在新就业形态中，不确定性的风险目前仍由劳动者个体完全承担[3]，但平台运营商可以通过增加市场交易密度来减少需求波动的风险。由于依据算法匹配的成本几乎可以忽略，而交易增加带来的收益可以由平台和劳动者分享，因此平台运营商有不断增加双边市场交易者数量从而增加交易密度的动机。正如前文所述，平台也可以通过调整服务价格减缓需求潮汐波动的影响。例如，滴滴出行在上下班用车高峰时期提高价格以刺激更多司机并减少需求，而在用车低谷时会补贴司机和乘客。通过价格调整以及其他运营工具，平台可以一定程度上熨平市场波动，也有利于减少劳动者的风险。

新就业形态中的岗位所包含的任务范围变化，出现了岗位技能集缩小的

---

[1] 对出租车而言，一些网约车平台如滴滴出行保留了抢单功能，主要是为了满足出租车司机的使用习惯。

[2] 2016年7月初访谈滴滴公司总部，滴滴总部工作人员介绍未来的目标是将全国平均响应时长降低到3分钟。

[3] 个别平台型组织已经提供了一些风险分担的办法，比如滴滴出行平台为解决意外事故可能导致的司机与乘客之间的人身财产损失纠纷，对每一个搭乘滴滴专快车的乘客配备了120万元的综合私乘意外险。

趋势。自工业革命时代以来所形成的工作岗位模式以及对工作岗位的管理是一种粗犷的管理方式（杨伟国、张成刚、辛茜莉，2018）。随着数字经济的发展，一个岗位所包含的任务可以不断解构为更微小的工作任务，工作计量单位可以更加缩小精确。当前的企业对岗位的认识是基于"岗位技能集"，即包含多种工作技能所对应的工作任务所形成的集合。在更精确计量工作任务情况下，"岗位技能集"可以解构为不同的单一技能，每一个技能指向单一的"工作任务"。从技术进步的长期趋势看，单一技能的更微小的工作任务更容易被机器或人工智能所取代；同时，当更接近于机器的工作内容，如重复化的、机械的工作内容被机器和人工智能替代后，剩下的工作内容就是更适合、更贴近于人类的。因此，数字经济的进步让无数具有工匠精神的个体的创意、创造和创新能力得到充分施展。

新就业形态劳动者不需要再集中于特定空间。数字技术的发展使得远程办公成为现实，支持劳动者与组织在空间关系上分离。传统的集中于雇主场所的工作形式开始走向分布式工作形式，主要体现在在家办公和在线随处办公。这就使得身处偏远地区的个人依然可以通过数字平台获得工作机会。数字技术的发展使得工作内容模块化、层次化和元素化。越来越多的企业把工作分门别类，把工作内容切分成相对独立的一些模块，然后根据模块的特点和重要性来采用不同的处理方式。

在新就业形态中，劳动时间可以分解为更精细的单位。经过工业革命以来劳动者与企业主之间长期的斗争和妥协，主要工业国普遍采纳了每天8小时、每周40小时左右的工作时间模式，这样的工作模式也得到各国劳动法律和集体协商结果的支持；但现在随着数字技术的发展，这样的设定有可能被打破，取而代之的可能是基于更小时间长度为单位的、更加灵活的工作交易模式（即使采用了传统的雇佣关系模式，在工作时间的安排上也可以更加灵活）。工作时间弹性化有利于雇员灵活安排个人时间，有利于组织根据客观环境灵活调整人力资源策略，也有利于促进就业，为社会经济带来积极影响。

平台上劳动者的工作不再受限于固定的工作时间、工作地点和工作安排。平台弹性化的工作模式使劳动者可以打破岗位的束缚，根据自身需要决定是否工作、工作时间长短以及工作内容。这对于那些难以平衡家庭和工作关系的劳动者尤其有利。例如，女性和家庭照料负担重的劳动者往往因为需要照料家庭而无法进入企业内传统的工作岗位；她们即使可以在传统非正规就业中就业，也会因为需求波动较大而无法获得稳定的收入。新就业形态解决了这类劳动者的现实需求，使劳动者可以在照料家庭的时间之外参与劳动力市场并获得相对稳定的收入，解决了工作灵活性和需求稳定性之间的矛盾。从这个意义上讲，新就业形态更加弹性的工作模式可以提高劳动参与率，增加了劳动者数量和劳动者工作时间两方面的劳动供给，并增加劳动者的工作与生活平衡。在网约车行业的发展之初，网约车司机的工作时间分布呈现了明显的幂律分布的特点，即大部分司机在平台工作的形式是兼职，工作时间很短；少部分司机在平台以专职为主，工作时间较长。司机可以根据自己的实际情况确定愿意供给的劳动时间，大部分司机仅在平台上分享了自己的业余时间。经过交通部门出台的《网络预约出租汽车经营服务管理暂行办法》等监管措施规范，网约车行业逐步转变为以专职司机为主，工作时间也相应延长。

新就业形态从业者和平台企业之间的关系仍然是社会争论的热点。第一，平台经济提供了工作灵活性，从业者可以根据自己的时间和偏好自主选择工作任务和时间。传统的劳动关系一般建立在固定工作时间和工作地点场景下的雇主对雇员工作模式的直接控制。新就业形态工作模式灵活性模糊了雇员与独立承包商之间的界限。第二，尽管平台提供了工作的灵活性，但平台依然可以通过算法控制工作分配、评价系统和薪酬结构，从而在某种程度上影响从业者的工作方式和收入。这种控制权的行使引发了关于从业者是否应被视为独立承包商还是雇员的争论。第三，作为独立承包商，从业者通常无法享有传统雇员所拥有的社会保障和福利，如医疗保险、休假和最低工资保障等，这种权益的缺失加剧了劳动保护的社会争议。第四，在工业时代形成的劳动法律和政策难以适应快速发展的平台经济，导致从业者权益保护的法律框架不明确或不充分。因此，社会各方，包括法律制定者、劳动者和平台企业，试图通过对话和法律改革来解决这些问题，以确保平台经济的健康发展和从业者的权益得到充分保障。这一进程不断推动着对劳动关系本质的再思考和对劳动法律的改革。

三、新就业形态的影响

新就业形态的出现给劳动力市场带来了全方位的影响。一些学者认为新就业形态将成为未来的主要职业类型。哈瑙尔和罗尔夫（Hanauer and Rolf，2015）认为，终身制职业将一去不复返，更不用说其附带的"铁饭碗"以及经济保障，取而代之的是一个要将全职员工转换为承包人、供应商及临时工的新型经济。在美国，8.4%的劳动者以独立合同工身份作为其主要工作，比上一个10年增加了22%（详见Katz and Kruger, 2016）。根据奥耶尔（Oyer, 2016）的估计，30%的美国劳动者以独立合同工作作为其主要或次要的工作。在快速增长的独立合同工或临时性工人中，很大一部分来自平台组织的新就业形态从业者。选择平台就业的劳动者在2012年10月到2015年9月的三年内增加了10倍（Farrell and Greig, 2016a）。

新就业形态降低了就业的准入门槛，劳动者可以摆脱雇主直接在平台上为消费者提供劳动并获得相应的收入。新就业形态匹配了闲置的劳动力资源，提高了劳动力资源的使用效率。新就业形态推动了美国劳动力市场中传统就业弱势群体（如年老的工人、女性劳动者等）以独立合同工的身份重返劳动力市场（Sussman and Zumbrun, 2016）。同时，新就业形态的时间安排更加灵活、收入中断的风险减小，可以为失业者、需要灵活就业者（如残疾人、退休工人等）提供更多工作选择（Landier et al., 2016）。新就业形态能够为各类劳动者提供公平的、无差别的就业机会，使得劳动力市场的包容性增强（Eurofound, 2015）。例如，在中国优步平台工作的司机，既有机关工作人员、企业高管，同时也有个体户、下岗失业人员和农民工（中国人民大学劳动人事学院课题组，2016）。新就业形态的低就业门槛为一些就业困难群体提供了工作机会，提高了就业困难群体的劳动供给水平，使该群体中因为丧失信心而退出劳动力市场的劳动者重新进入劳动力市场。在印度，网约车服务平台Ola Cabs为许多原本难以找到稳定工作的老年驾驶员提供了灵活的就业机会；许多家庭主妇加入零工家政服务平台Urban Company，作为自由职业者提供家政服务，实现了工作和家庭生活的平衡。中国劳动力市场中平台运营商对就业困难群体的吸纳作用也非常明显。截至2016年6月底，淘宝网商残疾人卖家已经突破45万人，销售额超120亿元（中国残疾人联合会、阿里巴巴集团，2015）。新就业形态也给了自由职业者、新进入市场的劳动者展示技能的机会（Eurofound, 2015）。劳动者获得工作机会不受学历、工作经验、性别以及年龄等因素的限制。劳动者可以控制他们工作的时间、地点和内容以更好地适应个人生活（Eurofound, 2015）。

新就业形态对参与者收入的影响证据尚不明确。有报告（OECD, 2016）认为，新就业形态降低了服务的交易成本，使得个人可以和企业竞争，并在以往由企业主导的市场中获得更大的收入份额。中国优步平台上66.3%的兼职司机增加了收入（中国人民大学劳动人事学院课题组，2016a）。德·格罗恩等（De Groen et al.，2016）利用比利时的数据发现，服务类平台的工资率高于当地最低工资以及与平台相对应的传统市场的平均工资率。收入水平是劳动者进入新就业形态的主要驱动力量，也是判断新就业形态就业质量的主要因素。现有的文献发现，新就业形态中平台服务市场的平均工资率略高于同一行业的传统线下劳动力市场（De Groen，2016；De Groen and Maselli，2016）。平台服务市场的小时收入水平要高于在线劳动力市场，高技能的平台就业者收入水平高于中低技能的平台就业者（De Groen and Maselli，2016）。现有的调查也发现，新就业形态中，需求超过供给对于服务价格没有影响，反而会刺激供给增加。例如在TaskRabbit平台上，小时工资率维持在52~59美元，当需求增加时劳动者会工作更长的时间以获得更高的收入（Cristiano，2016）。迄今仍没有文献研究新就业形态对收入分布的影响。一些学者认为，新就业形态使得"赢者通吃"加剧，从而加剧收入分配不平等；另一些学者认为，新就业形态强化了市场的力量，个别行业中的行业垄断被削弱甚至被打破，这又会缩小劳动者之间的收入差距。

新就业形态可以提升服务业的效率。平台可以帮助服务供需方解决信息不对称的问题，直接匹配独立个体间的交易，扩大了服务业从业者的服务半径。鲍穆尔-富克斯假说认为，服务业就业比重上升主要是因为其劳动生产率相对滞后。根据该假说，服务业的劳动生产率滞后于制造业。服务业的比重上升可能导致经济增长速度减缓。但新就业形态的出现可能打破"服务业病"，大幅度提升劳动生产率（姜奇平，2016），对长期经济增长有帮助。从资源配置角度讲，新就业形态的出现使劳动力市场的失灵问题得到一定缓解，市场这只"看不见的手"的调节作用在增强，这主要是因为：一是网络平台和大数据分析促进了信息的公开和匹配，供需双方可以通过市场得到公平透明的信息披露，市场调节的盲目性降低；二是资源流动和市场进出更加自由灵活，经济主体能够比较充分地竞争，资源配置效率大大提高。

新就业形态会改变工业时代形成的劳动关系模式。传统模式强调雇主对雇员在特定的工作场所、劳动方式、组织规则等方面的控制。而在新就业形态中，劳动者的劳动报酬、工作时间和工作地点等内容的限定变得灵活，体现出工作闲暇一体化、工作时间碎片化、工作空间任意化的特点（唐镳等，2016）。希尔（Hill，2015）认为，新就业形态会将社会带回19世纪的"零工时代"，"毁灭"人类过去100年在劳动力市场上取得的成绩。罗杰斯（Rogers，2015）认为，Uber对劳动关系和劳动标准的长期影响还不清晰，但未来对低工资工作的影响可能是负面的。

新就业形态对传统社会保护模式提出挑战。分享型平台公司将平台中服务的提供者视为独立合同工或"1099 型工人"①（Keen，2015），平台公司并不向劳动者提供传统上由企业承担的社会保护责任。王家宝等（2016）认为，分享经济工作模式将风险转移到了雇员，平台通过规避管制获得利润，但却不承担风险。刘嘉琪、张晓兰（2016）认为，新就业形态的监管模式存在灰色模糊地带，新就业形态从业者缺乏保护其权益的法律法规。

新就业形态的出现导致传统劳动法律的适应性困难。首先，新就业形态与标准雇佣关系、非标准就业之间的差异，在一些劳动争议处理中与基于传统雇佣模式的劳动法规存在冲突。2015 年，美国一名 Lyft② 司机向坦帕市联邦区级法院投诉 Lyft 违反了公平劳动标准法案，双方最终达成和解（Donovan et al.，2016）。2015 年 7 月，美国加州劳动委员会裁定 Uber 公司与一名前平台司机间属于雇佣关系，该案件最终以 Uber 和解而告终。中国也出现了一批新就业形态的劳动争议（彭倩文、曹大友，2016），争议的焦点在于劳动关系的判定，但司法界对新就业形态是否属于劳动关系仍处于激烈争论中。其次，新就业形态所创造的就业机会可能无法覆盖缺乏网络技能的群体或缺乏网络基础设施的地区（De Stefano，2016）。同时，现有的调查也发现，新就业形态的灵活性被夸大了，就业者之间的竞争使得回报水平被压低，劳动者不得不工作更长的时间来获得一定的收入（De Stefano，2016）。

尽管不断有学者强调新就业形态对劳动世界的破坏作用，似乎数字经济、平台经济等主要产生了破坏性的影响，但事实上，数字经济、平台经济等的出现对社会有更大的建构作用。应从经济范式转化的角度来认识新就业形态，在数字经济环境下，产业与商业运作的理论基础和实践规范已经在发生着转变。积极利用数字技术与平台化商业模式，可以促进新产品和服务的诞生，创造新的流程和新的管理文化。数字经济也改变了行业内部和跨行业的伙伴关系以及合作的结构。在数字经济社会，市场营销以及满足消费者需求的商品和服务的分配也发生了变化。新就业形态的基础建立在数字经济时代，而

---

① "1099 型工人"是独立合同工。该名称源自美国国税局的 1099 表格，独立合同工必须填写该表格才能报告其收入。

② Lyft 是美国第二大网络约车平台。

不是向前工业时代分包或外包等生产模式的"回魂"[①]，这是无须质疑的。仅仅从表象上对新就业形态产生的判断一定无法和理解其本质基础上的判断相媲美。

在传统社会中，即使是在工业社会中信息技术已经有了极大进步的条件下，仍然存在大量信息不对称和沟通困难的情况。信息不畅，供求匹配的即时信息难以传递，以致陌生人之间使用共享资源、供求匹配的行为成本太高，此时的平台型组织只是一种偶发现象。但在智能手机、个人电脑高度普及甚至穿戴设备成为消费热点的今天，由互联网公司利用互联网技术建立的数字技术平台可以极大地减少信息沟通的成本，以更高效率实现供需双方的匹配，而且随着这样的数字技术平台的规模的扩大，很容易形成规模效应。低交易成本是新就业形态规模快速扩张的主要成因。

信任是一切交易的前提条件，是新就业形态运行的基础，是所有平台企业想方设法努力维护的重要资源。信息技术革命之前，社会无法建立对信息和使用者的有效评价体系，交易行为难免会出现欺诈、以次充好、跳单等种种不诚信行为。这种行为会大大提高交易成本，降低经济运行效率。而在以互联网技术为代表的现代信息技术出现以后，由于交易的电子化，其可记录、可追踪的特点使得交易双方的信用信息接近透明化；而大量的互动式平台又为交易双方提供了事前与事后信用评估的机会，这些都将大大增加陌生人之间的信任感，使得为陌生人提供线下服务有了坚强的社会信任基础。未来如果将区块链技术也应用到平台劳动力要素的组织中，将会使新就业形态在完全不信任的节点之间建立信任的机制更加凸显。区块链的去中心化、自信任、分布式账本、数据不可篡改、可溯源的特点使得基于互联网的价值传输可以实现。因此，从这个意义上说，新就业形态的出现也改变了劳动者与劳动力市场、劳动者与劳动力使用者、劳动者与资本之间的沟通和交易机制，并且未来这样的改变将更加值得期待。

---

① 有学者认为，以平台进行组织的新就业形态仅仅是从技术上重返早期工业资本主义的"分包"（putting-out system）和"外包"（contracting-outsystem）制度（Finkin，2016）。

中篇　去产能职工安置的实践

第三章
化解过剩产能与职工安置的理论与实践

化解过剩产能是中国经济工作的重点——供给侧结构性改革的核心问题。化解过剩产能将不可避免地冲击产能过剩行业职工就业。如何妥善安置去产能受影响职工，既减轻企业负担、推动企业转型升级，又不损害职工的切身利益，是关系供给侧结构性改革顺利推进的关键，也是中国就业工作中的重点和难点。

化解过剩产能以及在此过程中的职工安置问题，本质上仍然是平衡政府与市场关系的问题。过剩产能的产生以及化解过剩产能的解决，主要是由于政府过度干预市场以及国有企业固有的预算软约束问题而产生的。过剩产能问题的产生主要来自2008年国际金融危机后财政刺激政策和宽松信贷政策，以及地方政府盲目追捧产业热点，导致个别行业固定资产投资短期内过快增长。而由于企业退出机制缺失，以及政府承诺兜底救助过剩产能企业与安置职工，使得本应依托市场决策的企业行为转变为政府主导的行为。

对比20世纪90年代的下岗潮，经过了十几年的高速发展，此轮化解过剩产能及职工安置所处的经济环境已经发生了巨大变化。与20世纪90年代相比，中国经济的增长逻辑开始从以要素投入为主转向以提升质量和创新能力为主。政府改革目标从促进国有企业改革所有权向调整经济结构转变。伴随着中国经济发展，政府与社会的公共治理能力、经济管理能力在这十几年有了大幅度的提升。劳动者维护权利的意识大幅增强。国有企业职工对劳动力市场和民营企业的接受程度也有所提升。在化解过剩产能和职工安置过程中，相关各方更多依靠法律、政策机制，采取了更加规范的手段及措施。

一、化解过剩产能的现状及政策措施

（一）过剩产能的理论解释

西方经济理论对于过剩产能的产生有多种解释。张伯伦（Chamberlin, 1947）在《垄断竞争理论》一书中提出，由于垄断者具有操控价格的能力，他们获取最大利润的手段不是增加生产而是提高价格。在垄断状况下存在长期的产能过剩。卡尔多（Kaldor, 1935）指出，在垄断竞争的市场环境下，为了获得最大收益，企业可能并不会完全使用其资源，从而出现空闲产能，也即产能过剩。温德尔（Wender, 1971）、斯宾塞（Spence, 1977）等指出，厂商的策略性竞争行为是造成产能过剩的原因之一。为应对潜在竞争对手的进入威胁，在位厂商有可能利用产能过剩构筑行业壁垒，使得潜在竞争对手面临无利可图的风险而放弃进入，从而维持其相对垄断地位。西方经济理论对产能过剩的解释有两个基本假设：第一，市场经济；第二，相对稳定的供求均衡状态（徐滇庆，2016）。对于西方发达国家而言，这两个假设基本上都可以成立，可是这两个假设却与中国的实际脱节。中国仍处在经济转型的过程之中，政府在经济中的作用远远强于西方发达国家政府的作用，因此，西方经济理论的市场经济假设在中国并不完全适合。此外，西方发达国家的总需求相对稳定，而改革开放以来，中国的需求往往以两位数的速度在增长。由于需求高速增长，因此拉动了投资。假若投资增速高于需求，势必出现产能过剩。假若投资增速低于需求，很可能出现产能不足。

中国学者在解释中国产能过剩的原因时，一部分学者认为是市场因素导致的产能过剩。林毅夫等（2010）从信息不对称角度分析过剩产能出现的原因，认为由于后发优势的存在，发展中国家的企业很容易对下一个有前景的产业产生共识，在投资上出现"潮涌现象"，即大量企业和资金在几乎同一时间涌入一个或几个行业，但投资设厂过程中行业内各企业之间彼此协调困难、对投资总量信息难于估计，由此带来了产能过剩和相关的一系列问题。其他的一些因素，如行业进入壁垒低、退出壁垒高等，也会导致产能过剩（谷书堂、杨蕙馨，1999；曹建海，2001；张东辉、徐启福，2001；王立国、高越青，2014）。市场分割和地方保护主义成为企业"过度进入"的制度根源；投资审批权的下放导致地方为了绕过中央政府审批的限制，将规模缩小，使得小规模企业大量重复上马（谷书堂、杨蕙馨，1999）。曹建海（2001）、张东辉和徐启福（2001）认为，专用性资产退出障碍、银行债务退出障碍影响了企业退出，由此会导致行业过度竞争。企业资产的专用性越强，其沉淀成本越高，就越难转为他用，因而退出障碍就越大。中国过度竞争行业（如纺织业、纸制品业和煤炭采选业等）的资产专用性都很强，存在一定的退出障碍。此外，国有企业的大量债务来源都是银行信贷，为避免发生支付危机和银行破产，银行会阻挠过度竞争行业的亏损企业通过破产方式退出。

另一类解释关注中国特定的体制性因素，认为是扭曲的市场机制加剧了产能过剩。周其仁（2005）指出，完全国有垄断、政府定价的行业（如电信、石化等），其产能过剩并不严重。基本上由市场竞争主导的行业，其产能过剩的情况经常发生，但是市场机制会很快起到调节作用，因此产能过剩的情况也不严重。发生产能过剩的行业往往是多种所有制并存、政府干预较多的行业，如钢铁、水泥、平板玻璃等，一般来说国有企业占比较大、大企业较多的行业，其产能过剩往往比较严重。如果因产能过剩而必须让部分企业退出，那么各级政府从财税、就业和地方 GDP 增长率的角度考虑，就会宁可让中小企业和民营企业退出，也不愿意让大型国有企业退出。若效率较高的民营企业进入某个行业，而效率较低的国有企业在政府的保护下不能及时退出，很可能出现较长时期的产能过剩。如果政府继续给予国有企业信贷和财税上的帮助，产能过剩的状态就会久拖不决。左小蕾（2006）也认为，"一些比较容易创造 GDP 增长且生产效率不高的国有企业与民营企业并存的制造业容易出现产能过剩的问题。这些制造业领域，通常允许民营资本进入。国有企业效率不高，民营企业可在控制成本、提高效率方面与国有企业一争高下，获取这个行业的超额经济利润。只要还有利可图，民营资本就会蜂拥而至，增加投资扩大产能，争取更大的份额。国有企业面对民营资本的竞争，由于有政府扶持资金，因此不甘落后、不计成本地增加投资，扩大规模，与民营企业争利。比如钢铁、水泥和电解铝等产能严重过剩的行业，就是由于民营竞争者投资、新的产能参与，引来国有企业投资进一步扩大产能的结果。但是，在这个应该由市场调节供求均衡的最关键的环节，看得见的手干预了市场。行政干预一定对国有企业有利，包括信贷政策、产业整合政策。政府关于钢铁行业集中度的规定，不但不能解决产能过剩的问题，还可能引发国有钢铁企业为了提升集中度而开启下一轮扩大产能的投资，最终只是迫使民营企业退出市场"。周黎安（2004）用博弈论的观点，基于地方政府官员晋升的视角分析了地方政府干预导致重复建设和产能过剩的内在机制；他认为地方官员存在政治晋升锦标赛，即为了政绩增加具有较强的动力推动地区投资和经济增长，不顾条件盲目攀比，许多项目在明显面临亏损的情况下仍然一哄而上，从而引发行业性的重复建设、产能过剩，导致了重复建设。江飞涛等（2012）从体制扭曲和地区竞争的角度分析了地区投资补贴造成了产能过剩，认为体制扭曲背景下，地区对于投资的补贴性竞争是导致产能过剩最为重要的原因。地方政府低价供地等所导致的补贴效应，地方政府低价供地以及协调配套贷款等行为的影响下，企业自有投资过低所导致的严重风险外部化效应，扭曲了企业的投资行为，导致企业过度的产能投资、行业产能过剩。

  应该说，学术界对中国产能过剩的原因并没有形成统一的意见。但是在现有对于中国产能过剩的各类解释中，基本上可以归纳出部分的共性：一是过剩产能行业往往是政府鼓励政策支持的行业。为了推动经济快速增长，中央政府和地方政府会设定政策优惠以支持个别行业的发展。政府追捧产业热点导致在制定产业政策过程中的盲目性。地方政府的投资冲动和趋同加大了产业结构趋同。二是过剩产能往往是由于国内或国外市场需求骤降。当市场环境变化时，通过市场配置资源的企业调整的速度要快于政府产业政策主导下的企业配置资源的速度。很多企业认为中国经济会不断增长，中国政府有能力保持中国经济不断增长。这种预期使企业在面对需求调整时，依然加大投资，扩大产能，以期在下一轮经济增长中获益。这些企业在政府产业政策及银行信贷支持下，面对市场需求变化依然不主动调整，市场机制无法发挥，导致了产能过剩。三是中国的产能过剩有市场周期性的因素。市场周期性因素是经济体系的内在属性，是企业做出投资决策的前提判断因素。造船、电解铝行业的产能过剩有市场周期性因素，但并不能完全解释中国的产能过剩。中国企业一方面预期政府会进行逆周期调节，另一方面普遍有大而不倒和政府救助的心态（朱宁，2016）。综上，市场周期性因素是引发产能过剩的外在因素，而制度性因素是导致中国产能过剩的根本原因。

国务院发展研究中心（2015）对产能过剩原因的理解应该与中国政府对产能过剩原因的理解最为贴近。他们认为，产能过剩问题虽然是市场经济条件下一个普遍性的现象，但中国产能过剩问题有其深刻的发展阶段和体制机制原因，是多种因素叠加的结果，具有非常明显的"中国特色"。一是中国经济快速增长的趋势，导致企业对未来的乐观预期而形成过度投资。改革开放到2008年金融危机前，中国经济一直处于快速增长的过程中，企业习惯了通过增加投资扩大产能实现发展的路径。由于后发优势的存在，企业很容易对下一个有前景的行业形成共识，出现"一哄而上"的投资行为，从而导致一些行业的生产能力持续快速扩张。此外，进入壁垒低也容易导致企业的进入过度。随着技术快速进步，不少行业的投资难度大大降低。在环境标准要求较低，或者实际执行宽松的情况下，不少企业甚至一些小规模企业也可以很容易地将环境成本外部化，从而使得市场准入条件偏低。二是经济发展阶段转换时期国内增长速度放缓与全球金融危机的双重影响，导致产能过剩矛盾短期内凸显。2007年以前，中国基本处于快速城镇化和工业化进程中，各种需求增长速度很快。但近年来，中国经济已经进入了新的发展阶段，经济结构调整需求强烈和增长速度下降，市场需求突然放缓。与此同时，全球经济也因受美国次贷危机和欧债危机等多重因素的影响，复苏乏力。这样，一方面国内外市场需求增速下降，另一方面生产能力的形成具有滞后性，过去投资形成的产能仍在持续释放，使得2013年以来产能过剩的矛盾尤为突出。三是退出不畅加剧了产能过剩。在市场经济条件下，市场机制能够迫使效益差的企业主动退出市场，或被其他企业兼并重组，从而化解产能过剩的危机。但在中国当前经济条件下，这一机制不能得到有效发挥。不少企业特别是大企业，由于考虑银行贷款、员工就业等问题，即使产品不符合市场需求，只要没到无法继续经营的程度，仍会选择持续生产。而兼并重组进程也由于手续繁琐、过程漫长，较少能够得以实行。例如并购项目完成后，往往涉及工商登记变更、权证和批文更名或资产过户等手续，还可能涉及更换或重新申请生产许可证、排污许可、资源综合利用、水土保持等证照或手续，这个过程需经多个部门层层审批，耗时耗力，并且存在着各地政府部门理解、执行政策不统一等问题。四是中国的财税体制以及地方政府的考核评价体系刺激了投资，而要素市场化不彻底为地方政府的干预提供了便利。从财税体制看，中国以间接税为主，只要企业有生产，就会带来税收。从考核体系看，尽管中央一再强调不唯 GDP 导向，但实际上各级政府之间还是将经济增长作为最重要的考核指标。由于大项目是刺激经济增长的重要手段之一，因此，地方政府往往在招商引资、上大项目上给予各种优惠政策。调研发现，许多项目在明显面临亏损的情况下仍然一哄而上，不少企业投资的主要目的并不是真正在于项目的投产，而是为了获取当地的土地、煤炭等资源并期待其未来的升值，或者是为了获取政府的各种补贴和返还。地方政府之所以能够通过低地价甚至零地价供地、优惠价出售甚至搭配矿产资源、不规范的"包税"税收减免等方式招商引资，根本原因在于土地、能源和资源等要素市场化改革不彻底，缺乏公平的竞争环境，没有发挥市场在资源配置中的决定性作用。

（二）中国过剩产能现状与政策

2008 年到 2010 年，中国政府推动的扩张型财政与货币政策虽然在短期内维持了宏观经济的总量均衡，但许多领域的投资速度超过了市场需求的增长速度。产能利用率是测度产能过剩程度最直接、最常用的指标。所谓产能利用率是指企业或行业的实际产出占潜在生产能力（或者合意产出）的比重。有多种方法可以估计产能利用率，但对于合意产能利用率，或者正常的产能利用率并没有一个统一标准。国内目前经常引用的合意产能利用率是 75%，而一般认为美国总体工业产能利用率的合意区间是 79%～82%（钟春平、潘黎，2014）。从中国产能过剩的实际程度上看，2012 年底，钢铁、水泥、电解铝、平板玻璃、船舶产能利用率仅为 72.0%、73.7%、71.9%、73.1% 和 75.0%①，明显低于国际通常水平。钢铁、水泥、电解铝、平板玻璃行业企业亏损面分别为 28.2%、27.8%、34.9%、35.7%，显著高于工业企业平均水平（赵伟等，2019）。

煤炭行业产能过剩主要来自政府主导的兼并重组以及国有企业盲目投资。在山西省 2009—2010 年实施的煤炭资源整合过程中，政府主要以行政手段强力推进兼并重组，政策具有强烈的行政干预色彩。政府设立的准入标准使 90% 以上的民营、集体煤炭企业被兼并或关闭，政府还指定七大国有企业作为兼并主体，划分山西省 18 个矿区并配置给各个整合主体，最终国有企业兼并了 1 084 座矿井，占兼并总量的 70% 以上（曾湘泉、杨涛、刘华，2016）。

2008 年之前，中国在钢材、水泥、平板玻璃、原铝和造船等行业基本不存在产能过剩（徐滇庆，2016）。2012 年，政府推行了"历史上最严厉的房地产调控政策"，房地产需求大幅下降，钢材、水泥、平板玻璃等行业的产能过剩加剧。限购、限价、限贷制约了商品房的销售量，改变了市场预期。建筑业变成了国民经济体系中的短板，导致上游的钢铁、水泥、平板玻璃和下游的家电、装修材料、灯具等行业产能过剩。

原铝行业的产能过剩来源于产业结构调整。如果仅仅从山东、河南的原铝产业来看，确实产能过剩，但从全国角度来看，原铝产业具有很大的发展空间。在原铝生产中，电能消耗占生产成本比重超过 48%（徐滇庆，2016），河南、山东是传统的原铝生产大省，但由于西部地区能源开发潜力大，因此，原铝产业正在经历着空间上由东向西的重新布局，在东部个别省份表现为产能过剩。

造船业产能过剩也与政府推动与国有企业盲目投资有关。大型造船企业多为国有企业，缺乏利润最大化的激励。2008 年在四万亿投资推动下，政府、银行将造船业作为高投资回报项目大力推动，而造船企业高层管理人员对海外市场缺乏了解，缺乏判断市场动向的能力。2008 年全球金融危机爆发，导致新船订单量与船价持续下跌。在主要造船国纷纷收缩产能时，中国造船业仍然开足马力扩张产能（徐滇庆，2016）。

产能过剩的结果是行业利润大幅下滑，企业普遍经营困难，成为影响经

---

① 数据来源：《关于化解产能过剩矛盾的指导意见》（国发〔2013〕41 号）。

济和就业稳定的一个突出问题。化解过剩产能成为转变发展方式、优化产业结构、建设现代化经济体系、保障经济社会健康与可持续发展的必要之举。2013年10月，国务院出台的《关于化解产能严重过剩矛盾的指导意见》（国发〔2013〕41号）将化解产能严重过剩矛盾作为"当前和今后一个时期推进产业结构调整的工作重点"，将钢铁、水泥、电解铝、平板玻璃、船舶等行业作为产能严重过剩行业来分业施策。该文件的出台标志着化解产能过剩问题上升为国家宏观政策调整目标。2015年12月，中央经济工作会议明确提出供给侧结构性改革五大任务，即去产能、去库存、去杠杆、降成本、补短板，其中去产能被列为供给侧结构性改革五大任务之首。2016年2月，《国务院关于煤炭行业化解过剩产能实现脱困发展的意见》（国发〔2016〕6号）正式发布，明确了煤炭行业去产能工作任务。2016年2月4日，《国务院关于钢铁行业化解过剩产能实现脱困发展的意见》（国发〔2016〕7号）正式发布，明确了钢铁行业去产能工作任务。钢铁和煤炭是2016年以来去产能的重点领域，以行政去产能为主要手段，由中央明确压减淘汰过剩产能的具体目标，分解至各个地方和中央企业。为确保顺利推进，中央出台专项奖补资金、财税、职工安置、环保等八个配套文件，形成立体化的政策框架体系。2017年起，煤电也被纳入行政去产能的重点领域。行政化压减过剩产能见效较快，2016—2019年，中国累计压减粗钢产能1.5亿吨以上，退出煤炭落后产能8.1亿吨，淘汰关停落后煤电机组2 000万千瓦以上，均提前两年完成"十三五"去产能目标任务[①]。淘汰落后产能的同时，钢铁严禁新增产能，煤炭和煤电严控新增产能，使得总产能去化较明显。

水泥和玻璃等建材、电解铝等行业更多是以环保手段和市场化机制等去产能，引导行业自发出清。水泥、玻璃、电解铝等行业的去产能，行政力量主要体现在严控新增产能、减能等量或减量置换方面，而存量过剩产能的去化主要通过环保控产量、提高排放标准等，倒逼行业自发出清。水泥和玻璃行业压减过剩产能主要由行业协会牵头和制定目标，由行业内企业自律执行，缺乏有力约束机制。环保限产、错峰生产常态化等，虽可通过控产量倒逼落后产能去化，但总体见效较慢。产能更多是"休眠"而非"去化"。2016年以来，水泥产能不再增长，但总产能保持在较高水平；玻璃产能甚至继续增

---

① 数据来源：《关于做好2019年重点领域化解过剩产能工作的通知》（发改运行〔2019〕785号）。

加，但产能利用率也一直处于较低水平。

2019年，钢铁、煤炭总量产能去化已放缓，重点任务已转向结构优化。伴随钢铁、煤炭提前完成目标，去产能主要任务开始转向优化产能结构和产业格局。煤炭作为下游煤电的重要原料，主要通过释放优质产能、促进落后产能退出；钢铁集中度较低，或加快兼并重组优化格局。

水泥等建材行业，从2019年中开始，去产能明显加码。一方面，压减过剩产能的行业协同明显增强，多个子行业发布打赢大气污染防治攻坚战的具体实施方案，明确目标和措施。另一方面，部分省份将水泥等纳入超低排放标准监管范围，有助于倒逼行业落后产能加速去化。

二、化解过剩产能中的职工安置问题

（一）化解过剩产能职工安置的意义

随着落后产能的关停并转，至少在短期内，不可避免地会出现各种冲击。其中，社会各界最关注的就是可能产生失业问题。人们担心化解产能过剩过程中是否会像20世纪90年代国有企业改革时那样引起大面积的下岗失业潮，甚至引发严重的社会问题。

20世纪90年代中期至2001年，伴随着国有企业改革出现的下岗潮，规模庞大的国有企业劳动者在短时间内丧失劳动收入来源。"下岗"指失业者离开工作岗位但保持着与原单位的劳动关系，即企业以各种形式继续负担下岗人员的福利和基本生活保障。当时中国的社会保障体系尚不健全，民营经济发展处于起步阶段，因此，下岗潮导致大量下岗职工失去工作或收入水平大幅度降低，生活陷入困顿。根据国家经贸委资料（2002年3月），1998—2001年，全国国有企业累计有2 250万职工下岗（转引自胡鞍钢，2002）。邹至庄等（2016）认为，从1993年到2002年有超过3 000万的国有企业职工下岗，国有企业的下岗人数占到了2003年全部城市就业人数的17%。胡鞍钢（2002）根据《中国统计摘要（2002）》数据分析得出，1995—2001年，若扣除正常退休人数，全国城镇下岗职工累计在4 500万人左右。下岗不仅意味着个人失去工作岗位，更意味着整个家庭将失去与工作岗位相关联的福利、社会支持与心理归属感等。下岗职工的收入锐减，消费水平降低，"61%的人靠积蓄，14%的人靠国家提供的各种补助，8%的人靠借钱来维持生活"，心理健康状况和社会交往程度都下降了（张子林、黄艺红，2007）。下岗工人成了城市贫困人口的重要组成部分（王朝明，2000；Solinger，2002）。下岗也导致下岗工人家庭破裂或代际关系扭曲，父母收入的减少以及酗酒、家庭暴力、婚外恋、对家庭疏于照顾等退缩性行为的加剧（常雅慧，2014），给下岗工人子女在人格发展、教育和职业发展方面造成了负面影响（常雅慧，2014；董菡芙，2005）。

此次化解过剩产能中，劳动者所面临的外部环境与20世纪90年代下岗潮时有较大的差异。首先，20世纪90年代下岗潮的背景是国有企业改革，主要是国有企业所有制的转换（改制）。此阶段国有企业的数量从1993年的104 700家下降到2002年的29 449家（邹至庄等，2016）。据统计，下降部分的企业大约三分之二是由于私有化（Garnaut，2005）。国有企业私有化不只局限于小型企业，国有企业私有化的平均规模为600名员工。此次化解过剩产能的背景是供给侧结构性改革，目标是对中国的经济结构进行调整。相比较而言，20世纪90年代的国有企业改制对劳动者的心理冲击更大。本轮去产能中，民营企业已经是市场重要组成部分。尽管劳动者仍然不愿意离开国有企业，但相比下岗潮时期，对劳动力市场和民营企业的接受程度更高。从产能过剩的行业分布来看，20世纪90年代，产能过剩的行业遍及轻、重工业。本轮国内产能过剩最为严重的行业则主要集中在钢铁、煤炭、水泥、玻璃、石油、石化、有色金属和铁矿石等重工业。其次，根据计算，本轮化解产能过剩与20世纪90年代相比，产能过剩行业劳动密集度大幅度下降（丁守海、沈煜，2016）。在上轮去产能进程中，重工业中钢铁、煤炭、冶金等行业，单位资产耗费劳动力极大，劳动-资本比超过千人每亿元，钢铁行业达到每亿元7 485人。本轮去产能行业的劳动-资产比率大幅减少。当前的钢铁行业平均每亿元资产只需要49人，约为上轮的1/152；有色金属行业平均每亿元需要78人，约为上轮的1/21。如今产能过剩行业的劳动密集程度有了极大程度的降低，因去产能而带来的失业风险将大大减小。最后，民营经济与新就业形态的出现，为劳动者提供了更多工作选择机会。20世纪90年代下岗潮时，中国民营经济还较为薄弱。1999年城镇就业人数中，国有单位占比约38.2%，民营经济占比约59.1%。劳动者离开国有企业后，短时间内在劳动力市场上很难获得其他工作岗位。而目前中国民营经济已经占中国GDP的2/3左右，2017年，全国个体工商户达到6 579万家。2016年，全国私营控股企业法人1 253.7万家，占全国企业法人总数的86%，全部民营企业法人（指除了国有及国有控股企业法人和外资控股法人企业之外的所有其他企业法人）占全国的 95% 以上（大成企业研究院，2018）。根据《中国统计年鉴》，2018 年，城镇就业人员为 43 419 万人，其中国有单位占 13.2%，外资单位占 5.4%，私营与个体占 52.2%，全部民营经济城镇就业人员占比为 81.4%。同时，随着数字技术发展，各类新就业形态大量涌现，提供了大量就业机会。在这样的背景下，劳动者离开国有企业后，在劳动力市场中获得就业机会相对容易。

综上所述，在本轮去产能的进程中，第一，改革背景对劳动者心理冲击减小，可接受度更强。第二，影响范围减小。过剩产能行业的产业覆盖面大幅减少，从过去遍及工业部门中的全行业，转变为仅集中于重化工业。第三，经济占比较低，对经济社会冲击小。随着服务业的崛起，工业增加值占中国 GDP 的比重有所降低，尤其是以钢铁、煤炭等八大行业为代表的过剩行业，在经济总量中占比仅约为 1/10（10.35%），不会对国民经济运行产生太大的影响。第四，经济发展带动了科技水平的提高，也降低了产能过剩行业的劳动密集度，这意味着即使是压缩同样程度的产能，本次释放出的劳动量也会减少。第五，国有企业占比大幅降低，非公有制经济蓬勃发展，同时，去产能从兼顾各类所有制到集中于国有企业的改革。基于上述结论，可以说明本轮去产能所导致的社会冲击和失业风险要明显低于 20 世纪 90 年代。尽管如此，中国政府依然高度重视化解过剩产能过程中的职工安置问题，将该问题纳入积极就业政策中，并出台一系列相应配套措施支持化解过剩产能过程中的职工安置。

（二）化解过剩产能职工安置政策

中国政府高度重视在化解过剩产能过程中受影响劳动者的就业与安置问题，能否妥善解决该问题关系到社会稳定与和谐发展的大局。吸取 20 世纪 90 年代下岗潮的经验，中国政府高度重视本次去产能过程中可能导致的劳动者失业问题，出台了大量的支持性措施。企业主要的安置思路就是按照政府下发的指导思想或安置办法来实施。一般由省级政府部门针对大型企业问题进行研究，之后制定成形的安置意见和办法，企业照章实施。在具体操作层面，不同地区、行业的国有企业在改革中所依据的政策规定是不一致的，特别是在内部退养、买断工龄等涉及职工切身利益的一些安置标准上，不同企业有很大差异。

2011 年 4 月，人力资源和社会保障部会同国家发展和改革委员会、财政部、工业和信息化部等七部委下发了《关于做好淘汰落后产能和兼并重组企业职工安置工作的意见》(人社部发〔2011〕50号),对促进职工再就业等政策进行了规定。虽然当时的政策是针对淘汰落后产能和兼并重组企业范围的,但是为日后化解过剩产能职工就业安置奠定了重要基础(刘燕斌、孟续铎、黄湘闵,2019)。国务院(2013)41号文明确规定,将化解产能严重过剩的企业下岗失业人员纳入就业扶持政策体系,通过多种方式促进下岗失业人员的安置和再就业。2016年4月7日,人力资源社会保障部、国家发展改革委等七部门在《关于在化解钢铁煤炭行业过剩产能实现脱困发展过程中做好职工安置工作的意见》(人社部发〔2016〕32号)中提出多渠道分流安置职工,包括支持企业内部分流、促进转岗就业创业、符合条件人员可实行内部退养以及运用公益性岗位托底帮扶。中央财政安排1000亿元专项奖补资金对去产能职工安置予以支持。2019年7月,人力资源社会保障部、国家发展改革委等八部委发布了《关于切实做好化解过剩产能中职工安置工作的通知》(人社部发〔2019〕56号),对企业去产能过程中的员工安置问题做了指导性部署。

现有的研究文献较少提及化解产能职工安置过程中国有企业和民营企业的差异。产能过剩行业中,涉及企业类型众多,国有企业和民营企业往往同时存在,涉及的人员群体状况复杂,既有国有企业的职工,又有民营企业的职工,既有城镇职工,又有农民工。从政策层面看,现有去产能职工安置政策并未强调企业类型在职工安置方面的差异,即对国有企业和民营企业去产能职工安置一视同仁。例如,在职工安置基金发放方面,国有企业和民营企业一视同仁,把安置资金切实用在已经离开企业人员的生活保障、就业培训和养老保险等层面(孙飞,2017)。但是,不同所有制企业间就业形势分化明显。在去产能职工安置中,民营企业职工比国有企业职工分流安置相对容易。民营企业就业机制灵活性和适应性较强,用人机制较为灵活,应对外部环境变动反应敏捷,劳动力市场化程度高,分流职工转岗就业的积极性、主动性较高,下岗分流的规模较小,再就业周期短,职工分流比国有企业分流规模小,容易解除劳动就业合同。而国有企业由于治理结构的弊端,就业依附观念固化,市场化、具有弹性的劳动供求关系扭曲,能进不能出,长期累积下来的冗余职工、隐性失业问题突出(孙飞,2017)。许多国有企业职工仍然存在国有企业"铁饭碗"的思想,在子女择业的时候,首先考虑是否为国有企业,而不是企业的发展前景和经济收入。很多国有企业职工停薪留职一段时间后,因为无法承受家人说教或不适应私有企业的劳动强度等原因,最终又回到原岗位上班。国有企业与民营企业用工模式的差异，说明去产能中职工安置的核心和主战场仍然是国有企业。去产能职工就业安置的总体目标是"转岗不下岗、转业不失业"。2016年《关于在化解钢铁煤炭行业过剩产能实现脱困发展过程中做好职工安置工作的意见》提出的安置分流渠道包括"企业内部分流""转岗就业创业""内部退养""公益性岗位托底帮扶"等（见图3-1）。

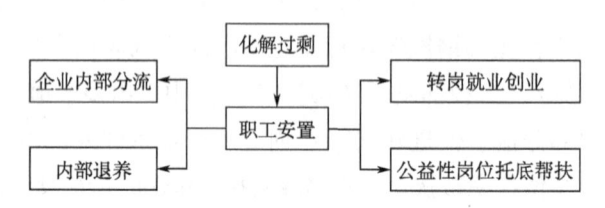

图3-1　去产能职工分流安置渠道

企业内部分流是政策制定者最希望的分流渠道。通过该种方式分流劳动者，基本不涉及去产能职工与企业的劳动关系问题，职工也未流出企业形成社会负担。该分流渠道的主要措施包括：①企业利用现有场地、设施和技术，通过转型转产、多种经营、主辅分离、辅业改制、培训转岗等方式，多渠道分流安置富余人员。企业在兼并重组后，吸纳原企业职工。对企业为促进职工转岗安置开展的职业培训，按规定给予职业培训补贴。②支持企业开展"双创"，利用"互联网+"、国际产能合作和装备走出去，发展新产品、新业态、新产业，在优化升级和拓展国内外市场中创造新的就业空间。对工艺技术较为先进、市场前景较好，但暂时经营困难的企业，可通过与工会或职工依法协商，采取协商薪酬、灵活工时等，稳定现有岗位。对不裁员或少裁员的企业，按规定由失业保险基金给予一定的稳岗补贴。

转岗就业创业主要包括：①对拟分流职工的钢铁、煤炭企业，要提前摸清拟分流职工底数，了解就业需求，制订再就业帮扶计划。对拟分流安置人员在100人以上的，要举办专场招聘活动。②对依法与企业解除、终止劳动合同的失业人员，要及时办理失业登记，免费提供就业指导、职业介绍、政策咨询等服务，纳入当地就业创业政策扶持体系。对失业人员和长期停产职工，要普遍开展转岗培训或技能提升培训，提高培训的针对性和有效性，按规定给予职业培训补贴。对其中的零就业家庭人员和就业困难人员，在培训期间可按规定给予一定的生活费补助。③对有创业意愿的化解过剩产能企业职工和失业人员，按规定提供创业培训，有针对性地提供创业指导、项目咨询和跟踪服务。支持创业平台建设，积极培育适应钢铁、煤炭行业职工特点的创业创新载体，将返乡创业试点范围扩大到矿区，通过加大专项建设基金投入等方式，提高创业服务孵化能力。对从事个体经营或注册企业的，按规定给予税费减免、创业担保贷款、场地安排等政策扶持。④对钢铁、煤炭过剩产能企业较为集中、就业门路窄的地区及资源枯竭地区、独立工矿区，要加强工作指导，开展跨地区就业信息对接和有组织的劳务输出，对其中的就业困难人员可按规定给予一次性交通补贴。

大型国企安置分流一般由政府主导，以本地国企接收为主。例如，2015年年底，黑龙江省政府发布《龙煤集团第一批组织化分流人员安置政策意见》，明确规定了人员安置范围、劳动关系转移、工资标准、社会保险关系接续、住房公积金及安置资金来源等内容。这一批分流职工22 500人，主要方向是黑龙江省内农垦、森工系统和林业系统。山西、河南等部分经济落后地区煤矿和钢铁等过剩产能企业由于亏损严重，产业结构单一，地方财政也比较紧张，普遍采取停薪留职、暂时放假等措施，大部分职工停薪留职后需直接走向劳动力市场，自谋出路。这部分职工由于地处经济落后地区，当地就业机会有限，自身技能单一，除了个别人自主创业外，很难再找到合适工作。

内部退养主要包括：①对距法定退休年龄5年之内、再就业有困难的，在职工自愿选择、企业同意并签订协议后，可实行内部退养。由企业发放生活费，并缴纳基本养老保险费和基本医疗保险费，个人缴费部分由职工继续缴纳，达到退休年龄时正式办理退休手续。②上述人员因破产等原因无企业主体并无出资控股企业的，与原企业终止劳动合同，可自愿选择领取经济补偿金或预留社会保险费和生活费。对于选择预留社会保险费和生活费的人员，企业主体消亡时应在充分考虑当地经济社会发展水平、物价变动、工资增长等因素的基础上，经过测算一次性预留出为其缴纳至法定退休年龄的基本养老保险费、基本医疗保险费和生活费，由地市级以上人民政府指定的机构代发生活费并代缴基本养老保险费和基本医疗保险费，个人缴费部分由职工继续缴纳，达到退休年龄时正式办理退休手续。③对上述继续缴纳社会保险费的退养人员，企业和个人可不再缴纳失业、工伤和生育保险费。④退养人员应在企业职工安置方案通过时一次性确定。

例如，武钢集团采取多种途径分流员工：一是采用距法定退休年龄五年之内的，如果员工没有工作能力或者没有工作愿望，可以离开岗位等待退休；二是用武钢的其他非钢产业消纳部分钢铁产业职工。

公益性岗位托底帮扶主要是指对就业困难人员，要建档立卡，提供"一对一"就业援助，对与就业困难人员签订劳动合同并为其缴纳社会保险费的用人单位，以及从事灵活就业的就业困难人员，按规定给予社会保险补贴。支持各地通过购买服务等方式，引导人力资源服务机构为就业困难人员提供就业信息服务，根据服务成效按规定给予就业创业服务补助。对通过市场渠道确实难以就业的大龄困难人员和零就业家庭人员，要加大公益性岗位开发力度提供托底帮扶。例如，武钢与地方政府、其他用工企业进行对接，为职工寻找新岗位等，如派出部分员工前往当地化工园区从事交通协警等服务性岗位，并发展其他多种辅助产业，为多余职工拓宽安置渠道。

在实践中，企业基本按照《关于在化解钢铁煤炭行业过剩产能实现脱困发展过程中做好职工安置工作的意见》提出的安置分流渠道进行职工分流，其中有部分企业在做法上区分更加细致。例如，山西潞安集团提出了"壮士断腕"计划——三年实现分流15 000人的总体分流目标。其主要分流方式为：①放大优势产能充实一批；②产业转型分流一批；③升级改造吸纳一批；④非煤项目安置一批；⑤改制剥离身份转换一批；⑥内部退养消化一批；⑦清理劳务用工空置岗位补充一批；⑧合同管理清理一批；⑨延伸生产服务和后勤服务产业链条流转安置一批；⑩自主创业分离一批。利用这10项方法，对集团内部富余职工进行消化，加大创业扶持和力度，鼓励职工创业，实现职工的自主分流。

晋煤集团对集团人力资源配置进行了改革。通过构建高产高效的生产团队、停止分配和招聘职工等措施，切实解决企业富余职工问题。晋煤集团也明确了分流对象：①各单位合编定员后的超编职工；②老三矿相关职工；③职代会确定的淘汰关停企业、改制分离企业相关职工、停工停建项目职工；④太原煤气化待岗培训职工。晋煤集团提出的分流方式主要为：①通过依法解除劳动合同，个人提出申请，部门和单位批准，支付经济补偿金；②实现内部待岗，对没有分配的和岗位不明确的，发放最低生活保证金，待岗期间个人的各类保险和养老金由企业和个人共同缴纳；③提高职工的创业动能，给职工提供必要的帮助；④加快内部分流，以生产为主线，降低地面辅助职工的数量。

研究者认为，与20世纪90年代国有企业职工下岗潮中的政策措施相比，此次化解过剩产能中职工安置更倾向于使用积极性失业控制政策，即政府不仅关注社会保障制度的托底政策，还更加侧重于积极、主动性的失业控制。比如，注重对新兴产业的扶持、寻找新的经济增长引擎，以及鼓励创业、开拓创新、提高劳动生产率并拓展新的就业条件等更加积极的措施来释放失业压力（丁守海、沈煜，2016）。此次化解过剩产能中职工安置也更加强调依法处置，行政干预力量尽管依然存在，但相比20世纪90年代下岗潮时有所下降。

（三）化解过剩产能职工安置工作的困境与问题

从数据看，在几种化解过剩产能职工分流渠道中，内部退养的职工比例仍然较低。44.2%的劳动者解除或终止了劳动关系，36.7%的劳动者通过转岗得到安置（见图3-2）。而在解除或终止劳动关系的劳动者中，仍然有17.6%的劳动者处于失业状态，仅有13.6%的劳动者与原单位解除劳动合同后，依然能够找到单位就业；有3.9%的劳动者实现自主创业（见图3-3）。这说明化解过剩产能职工安置中"转岗不下岗、转业不失业"的政策目标很难实现，下岗与失业的劳动者在化解产能过程中是存在的。化解过剩产能职工安置中存在的困境和问题主要包括以下方面。

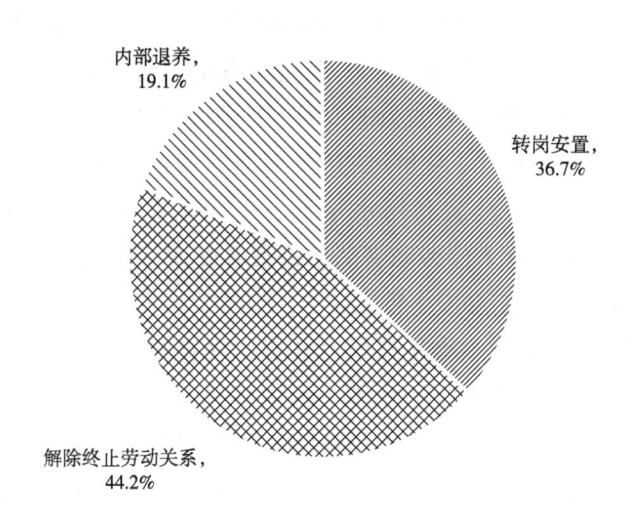

图3-2　2016年各地（不含中央企业）钢煤去产能不同渠道分流情况

资料来源：刘燕斌等（2019）。

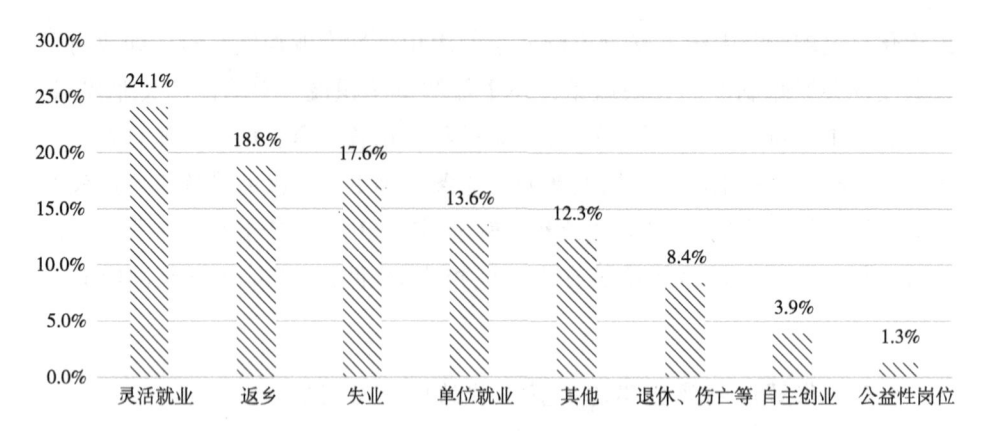

时代的重铸：新就业形态与去产能职工再就业

图 3-3　2016 年各地（不含中央企业）钢煤去产能解除终止劳动关系人员的去向情况

资料来源：刘燕斌等（2019）。

灵活就业 24.1%；返乡 18.8%；失业 17.6%；单位就业 13.6%；其他 12.3%；退休、伤亡等 8.4%；自主创业 3.9%；公益性岗位 1.3%

从劳动力供给角度看，去产能涉及职工规模庞大。根据人力资源和社会保障部数据[①]，化解过剩产能煤炭系统涉及约 130 万人，钢铁系统约 50 万人。除了钢铁、煤炭行业 180 万职工失业，还有水泥、玻璃、电解铝、船舶等行业去产能也会导致职工失业（谭璐，2016）。新华社 2016 年初援引中金公司的研究报告称，未来 2~3 年，若产能过剩最严重的五个行业减产 30%，将造成裁员 300 万人[②]。2016 年河北省去产能涉及钢铁、水泥、玻璃、煤炭等领域，涉及失业人数达 20 万人以上。根据河北省发改委公布的数据，河北省 2017 年完成压减炼铁产能 2 066 万吨、炼钢产能 2 555 万吨、水泥产能 261.5 万吨，直接减少超过 100 万职工的就业岗位（河北大学课题组，2018）。学术界也估计了化解过剩产能可能涉及的受影响劳动力规模。曲玥（2014）认为，由于产能利用水平低，中国工业的"冗余就业"达到 2 738 万人。如此规模庞大的劳动者队伍需要在短时间内重新找到工作岗位，这对就业市场和社会稳定会产生巨大压力。

去产能职工的人力资本水平偏低也导致其安置困难。去产能受影响职工年龄偏大，40~50 岁职工是受影响职工的主要群体，工伤、职业病职工和重病歇岗职工多。年龄偏大的劳动者再就业意愿相对较低，根据史珍珍、段宜敏（2017）的调研，年龄为 35~45 岁的职工主动进行再就业的意愿最强，达到 51.28%；而年龄在 45 岁以上的职工约有 50% 的职工的再就业意愿较低，

---

① 2016 年 2 月 29 日人力资源和社会保障部部长在国新办举行的新闻发布会发言。
② 中金公司：《解决产能过剩取决于政策执行力》，2016 年 2 月 1 日。

甚至不愿再次进入劳动力市场进行再就业。去产能职工的受教育水平也相对较低。曲玥（2014）基于第六次全国人口普查数据推算各行业的冗余就业数量，这些冗余就业人群的平均受教育年限仅为9.8年，即约具有高中及以上学历。与20世纪90年代下岗潮时期的劳动者相比，当前去产能职工的学历水平有很大提升。对辽宁等17个省区城镇企业下岗职工再就业的调查显示，下岗职工中初中及以下学历占比为58.5%，高中学历占35.8%，大专及以上学历占5.7%（"城镇企业下岗职工再就业状况调查"课题组，1997）。在史珍珍、段宜敏（2017）的调查中，去产能职工初中及以下学历者占35.96%，高中（含中专）学历者占32.84%，大专及以上学历者占31.2%。在现有的研究中，普遍认为去产能职工技能结构单一。在詹静等（2018）的调研中，操作技能对职工退出意愿无显著影响，而适应能力、理论知识、人际沟通能力充足的职工退出意愿更强。换言之，去产能职工如果在操作技能上有优势，并不意味着其在劳动力市场上能够获得更好的工作，因为操作技能属于劳动者的特殊技能，在劳动力市场上并不能够为劳动者带来生产率的额外提高，而适应能力、理论知识、人际沟通能力等一般技能的提高更有利于去产能职工在劳动力市场上获得工作。对于许多去产能职工而言，他们往往欠缺适应能力、理论知识、人际沟通能力，在以往的工作中这些方面的技能也无法得到有效积累。因此，劳动者年龄偏大以及一般技能不足，这些都导致其自谋职业与创业能力较低，向其他产业转移困难。

由于去产能职工工作技能单一，很多政策制定者和学者都将职业技能培训作为扩展工作技能类别，进而化解过剩产能职工安置的重要手段。2016年，人社部启动实施"化解过剩产能企业职工特别职业培训计划"，组织化解过剩产能中企业失业人员和转岗职工参加培训。研究者也建议制定和实施重点地区去产能企业职工大规模职业技能培训规划，加大培训补贴等政策支持力度，通过提高职工素质，实现转岗转业（刘燕斌，2019；黄湘闽，2018）。然而，职业技能培训要达成提升职工素质，帮助职工扩展技能从而获得劳动力市场就业机会的目标，还需要精细的设计与高成本的投入，开展职业技能培训的困境在于两个方面。一方面，职工接受培训意愿较低。去产能职工普遍以中年以上的男性为主，承担比较重的家庭负担，难以接受无工资或较低工资的脱产培训，即使培训后可能获得更高的市场回报，这些劳动者也很难承担培训期间的时间成本。职业技能培训需要对于积极参与职业技能培训的职工提供相应的物质激励，这又会增加化解过剩产能职工安置的成本。另一方面，职业技能培训精细化设计不足，与劳动力市场对接程度低。当前的职业技能培训是根据现有培训条件与资金投入进行设计与组织，并不能够根据职工岗位特征、个人技能水平进行划分，培训内容较为统一。对政府目前鼓励和支持的"一刀切"式的就业和创业培训，失业参训人员反映不佳。在实际操作中，受到资金、技术、场地、管理、市场信息等方面的制约，政府认定的培训机构一般采用统一的培训课程、培训期限和培训方法，只能提供形式单一、内容固定的基础性、通用性的基本素质与技能培训，无法满足职工提升专业技能水平的需求，难以有效提高职工再就业能力。另外，由于培训机构是政府导向而非市场导向，培训专业设置与劳动力市场信息不对称，存在一定的盲目性和重复性，因而失业人员对培训内容不感兴趣，强制性参训后获得的劳动技能并没有增加失业人员在劳动力市场上的竞争力，导致培训流于形式。培训后仍然需要职工个人对接劳动力市场。这些都阻碍了职业技能培训达成其目标效果。

李鼟宇（2021）描述了云南东源煤业集团再就业服务中心为待岗职工组织开办的培训班，内容包括中式烹调、维修电工、机修钳工、焊工、茶艺五类。参加培训的人员虽然在一定程度上掌握了相关技能，但在后续的就业选择中，几乎很少有人从事培训所涉及的职业。以富源片区的煤矿为例，当地资源型经济特征明显，茶叶市场并不发达，开办茶艺培训，员工学到的茶艺在当地无处施展。

另一个供给方面的难点在于，去产能职工的就业理念保守。去产能职工在退出国有企业后进入劳动力市场和民营企业工作的意愿较弱。长期的发展历史、国家一贯的扶持和曾经优越的福利待遇，使得去产能职工认为在国有企业工作本身就是一种福利。不少去产能职工认为，尽管去产能企业利润下降，企业岗位减少，职工工资福利减少，但这些都是短期现象。长期来看，企业的利润水平和工资福利仍然能够回到之前的水平。因此，对山西国有煤炭企业的调研时发现，企业新聘职工的一个重要来源是当前职工子女"顶班"，这反映了去产能职工对国有企业根深蒂固的依赖性。

就业理念的保守也来自工龄较长的职工对未来保障的担忧。詹静等（2018）的调研显示，去产能受影响职工在去产能企业工作的时间普遍较长，平均企龄为 14.66 年，且工作时间越长，越不可能在企业经营状况不好时选择到其他企业应聘。被安置职工认为离开国有企业进入劳动力市场，可能无法保证医疗保险及养老保险缴费的连续性。年龄偏大、在原企业工作时间较长的去产能职工普遍有这方面的顾虑。就业理念的保守形成了一种对国有企业的依赖。职工对国有企业的长期适应与依赖会形成习惯，导致不能及时调整自身以顺应社会结构性因素的变化，阻碍职工与新场域适应的新行为出现，在行为上缺乏自觉的能动性和创造性（杨海龙、楚燕洁，2008）。在对山西焦煤集团职工子女青睐的职业访谈时发现，该国有煤炭企业职工子女最青睐的就业单位性质为国有企业、政府机关及事业单位。焦煤公司研究生毕业的子弟宁愿在焦煤集团从事饮食服务，也不愿意到效益较好的民企工作（杨俊青等，2019）。煤炭和钢铁两个行业职工的单位依赖程度不同，主要是由于煤炭企业主要是国有企业，而钢铁行业除了大型企业外，中小型钢铁企业主要是民营企业。钢铁行业职工对企业的依存度远低于煤炭行业，有超过50%的职工愿意寻找新的工作机会（南华工商学院课题组，2016）。

此外，当前受去产能影响的职工还保留着20年前国有企业下岗潮的记忆。在东北的国有企业中，很多子承父业的工人家庭可能2~3代人都经历了下岗潮。在对焦煤集团职工的访谈中，年轻职工很多谈到了父辈经历的下岗潮，而年长的职工可能自身就经历过下岗潮。这一集体记忆对于当前应对去产能采取的各项措施都带来挑战。职工对分流工作的认知度停留"分流即下岗"的认识中。

随着供给侧结构性改革以及"三去一降一补"等工作的不断深入，职工因分流而引发的劳动争议案件和不配合的情况在逐年增多，这给企业的正常生产、社会稳定等多方面带来很大的困难。由于去产能职工安置涉及企业职工就业、子女上学等多方面问题，所以职工思想波动较大。国有企业的机关科室职工，对职工安置的抵触情绪尤为剧烈，对分流工作配合度很低，致使分流工作难度不断加大。

不少去产能企业集中于资源枯竭城市或独立工矿区，特别是煤炭企业的许多矿区远离城市，产业结构单一，去产能使本地支柱产业的就业岗位明显减少，而其他配套产业就业承载能力不足，在这种情况下，去产能企业进行劳务输出，将劳动者转移到其他劳动需求量大的地区也是安置职工的解决办法。部分去产能企业成立了人力资源公司，对接企业外、区域外的人力资源需求，通过劳务派遣的方式将本企业劳动者输送到企业外、区域外就业。但去产能职工跨区域就业也面临一些困难。国有企业职工多为本地户籍人员，家庭和社交圈均在本地，年龄偏大且家庭负担较重，难以忍受长期离家、路途遥远。同时，职工难以适应新的工作岗位、难以认同新的企业文化等因素，都导致了跨区域就业的困难，甚至出现了劳务输出后又返回的现象。例如，皖北煤电集团通过劳务输出到长安汽车公司的307名职工中，短短一个多月就有56人"返流"，这既浪费了大量人力、财力、物力，也影响了分流职工在新单位的形象，给后续劳务输出工作带来了负面影响（孟进，2019）。

从劳动需求看，企业安置职工的首要困难是企业利润下滑，安置费用紧张。职工安置费用包括退养补偿、转移安置补偿、解除劳动合同补偿、职工转岗培训费用等。目前，职工安置措施仍以企业内部消化为主。对企业而言，由于去产能涉及职工人数众多，内部消化压力巨大（韩永江、段宜敏，2016）。产能过剩行业大多数企业都处于亏损状态，不少国企还承担着"三供一业"等社会职能，部分企业银行贷款、企业债务都已经出现逾期或违约，企业流动资金非常紧张，并因此出现工资延迟发放或难以发放等情况。在保证日常薪酬发放和上缴各类费用之外，企业已无法承担分流职工的社保、劳务补偿、内退薪资等方面的硬性支出。尽管中央拿出1 000亿元奖补资金，地方政府也制定了一系列针对企业或个人的配套资金，但仍存在较大资金缺口。例如，截至2016年8月底，黑龙江省累计安置10 913人，完成率仅35%。从企业层面看：吉煤需分流安置31 929人，资金缺口为17.106亿元；阜矿需分流安置30 560人，资金缺口为17.3亿元；鞍钢和龙煤分流安置资金需求缺口近百亿元（张占斌、孙飞，2017）。国家财政以奖励资金的形式鼓励企业加快淘汰落后产能，但奖励资金额度较小，企业既要用于安置职工又要用于偿还债务，难以满足实际需要。实践中，对淘汰落后产能产业职工的各种补偿是由企业、行业主管部门、地方财政和中央财政共同承担，但由于一些企业亏损严重，地方政府财政困难或重视不够，导致淘汰落后产能配套资金不到位，淘汰落后产能企业职工的岗位补贴、生活补助、社保补贴等各种经济补偿金不能兑现，劳动关系无法得到依法妥善处理。在一些地区，甚至还存在没有将中央和省拨付的淘汰落后产能专项奖补资金用于职工安置的现象。虽然国家和省的专项奖补资金应首先用于职工安置，然后才能用于转型升级和化解债务，但由于监督不到位，并且企业在减压产能中损失过大，导致很多企业把奖补资金首先用于偿还债务，无力顾及职工的安置。

资金不足导致国有企业对职工主动离职的激励也不足。按照当前安置政策，去产能职工可以通过停薪留职、内退、解除合同等方式分流。以某煤炭国有企业为例，该企业规定，距离退休年龄不足五年（含五年）的职工可以自愿内部退养，按月领取内部退养生活费（保留工资+年功工资，低于所在地80%的由单位补齐),社保费用企业部分企业缴纳、个人部分个人缴纳。但是,这种"保留工资+年功工资"的内部退养生活费远低于当地最低工资标准1 700元/月,这样的内退政策无法为职工内退休后提供生活提供保障,自然无法激励职工选择主动离职。

需求角度的第二个困难之处在于,去产能企业希望以化解过剩产能为契机,推动企业技术改造升级与人员队伍优化。随着企业不断升级技术、提高工效比,所需要的编制岗位也不断减少。此外,煤炭、钢铁国有企业在分流安置职工过程中,希望将职工安置与企业人才队伍正常更替结合起来。煤炭、钢铁企业单调、重复、枯燥的工作很难吸引年轻人的工作兴趣,从而导致主动选择煤炭、钢铁企业的年轻人才数量逐年减少,大量基层人才流失。企业希望通过职工安置将生产率较低的职工淘汰出企业,同时吸引更多年轻人才进入企业。这意味着企业更愿意采用解除或终止劳动合同的方式安置职工,人员冗余的国有企业更是希望如此。如果采用内部分流的方式,职工的人工成本负担仍由企业承担,会成为企业进一步转型升级的阻碍。

但目前化解过剩产能的指导思想仍然是支持企业内部消化为主。去产能对象大多是国有企业,这类企业中职工存在着较为严重的单位依赖。企业对职工而言是个人收入及社会资本的全部来源。有的甚至几代人都在同一个企业工作。化解过剩产能如果切断职工与单位的联系,相当于影响了职工的根本利益,势必导致解除或终止劳动合同困难重重,并可能导致劳动争议与群体性事件发生。而去产能又必须在社会稳定和谐的大环境下才能得以顺利推进,因此在确定去产能目标任务的时候,应该充分考虑职工的利益保障,使他们与单位的联系不会受到大的影响。只有这样才能保持社会稳定,去产能的任务才能顺利完成。

由于历史的原因,国有煤矿企业在传统体制延续之下保留的员工人数总量非常大。根据相关调查统计,有些煤矿企业一个矿井现有的人员数量是实际作业需求人员数量的两倍甚至更多;同时,煤矿企业实际生产作业中的专业技术人才较少,尤其与今后业务量的需求比,技术人员更是少之又少,但辅助生产的二线作业人员数量却相对富余,后勤服务更是严重超员。

企业通过解除或终止劳动合同,将劳动者推向劳动力市场是很多民营企业普遍采用的分流渠道,也有国有企业采用了这样的做法。但是这样的做法给本地劳动力市场造成了巨大压力。随着国内经济增速下行压力不断加大,劳动力市场总体就业形势严峻,产能过剩企业的本地劳动力市场需求普遍下降。去产能往往集中于就业渠道少的资源型城市以及资源枯竭地区、独立工矿区,这些地区产业结构单一,服务业占比低,新兴产业发展不足,岗位创造能力有限,职工转岗、再就业面临巨大困难,企业分流职工无法按照预期正常推进。从地域分布来看,东北、河北、山西、内蒙古等地区是本次去产能的核心区域,这些地区经济增速缓慢,在新兴战略产业及高新技术产业发展方面整体上不具有核心竞争优势,随着原先产能过剩行业同时也是当地支柱产业的逐步收缩,"过剩产业已去,新兴产业未起"乃至经济发展后劲缺失等现象就很有可能发生,对这些地区的经济发展会是雪上加霜。

国有企业的历史遗留问题错综复杂,也是导致职工安置困难的原因。对于诸多存续时间长的国有企业,由于当今的监管政策及市场环境与企业成立初期相比均发生了巨大变化,在安置入职时间较早的老员工时,企业通常会面临许多历史遗留问题,例如职工身份置换补偿金等。一方面,大多数历史遗留问题仅仅是当时的政策性概念,无法律条款查证核实;另一方面,实践中对相关历史遗留问题也存在许多争议,导致员工安置工作受到严重阻碍。而在司法程序的救济方面,对国有企业历史遗留问题的处置同样存在争议。最高人民法院《关于审理与企业改制相关的民事纠纷案件若干问题的规定》(法释〔2003〕1号)第三条明确规定:"政府主管部门在对企业国有资产进行行政性调整、划转过程中发生的纠纷,当事人向人民法院提起民事诉讼的,人民法院不予受理。"2010年,最高人民法院颁布《关于审理劳动争议案件适用法律若干问题的解释(三)》(法释〔2010〕12号),第二条虽然规定"因企业自主进行改制引发的争议,人民法院应予受理",却未对政府主导的国有企业改制做出明确规定。法条表述得不够清晰也给国有企业人员安置工作带来不确定性。

从长远看,企业必须推进组织新陈代谢、优化年龄结构,这在目前的安置措施中也无法实现。对于政府而言,职工分流安置1 000亿元专项补助资金、失业保险作为稳岗补贴难以持久。"内部退养"允许员工提前5年办理退休,虽然减轻了企业负担,但加大了养老保险运行负担。从职工角度看,受影响职工以40~50岁男性为主,家庭负担重,其所需要的不仅仅是短期以帮扶或救助为目标的岗位,而是能够帮助其创造价值的岗位。去产能职工就业安置需要找到能帮助职工实现价值创造的新途径。新就业形态的出现为去产能职工安置提供了新的解决办法。

鼓励去产能职工创业也是职工分流安置的途径之一。研究者认为,这一类做法表明此轮化解过剩产能职工安置政策更加积极、主动，属于积极性失业控制政策（丁守海、沈煜，2016）。但具备创业能力的去产能职工仍然属于少数。孟进（2019）的研究提供了皖北煤电集团引导和支持分流安置职工在家政服务、物流快递、机械维修等行业自主创业的案例。该集团 9 人获批淮南市总贴息贷款共 235.5 万元、1 人获批无息借款 5 万元、79 人获批生产资料援助共 39.5 万元，6 人争取到安徽省总、淮南市总创业奖补资金共 26.9 万元。又例如，中煤新集公司为 20 余名职工争取到政府自主创业无息贷款，个人最高贷款达 100 万元。虽然具备创业能力的职工数量有限，但通过提供贷款、资金援助等形式的支持，政府和企业能够有效引导和帮助职工自主创业。

由于钢铁、煤炭等行业去产能任务要求繁重，在短时间内必然波及较多职工。在调研中，很多企业表示 2016 年去产能职工安置虽然已经顺利完成，但是企业内部岗位挖掘潜力已经接近极限。对企业而言，未来去产能职工内部安置更加困难，需要寻找新的岗位创造来源。另一方面，去产能职工普遍技能较为单一，短时间内难以完成技能转化，匹配其他岗位。

这些因素客观上要求新的岗位创造来源要具备较低的进入门槛和技能要求，能够给职工带来较为稳定和可观的收入来源，同时能够满足职工愿意与企业继续保持劳动关系的心理需求。以平台作为组织基础的新就业形态是目前能够满足上述条件的重要选择之一，这也是为什么在煤炭、钢铁行业效益下滑后，有超过 100 万[①]去产能行业职工聚集在滴滴平台工作，有近 84 万[②]去产能职工聚集在美团平台工作的原因。

三、去产能职工向新就业形态流动的理论解释

化解过剩产能中的职工安置问题，即将过剩产能行业的职工向其他岗位或其他行业转移，本质上是由政策推动的劳动力流动问题。尽管这一过程中有明显的行政命令调配资源色彩，但在政策为去产能职工提供的流动选项中，也包含了由去产能职工自主选择的部分选项。为去产能职工开辟在新就业形态中就业的渠道，也是一次通过市场化手段配置劳动力资源的尝试。在这样的情况下，去产能企业受影响的劳动者需要进行理性的选择，根据环境因素

---

① 详见《移动出行支持重点去产能省份下岗再就业报告》。
② 美团点评研究院《2018 年外卖骑手群体研究报告》指出，"平台 31% 的骑手来自去产能产业工人"。根据中国人民大学劳动人事学院课题组《生活服务平台就业生态体系与美团点评就业机会测算报告》，2018 年美团线上劳务交易型（骑手）就业机会 270 万个。

与自身偏好做出满足自身利益最大化的选择。

本书从劳动力流动、就业风险感知、职业转换、就业能力等理论角度对劳动者的选择做出了解释，也采用稳健行动理论从更宏观的视角讨论使用新就业形态介入去产能职工安置的意义及可能性。

（一）劳动力流动理论

在改革开放历程中，中国劳动力流动形式主要有五种类型：从农村向城市流动、从经济落后地区向经济发达地区流动、从国有单位向非国有单位流动、在不同职业间流动、在不同产业间流动等（肖六亿，2008）。去产能受影响企业职工向新就业形态流动至少涉及了从国有单位向非国有单位流动和在不同产业间流动。除此之外，由于涉及新就业形态这种劳动力市场的新兴趋势，这样的流动也意味着从有劳动关系、在劳动法律保障下的就业形态向没有劳动关系、暂时缺乏劳动法律保障的就业形态的流动。劳动力流动的相关理论可以对去产能职工向新就业形态流动做出解释。

"推拉理论"（Push and Pull Theory）是研究人口流动、迁移的重要理论之一。该理论主要用以讨论劳动者做出劳动力迁移的决策。推拉理论以19世纪末拉文斯坦提出的"迁移定律"为基础。拉文斯坦的迁移定律包括：移民主要是短距离流动，长距离的移民倾向于前往大的工业和商业中心；大多数迁移是从农业区到工业区；大城镇的人口增长多于自然增长；随着工业、商业和交通的发展，移民增加；每个迁移流都会产生一个逆流；女性比男性更容易迁徙，至少在较短的距离内；男性在国际移民中占主导地位；移民的主要原因是经济。拉文斯坦的迁移定律促进了对迁移的各种影响因素的研究，包括工业化、性别、种族、距离、教育、劳动力等。

在此基础上，李（Lee，1966）以其开创性的移民理论而闻名，该理论被称为"推拉理论"或"李理论"。该理论借鉴了社会学原理，试图将迁移"理论"形式化，提供了一个可以解释起源和目的地之间迁移量的因素方案。李的理论既简单又经受住了时代的考验。他将与迁移决定和迁移过程相关的因素概念化为以下四类：①与原产地相关的因素；②与目的地区域相关的因素；③介入障碍；④个人因素。李认为，人口迁移是由一系列"力"引起的，一部分为推力，另一部分为拉力。人口迁移是由于迁出地的推力（或排斥力）和迁入地的拉力（或吸引力）共同作用的结果。从迁移者个体的行为决策过程来看，推力-拉力理论的成立包含两个基本假设：一是假设人们的迁移行为是一种理性的选择，二是认为迁移者对原驻地和迁入地的信息有比较充分的了解。该理论对中国经济发展的理论指导意义主要在于为中国劳动力转移提供了理论支撑。该理论认为，影响劳动力迁移的因素主要包括流入地因素、流出地因素、中间障碍因素和个人因素。

推拉理论可以用来解释去产能职工向新就业形态的流动。在化解过剩产能中，为了更好地处理受影响职工问题，减少劳动争议和群体性事件，去产能企业一般都会进行大量的沟通、宣贯工作，尽可能让职工了解安置政策，因此可以假设去产能职工拥有相对充分的信息。在此基础上，职工可以根据自身情况在政策提供的可选项集合中做出理性选择。

根据推拉理论，做出从去产能企业向新就业形态流动的决策，涉及流出职业（去产能企业职业）的推力和拉力因素，流入职业（新就业形态）的推力和拉力因素（见图3-4），中间因素和个人因素。去产能流出职业的推力因素包括：①去产能因素。由于供给侧结构性改革，煤炭、钢铁等行业大幅压缩过剩产能，大批煤炭矿井被关停，钢铁企业停产或搬迁，就业岗位随之减少，受影响劳动者在短时期内无法获得收入或仅得到很少的生活费用。②行业周期因素。钢铁、煤炭等行业存在行业周期波动，在行业下行周期，产品价格下降，利润率降低，劳动者的工资收入、待遇保障等也随之下降。③国有企业管理因素。中国煤炭行业中，国有企业占据主体。相比较市场化企业而言，国有企业内部管理体系更为严格，存在一定论资排辈现象，可能导致对劳动者的推力。去产能流出职业的拉力因素包括：①劳动保障因素。相较于新就业形态，去产能企业与劳动者普遍建立了劳动关系，劳动者受相关劳动法律保护，可以依法缴纳职工养老保险、医疗保险等。去产能企业也有更完善的管理规章制度、安全保障制度等。②行业周期性因素。行业周期性因素意味着行业利润水平有波谷也有波峰。一些去产能企业职工认为目前存在的困难只是短期的困难，只要能够坚持下来，熬过行业寒冬，就能够重新享受到行业发展的红利。③职业发展因素。与新就业形态相比，企业内部有职业技能提升的空间、职业发展通道和相对完善的职业晋升机制。

新就业形态的拉力因素包括：①收入因素。收入因素是激发去产能企业劳动者进入新就业形态的主要拉力因素。新就业形态如网约车驾驶员、外卖配送员等的收入水平相比处于困境中的去产能企业工资更高。②行业发展前景因素。一些劳动者认为，新就业形态属于新生事物，可能有更好的发展前景，如果在其发展早期就进入，应该能够获得更大的受益。③职业自由度因素。与企业中较为严格的管理不同,新就业形态劳动者的工作时间自由,可以自主安排劳动过程,对有灵活工作偏好的劳动者有较强吸引力。新就业形态的推力因素包括:①劳动保障因素。新就业形态尚不在传统劳动法律覆盖范围内。劳动者与平台企业之间无直接劳动关系,劳动者尚无法以职工身份缴纳养老、医疗等社会保险。②职业发展因素。新就业形态职业技能提升空间有限,缺乏职业成长通道。③政策监管因素。由于新就业形态刚刚出现,相关政策监管尚未完善。不少去产能职工担心随着监管逐渐完善,部分新就业形态可能被取缔,因而对新就业形态产生排斥。

```
                    去产能企业职业
                         │
     去产能因素          │    劳动保障因素
     行业周期性因素      │    行业周期性因素
     国有企业管理因素    │    职业发展因素
                         │
   推力                  │                  拉力
   ─────────────────────┼─────────────────────
   拉力                  │                  推力
                         │
     收入因素            │    劳动保障因素
     行业发展前景因素    │    职业发展因素
     职业自由度因素      │    政策监管因素
                         │
                    新就业形态
```

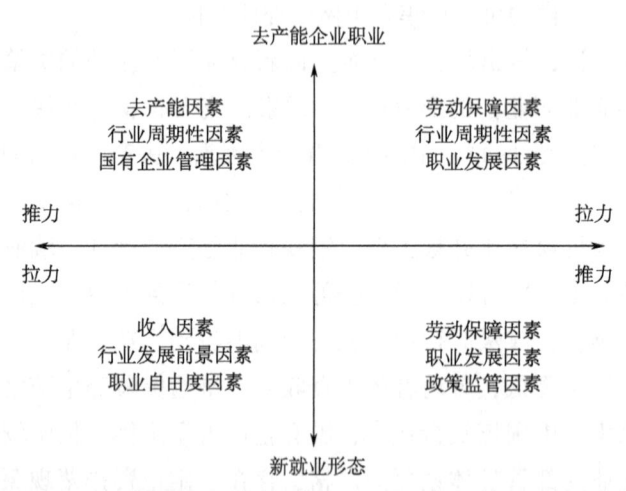

图 3-4 去产能职工流向新就业形态的推力和拉力因素

去产能职工会在自身所处职业与新就业形态之间选择,考虑两类职业的推力和拉力。除此之外,中间因素、个人因素也是造成流动和转移的影响因素。中间阻碍因素包括生产工具的可获得性,如网约车的价格和规格要求、技能迁移条件是否具备、居住地与业务地之间的距离等。中间支持因素主要是网约车市场发展之初高额的市场补贴。在2014—2016年网约车平台激烈竞争的过程中,各家网约车平台纷纷采用市场补贴的方式吸引司机和消费者。高额补贴激发了去产能职工向网约车转移的勇气。个人因素包括教育、年龄、个性特征等因素,个人因素不仅直接影响劳动者的转移决策,而且会影响劳动者对于以上这些因素的价值判断。

(二) 就业风险感知理论

推拉理论描述了劳动者在两种就业环境或不同工作之间做出选择的过程。

但是即使面临同样的推力、拉力环境，不同的劳动者也会做出截然相反的选择。在新就业形态对接去产能职工安置过程中，有的劳动者一听到有这样的安置计划就完全拒绝，而有的劳动者却在摩拳擦掌、跃跃欲试。另一方面，推拉理论所描述的决策行为是当机立断的，但我们在实践中观察到的是劳动者在重大决策面前的踌躇、犹豫不决。这样的情形可以用就业风险感知理论来解释。

风险感知属于心理学范畴，指个体对外界各种风险的感受和认知，且强调个体直观判断和主观感受获得的经验对个体认知的影响（Starr，1969）。就业风险感知理论与生计资本概念紧密联系。联合国粮农署（FAO）在借鉴可持续生计框架和灾害风险管理框架的基础上认为，个体遭遇风险冲击时会综合运用其所拥有的生计资本进行应对，而个体能否规避风险则由生计资本的数量与质量决定。各类生计资本在风险环境、区域特征等外部因素的影响下对个体生存与发展起着核心作用（胡鞍钢、王磊，2006）。

在现有的研究中，丁守海等（2015）认为，随着风险社会特征的逐渐显现，社会脆弱性加剧，社会矛盾逐渐突出，劳动者风险感知受到来自制度因素与个体生计资本的双重影响。就业者被迫进入非正规部门，体制的障碍导致其就业福利天然低下，如医疗、失业保险缺失等。生计资本存在个体异质性，以教育程度为代表的通用型人力资本和就业培训等专用型人力资本均较高的个体，就业风险预期会显著减小。当风险发生时，社会资本的作用表现在受雇机会的获得。社会关系的互动可以提供关于就业机会的信息，从而减少风险发生的可能。同时，风险感知还受到家庭收入和物质资本的影响。

综合上述研究，可以勾勒出就业风险感知理论的基本模型（见图 3-5）。就业风险感知是由个体生计资本、个体经验、风险后果共同决定的个体面对就业变动时的感受和认知，这种感受和认知反过来又会影响个体在不同就业间的选择。生计资本由劳动者人力资本、社会资本、金融资本、物质资本组成。劳动者生计资本的数量和质量越高，劳动者的就业风险感知就越弱。个体经验表明，劳动者会在过往的经验史中形成对于就业风险的态度，因为就业机会、就业质量下降所带来的生计困难是劳动者强烈规避的。就业风险所带来的结果与就业风险感知呈反向关系。劳动者所了解的就业风险结果越差，就业风险感知程度就越高。就业风险结果对就业风险感知的影响，与劳动者所掌握的信息充分程度有关。当劳动者不能把握全部的风险结果时，从个体经验的角度对于就业变动就会持规避态度。

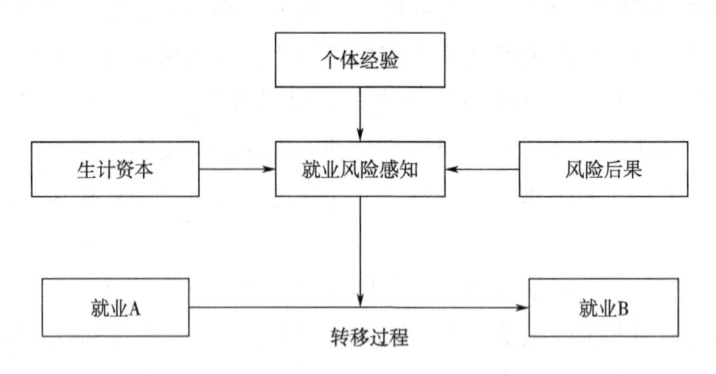

图 3-5 个体就业风险感知模型

现有关于就业风险感知的研究主要集中于农民工群体。在对农民工的研究中，赵延东、王奋宇（2002）发现，收入较低的农户家庭对于劳动力转移就业有着强烈的风险感知，农户无法通过跨时期消费平滑机制来应对风险，并通过在金融市场上的资金存储和贷款来实现收入的转移，这加剧了就业风险发生的危害。简新华、张建伟（2005）认为，农民工作为就业市场上的相对弱势群体，在融入市场经济的潮流中遭遇风险的概率攀升，并由于种种原因缺乏分散风险的手段从而使风险感知攀升，生计处境艰难。车蕾、杜海峰（2019）发现：个人与家庭生计资本能够部分缓解主观风险感知；就近务工市场中劳动者个体就业风险感知较高，并受到了收入水平、职业状况、务工经验和社会网络等个人生计资本以及住房类型、耕地等家庭生计资本的显著影响。在一定程度上，社会资本、人力资本、金融资本和物质资本的相对优势弱化了个体的就业风险感知，其中，社会资本通过搜寻就业机会和就业利益表达对风险预期的降低发挥了重要作用，人力资本中拥有年龄与就业经验的群体更有可能在就近劳务市场获得就业优势，丰富的物质资本和金融资本可消减风险产生的危害，从而降低风险感知。同时，自然资本的相对优势并没有降低个体风险感知，可能是兼业生计策略导致雇佣劳动力或机械的成本抵消了部分自然资本带来的收益。此外，就地就近劳动力市场社会保障制度（失业、工伤等保险与就业合同）对就近务工风险的降低有明显作用，"返乡生子农民工"与"留守农民工"仍是就业保障缺失的相对弱势群体。

就业风险感知理论可以解释去产能企业受影响职工在面对新就业形态时的犹豫和退缩行为，以及部分劳动者最终打破这种犹豫和退缩而选择新就业形态的这一抉择过程。这一点在以国有企业为主的煤炭去产能企业中表现尤为明显。煤炭去产能企业的职工冗余形成于煤炭行业周期景气上行阶段，即煤炭企业人口中的"煤炭辉煌期"。在这一阶段的国有煤炭企业中，借助各种关系进入所谓的"好部门""好岗位"的职工较多，此类职工都是非正常情况下进行的调动，所以这部分调动人员往往无法完全胜任岗位业务工作。随着有能力人员的不断调入，不懂业务的人员更加人浮于事。另外，企业在招纳企业子弟后，由于国有企业的特殊原因，很多职工在一线工作较短时间后，通过各种"能力"都走向了科室或辅助部门。从事井下一线的生产后备力量严重不足，而机关科室和辅助部门的职工数量却在逐年增加。另一方面，国有企业老职工缺乏危机感。在他们的传统观念中，国有企业是"铁饭碗"，只要遵纪守法，就能一直留在国有企业工作。这种观念直接导致企业职工在工作过程中不思进取和缺乏创新（田晓伟，2018）。

在面对新就业形态时，国有煤炭企业职工呈现了选择行为的分化。尽管有大部分劳动者实际上已经在网约车平台做司机，但仍然不愿意放弃国有企业职工的身份。在他们的观念中，国有企业仍然是就业风险最低的选择，尽管当时他们所在的国有企业已经有半年以上没有发工资或者只发放较少的生活费用。由于不了解新就业形态未来的发展方向，即对该类就业的风险结果信息无法全面获取，大部分劳动者对新就业形态持规避态度。只有少数生计资本相对充裕的职工，不仅实现了向新就业形态的转移，而且利用新就业形态实现了创业成功，将未知的就业风险转化为可控的就业利好。

（三）职业转换理论

根据高雪原、周文霞和谢宝国（2017）的定义，职业转换是个体从初入职场到退出职场的整个过程中所发生的任何形式的角色、关系、路线与假设改变的总和。职业转换不是一个单纯的时间点上的概念，而是贯穿个体的职业生涯全程。传统的职业发展路径通常表现为在同一企业内部的调动与晋升，员工通常会在一个组织内工作直至退休。随着劳动力性质的转变，员工不再附属于某一个组织，其职业流动的空间大大增加。

阿什福斯和萨克斯（Ashforth and Saks, 1995）认为，职业与角色相连，职业转换是脱离原有角色并投入新的角色的过程。根据路易斯（Louis, 1980）的分类方法，职业转换包含角色间转换和角色内转换。前者包括转换至另一个岗位或者转换至另一个组织等情形，而后者包括个体自身的能力发展或者职业生涯阶段转换等情形①。阿瑟和卢梭（Arthur and Rousseau, 2001）认为，职业是"随着时间的推移不断发展的工作经验序列"，发展是职业的核心特征，任何形式的职位变动都属于职业转换。舍曼（Sherman, 2016）将"任何形式的职位变动"进一步具体化到生活的四个方面——角色的改变、关系的改变、生活或工作路线的改变、对外界假设的改变。耿兹等（Gunz, 2007）将职业转换界定为对边界的跨越，但是从对"边界"的描述来看仍然是指个体角色的改变。高雪原等（2017）区分了工作转换与职业转换这两个概念，认为工作转换与职业转换是一对极为相近但又有所不同的概念，研究者有必要对两者进行区分。工作转换包括工作内容的变化、所属部门或工作地点的变化以及主动离职（Dam, 2005），而职业转换是生涯全程所有变化的总和。工作转换只关注某一个结点，是工作性质或工作形式发生明显的改变，更加具体化，而职业转换是一个"角色变化的总和"，既包括具体的改变，又包含抽象意义上的转换（如个体原有假设的改变）。

职业转换可以从不同的理论视角进行讨论，比较成体系的讨论主要是基于角色的理论和基于流转的理论。路易斯（Louis, 1980），首次对职业转换的概念和类型做了一个系统化的概括。他认为职业转换可能出现在工作内容或者专业的改变上，也可能出现在相同工作中的工作导向改变之中。基于前人的研究，他给出了如下定义：个体改变其工作角色（客观的角色转换）或者改变其工作导向（主观的角色转换）。根据这一定义，职业转换分成两大类，以及九种不同的情况（表3-1）。第一大类被称为"角色间转换"，包括进入/重新进入、公司内迁移、公司间迁移、专业间迁移、退出。第二大类被称为"角色内转换"，包括角色内调整、角色外调整、角色/职业阶段转换、人生阶段转换。

表 3-1　职业转换的分类与示例

分类	情形	典型例子
角色间转换	进入/重新进入	从学生变为公司职员
	公司内迁移	调动到公司内另一个部门
	公司间迁移	跳槽到另一家公司
	专业间迁移	军人退伍从事商业工作
	退出	非自愿离职（失业）或自愿离职

---

① 组织变革情境下的职业转换力及其效应机制。

续表

分类	情形	典型例子
角色内转换	角色内调整	接受 MBA 教育，提升管理能力
	角色外调整	大学教授担任杂志主编，工作内容增加
	角色/职业阶段转换	职业生涯从建立期进入维持期
	人生阶段转换	从中年到老年（退休）

资料来源：郑博阳（2018）。

罗兹和多林（Rhodes and Doering，1983）以流转现象为基础，提出了一个基于流转（turnover）现象的理论（图3-6）。职业转换指代一种职业迁移的过程，是一种非典型的职业发展过程，其中包含了自愿离职、非自愿离职、组织内部工作迁移等多种情形。该模型综合考虑了组织和个体的共同作用，由于工作绩效和工作结果乃至奖励制度共同作用形成工作满意/不满意的情况，从而形成工作搜索的意图和行为。而这一过程和对于可能机会的评价形成了当前职业生涯的满意/不满意情况，从而形成职业转换的意图以及相应准备，以及最终结果。可以发现，这一模型认为职业转换的源泉是对于工作或者职业的满意度导致的职业重新选择，尽管范围涵盖了多个不同领域，但本质上还是建立在流转理论（turnover theory）之上的。

从去产能企业职工转化为平台从业者，涉及了角色间的转移，既包括具体的改变，又包含抽象意义上的转换。从煤炭去产能企业职工转变为网约车司机，既是职业内容的转变，也是从国有企业职工到平台自由劳动者个体身份的转变。这样的转变属于职业转换而非工作转换。从基于角色的理论角度，这样的转换属于角色间的转换。路易斯（Louis，1980）提出的角色间转换分类并未包含从企业职工转变为平台从业者这种类别。平台从业者不属于企业雇佣者，因此从企业职工向平台从业者转变不属于企业间迁移，而是一种新型的职业转换类别：从企业中有边界的职业向平台生态系统中无边界的职业转换。

首先，以流转现象为基础的职业转换理论，解释了在正常的市场环境下劳动者职业转换的驱动因素。化解过剩产能属于以行政命令驱动的市场环境变化，在这种情况下，劳动者转换工作或职业生涯的行为受其他因素影响最大。劳动者转换工作或职业生涯更多是被动产生，而非主动的理性追求。其次，以流转现象为基础的职业转换理论将工作满意度或职业满意度作为产生转换工作或职业生涯的主要动力，这种理论解释对于知识型劳动者的解释力更强。对于缺乏技能的体力型劳动者，在缺少就业岗位的情况下，工作满意度或职业满意度作为转换动力缺少解释力；换句话说，缺乏技能的体力型劳动者，能够获得一份稳定的企业工作已经是职业生涯中比较大的回报，即使存在满意度下降，产生转换工作或职业生涯的行为也较为困难。

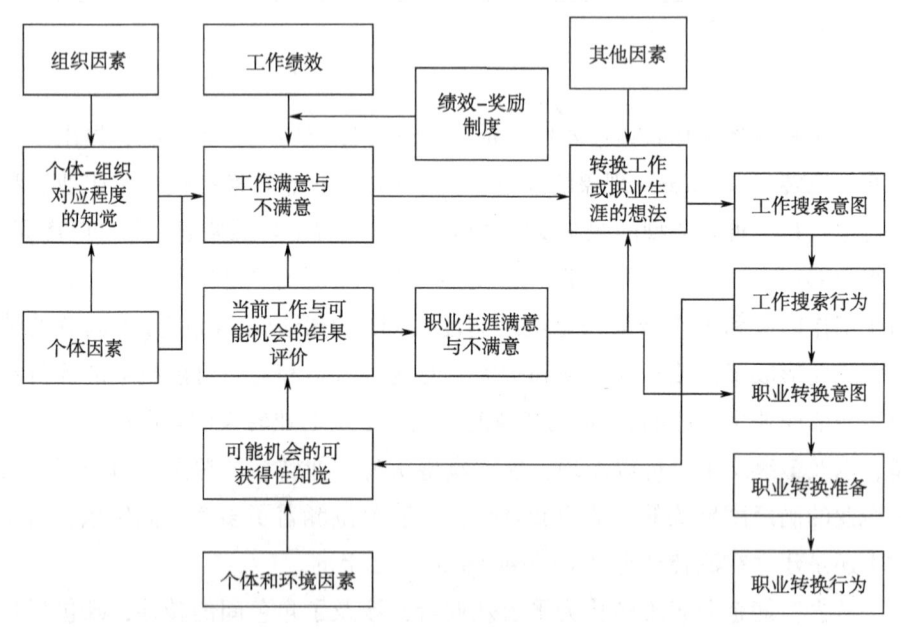

图 3-6　职业转换的整合模型

资料来源：Rhodes and Doering（1983）。

（四）就业能力理论

随着技术进步与全球化发展，强调终身雇佣、情感承诺、工作专门化和垂直晋升的传统雇佣关系正逐步让位于强调灵活雇佣、利益交换、工作边界模糊化和跨职能流动的新型雇佣关系，就业安全让位于"就业能力安全"（Kanter, 1994）。就业能力的概念就是在这样的背景下被提出来的。就业能力涉及人们在多大程度上拥有技能和其他属性来找到并继续从事他们想要的工作。许多人认为，这是个人管理其职业生涯的关键目标，也是组织培养劳动力的关键目标（Arthur, 1994）。就业能力是指有能力获得初次就业、维持就业以及在需要时获得新就业的能力（Hillage and Pollard, 1998）。促进就业能力是雇主和雇员之间新的心理契约的一部分，双方都有责任以维持就业形势。由于终身雇佣不再得到保证，因此需要新的平衡。

就业能力是一种嵌入个人特性中的心理社会建构，是工作特有的一种积极适应性，它使雇员能够识别和实现职业机会，促进工作之间、工作内部及组织之间的流动（罗恩立，2012）。在一个不再容易提供长期就业的环境中，个人（以及一些职业干预）的一个关键目标是保持和提高个人在劳动力市场上的吸引力。

桑德斯和德格里普（Sanders and DeGrip, 2004）认为，就业能力的含义在过去30年左右发生了系统性变化，这取决于当时的劳动力市场状况和政府政策。然而，他们也注意到，定义之间的分歧越来越大，有些定义只关注工人的知识和技能，而另一些定义则更加强调愿意做（或学做）劳动力市场要求的任何类型的工作（VanDam, 2004）。

根据希利奇和波拉德（Hillage and Pollard, 1998）的观点，就业能力是指个体在保持就业的状态下，能够在劳动力市场上充分流动以实现自我潜能的能力。罗斯威尔和阿诺德（Rothwell and Arnold, 2007）将就业能力界定为：个体保持现有工作和获得理想工作的能力。前者（保持现有工作的能力）表现为员工在当前工作单位的就业能力，称之为"内部就业能力"（internal employability）；后者（获得理想工作的能力）表现为员工在当前工作单位之外的劳动力市场上的就业能力，称之为"外部就业能力"（external employability）。基于这种理解，罗斯威尔和阿诺德（Rothwell and Arnold, 2007）开发出了自我感知的就业能力量表。

就业能力建立在多种个人特质之上，包括知识和技能、学习能力、对职业管理和求职的掌握以及专业知识（Hillage and Pollard, 1998; Bagshaw, 1996; Lane et al., 2000; VanDam, 2004）。也有一些文献提出构建就业能力的属性还包括职业韧性（Iles, 1997; Rajan, 1997; Rajan et al., 2000），即员工要有职业承诺和灵活性，以换取有挑战性的工作、发展机会和职业规划支持。有职业韧性的员工被视为能够快速行动以跟上变化、致力于持续学习、主动管理职业生涯并致力于公司成功的员工（Iles, 1997）。

但就业能力不仅与个人属性有关，也与劳动者所处的环境相关。组织内部因素，例如内部劳动力市场的当前和未来状态，也可能会影响上述定义的就业能力。组织外部因素，包括宏观经济需求、劳动力市场的状况、劳动力市场规制、雇主招聘和甄选的行为等（Hillage and Pollard, 1998; Kirschenbaum and Mano-Negrin，1999；Lane et al.，2000；Rajan et al.，2000），也可能包含与职业需求相关的因素（Mallough and Kleiner，2001）。事实上，在概念和理论文献中经常讨论内部和外部就业能力之间的区别（Hillage and Pollard，1998；Kirschenbaum and Mano-Negrin，1999；Kluytmans and Ott，1999；Lane et al.，2000；Rajan et al.，2000；Tamkin and Hillage，1999；VanderHeijden，2002；Sanders and deGrip，2004）。内部就业能力是劳动者在企业内部劳动力市场保持现有工作的能力。内部劳动力市场被视为雇员群体在工作成就差异上的根源，其作用是刺激雇员按照结构性职业路径发展；这种路径不仅取决于工作岗位，在一定程度上也有助于形成组织内部和劳动力市场的机会结构。外部就业能力是劳动者在当前工作单位之外的外部劳动力市场获得就业的能力。

据此，我们构建出就业能力的两个维度，如图3-7所示。一个是劳动者所处的劳动力市场，包括内部劳动力市场和外部劳动力市场，这是劳动者就业能力发挥作用的两个市场；另一个是个人特质与组织特质的划分，即劳动者自我感知的就业能力和组织感受到的劳动者的就业能力。

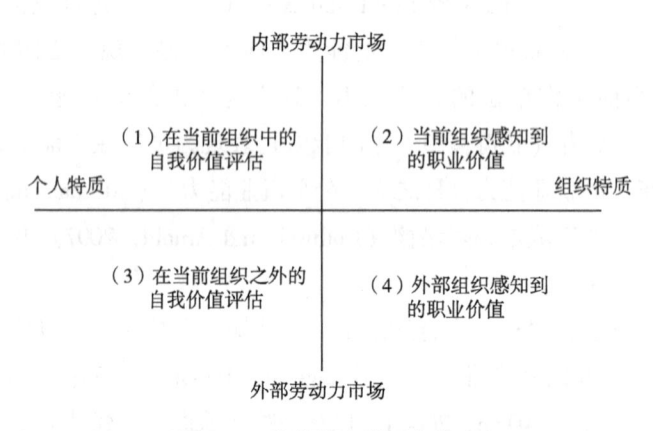

```
                      内部劳动力市场
                           │
          (1) 在当前组织中的   │  (2) 当前组织感知到
              自我价值评估    │      的职业价值
个人特质 ──────────────────────┼────────────────────── 组织特质
                           │
          (3) 在当前组织之外的  │  (4) 外部组织感知到
              自我价值评估    │      的职业价值
                           │
                      外部劳动力市场
```

图3-7 就业能力的两个维度

本研究中，去产能职工面临自身、个人环境及制度政策等多重要素制约，其就业能力仍然较低。作为微观个体的去产能职工对外部劳动力市场的适应能力较差。国有企业的去产能职工在观念上依然高度依赖国有企业，在市场环境中感知到的职业价值较低。

职业技能单一和技能的可转换性低也是造成去产能职工就业能力低的原因。大部分劳动者长期从事单一技能工作，且该类技能在钢铁、煤炭企业之外的应用很少，向其他行业转型困难。就业能力低加剧了去产能职工安置的困难。在访谈中了解到，由于大部分煤炭企业已经被国有企业收购，因而职工在提升个人技能以获得劳动力市场中职业机会的积极性并不高。"现在还有四五万职工子弟等着顶班，经常有人去办公室堵门。"一名国有煤炭企业的人力资源部负责人这样反馈。换句话说，国有去产能企业中的劳动者依然遵从传统雇佣关系的心理契约，将个体与企业之间的关系定义为终身雇佣，劳动者并未形成改善自身就业能力的心理契约，造成技能提升动力不足。单一技能和技能可转换性低是去产能职工就业能力的主要特征。

分流安置去产能职工的各种选项中，"内部退养"的措施支持劳动者退出劳动力市场；"公益性岗位托底帮扶"主要起公益托底作用，所创造的岗位进入门槛较低。这两类职工安置政策对于就业能力的要求较低。"企业内部分流"和"转岗就业创业"对去产能职工的就业能力要求较高，并且去产能职工的就业能力越高，越能在这两类安置政策中获得优势。"企业内部分流"强调职工的内部可雇用性，"转岗就业创业"强调职工的外部可雇用性。"转岗就业创业"中面向外部劳动力市场的安置政策，如本研究中新就业形态的介入，也强调劳动者所拥有的个人特质，如劳动者的学习能力、企业家精神等。个体劳动者面临的外部环境约束，如家庭负担、劳动力市场景气程度、劳动力市场歧视程度等，也会影响其就业能力，进而影响选择去产能职工安置的选项。在笔者的调研中，年轻职工在家庭负担较轻的情况下，愿意流动到同省的其他城市工作，但有家庭负担的职工基本上只愿意接受本地安置。

本研究对比了参与新就业形态的去产能职工，在参与前后就业能力的变化[1]，发现参与政策试点的去产能职工在内部就业能力和外部就业能力方面都发生了一些改变。去产能职工在参与了政策试点后，外部就业能力总分下降了，而内部就业能力总分上升了。

（五）稳健行动理论

上述四个理论方向从劳动者个体层面解释了去产能政策背景下劳动者个人做出职业选择或职业流动的推动力和原因，但对于去产能政策下解决受影响劳动者的生计问题，也需要从组织层面或宏观层面予以讨论，特别是在新就业形态这一新兴的力量介入传统的问题时，组织层面或宏观层面的解释同样重要，并且也有利于给出更符合组织或社会需求的政策建议。

---

[1] 详见第六章第三节"参加政策试点对去产能职工就业能力的影响"部分。

此外，去产能受影响企业职工安置问题不仅是供给侧结构性改革背景下职工安置的一个事例，同时也可以看成是快速变化的环境中解决企业用工问题的事例。例如，在国际贸易环境巨大变化中，也出现了大量制造业企业的迁移；在人工智能技术快速进入过程中，机器人对劳动者不断替代；或者由于不可抗力因素，如自然灾害、能源危机、疫情冲击等企业外部环境极速变化的情况，都需要地方政府和企业能够快速提出职工安置的解决办法。

在这种情况下，一种在最近的管理和组织文献中非常有前途的方法——强有力行动（robust action）可以提供帮助。费拉罗等介绍了应对重大挑战的强力行动方法，以解决其他组织方法尚未解决的长期问题：个体参与者如何扩大本地解决方案的规模以产生更大的影响（Etzion et al., 2017; Ferraro et al., 2015）。强有力行动通过创造条件，使不同的利益相关者能够产生创新并随着时间的推移保持参与，为扩大举措及其影响提供了一种有效的手段。

费拉罗等建议组织采用三个强有力的行动原则来实现这些条件：①提供一种支持利益相关者之间随着时间的推移进行建设性互动的结构——"参与式架构"。②保持相关利益相关者的不同观点——"多元印记"。③支持这些利益相关者采取行动，开发灵活且适应不断变化的环境的解决方案——"分布式实验"（Etzion et al., 2017; Ferraro et al., 2015）。结合这三个强有力行动原则，各个组织可以开发新颖的解决方案，以吸引更多利益相关者的参与。这些额外的利益相关者将带来新的知识和资源，组织可以利用它们随着时间的推移不断取得更大的胜利。

巨大挑战属于一类由于不完整、矛盾和不可预测的需求变化而难以解决的问题。巨大挑战背后的基本原则是追求大胆的想法和采用不太传统的方法来解决大的、未解决的问题（Colquitt and George, 2011; George, 2014）。鉴于巨大挑战的复杂性、不确定性和评估性质，学术界和实践界普遍认为，要克服巨大的障碍，需要不同利益相关者之间的协作努力（George et al., 2016）。最近，学者们认为，强有力的行动可能是应对重大挑战的一种非常有效的方法，因为它产生了新的解决方案，并使实现预期结果所需的持续参与成为可能（Etzion et al., 2017; Ferraro et al., 2015）。

在本书所讨论的去产能受影响企业职工向新就业形态转移的事例中，不同地区政府或企业采取了截然不同的态度，形成了不一样的安置结果。政府部门面临去产能企业职工安置的巨大挑战，所采取的就是强有力行动的方法。这些方法包括引入新的利益相关者（如电商平台、网约车出行平台），通过试点政策构建传统企业和新就业形态平台企业之间对话的基础和框架，即形成强有力行动的"参与式架构"。山西省政府允许平台企业根据自己的优势提出解决方案，鼓励山西煤炭企业与平台企业接触沟通，形成"多元印记"。在山西省政府的支持下，最终形成了滴滴出行平台支持焦煤等企业去产能职工向网约车司机转岗的政策试点，达到"分布式实验"的结果。与山西省政府采取强有力行动的方式不同，东北地区政府拒绝了和平台企业之间的合作，即在利益相关者引入环节就没有采取强有力行动。

强有力行动的潜在缺陷是这些原则产生动力所需的时间（Etzion et al.，2017），这是阻碍去产能职工向新就业形态转岗的主要困难之一。去产能主要由政策与行政命令推动，因而地方政府对于达成绩效目标有很急迫的时间要求。在短时间内，大部分去产能职工安置的措施都是由政府预先设置好的，没有给更多利益相关者留下创新地解决问题的空间。

在去产能职工安置或下岗职工安置的过程中，时间资源几乎都是最稀缺的资源之一。对于政策制定者而言，一般会设置提前的预案，同样也会设置时间期限。安置时间甚至会成为安置措施执行者的任务目标。对于职工而言，要在很短的时间内做出几乎改变职业生涯甚至改变命运的决策，显然是非常不易的。在去产能的调研中可以了解到，职工会反复确认事件的趋势，经过与组织的反复沟通、权衡各类安置选项的成本和收益后才做出选择。如果利益相关方没有充分的时间资源，就很难产生符合各方利益的创新做法，其结果往往是弱势一方的利益受到损害。

第四章
新就业形态支持去产能职工就业总体情况

本次供给侧结构性改革化解过剩产能的同一时期，依托数字技术的平台经济在中国快速崛起，形成各类新就业形态，一定程度上缓解了去产能过程对职工和社会产生的冲击。

各类新就业形态的产生对去产能职工最大的帮扶在于为大量暂时失去收入来源的去产能职工提供了获得收入的机会。去产能职工化身为滴滴司机、外卖骑手、家政服务员，在短时间内依靠新就业形态获得的收入支撑起家庭和个人的生活。《2018年外卖骑手群体研究报告》显示，高达31%的送餐骑手曾为去产能行业的工人，他们承担了经济结构转型的痛苦和代价。由于跑腿送餐几乎没有门槛，因而做一名送餐骑手成为他们再就业的首选。外卖平台饿了么的数据显示，以煤城鹤岗为例，约有10%的饿了么骑手曾做过矿工。在去产能过程中，大批传统行业工人转型到新就业形态中寻找生存空间。本章以北京市共享经济平台劳动者调查数据和网约车平台抽样数据为基础，讨论新就业形态支持去产能职工就业的总体情况。

本次调研使用了北京市共享经济平台劳动者调查。该调查共收回问卷1 400份，其中有效问卷1 338份。问卷调查涉及交通出行、生活服务和物流快递三大共享经济领域1 338名劳动者，涵盖滴滴、58到家、E代驾、闪送、国安社区、医护到家、口袋律师等25家代表性平台以及网约车驾驶员、网约家政服务员、网约快递员、网约美甲师、网约搬家人员、网约律师、网约教师、网约医护人员等10个职业的劳动者[①]，其中下岗失业后再就业的劳动者占比为19.21%。

同时，本研究课题组调研了去产能任务最为繁重的山西、河北、黑龙江、吉林、辽宁五省，通过网约车平台对这五省网约车司机发送调研问卷。调查对象为五省17个月期间（2016年1月1日至2017年6月30日）在网约车平台注册以及有收入的所有专、快车车主。有收入车主定义为在滴滴出行平台完成1单及以上交易并获得收入的车主。问卷调查共回收问卷31 826份，其中有效问卷31 823份。

一、新就业形态中去产能职工的特征

（一）进入新就业形态的下岗失业者特征

北京市共享经济平台劳动者调研于2017年完成，因此该调研中，有相当

---

① 详见第一章第四部分的数据来源。

比例的下岗失业者来自去产能行业。表 4-1 显示了本次调研中进入新就业形态劳动者的个人信息和家庭信息。下岗失业者主要集中于 25~54 岁，其中 35 岁以上比例偏高，达到 63.8%；失业者中男性占比高于女性，男性失业者与女性失业者相比大约为 6∶4；失业者学历水平主要为中等学历劳动者，高学历劳动者如大学本科及以上的比例不到 3%，但高中或中专、大专或高职的比例都达到 37% 左右，初中以下学历占比约四分之一；下岗失业者存在一定的家庭负担；78.60% 的劳动者已婚；80.2% 的劳动者育有 1 个及以上的子女；大部分下岗失业人员都具有本地户籍（这可能是由于去产能行业如煤炭行业主要以国有企业为主）。

表 4-1 进入新就业形态的下岗失业者个体信息

变量		全样本（%）	下岗失业者（%）
年龄	24 岁及以下	8.45	3.50
	25~34 岁	41.03	32.68
	35~44 岁	35.20	38.52
	45~54 岁	13.98	23.35
	55~64 岁	1.35	1.95
性别	男	61.21	57.59
	女	38.79	42.41
学历	初中及以下	24.59	23.74
	高中或中专	31.54	36.96
	大专或高职	26.16	36.96
	大学本科	14.28	2.33
	硕士及以上	3.44	0
户籍情况	本地户口	46.79	55.25
	非本地户口有居住证	34.08	33.46
	非本地户口无居住证	19.06	11.28
婚姻状况	已婚	77.35	78.60
	未婚	22.27	20.23
	拒绝回答	0.37	1.17

续表

变量		全样本（%）	下岗失业者（%）
子女个数	无	26.83	19.46
	1个	49.33	62.65
	2个	21.75	17.12
	3个以上	1.72	0.39
	拒绝回答	0.37	0.39

2017年，以移动互联网和数字技术作为推动力量的平台经济创业迅猛发展，带动了各个职业类别中都出现了以平台作为组织基础的新就业形态。在北京市共享经济平台中，参与网约车平台的人数比例是最高的，其他如网约按摩师、网约洗车人员、网约厨师等也都有一定比例。进入新就业形态的下岗失业者职业分布情况与新就业形态发展状况密切相关（表4-2）。由于新就业形态发展时间较短且市场环境变化迅速，有些职业类别随着自身业态发展而逐步壮大，有些职业随着业态发展减弱而逐渐式微。因此，在2018年后逐步发展壮大的外卖骑手在这次调研中并没有体现出来。

表4-2 进入新就业形态的下岗失业者职业分布

职业	比例（%）	职业	比例（%）
网约车驾驶员	34.24	网约快递员	5.45
网约美甲师	1.56	网约搬家人员	0.78
网约维修人员	2.72	网约厨师	14.40
网约家政服务员	5.45	网约洗车人员	15.18
网约按摩师	19.46		

表4-3说明进入新就业形态的下岗失业者主要以专职工作为主，占比达到74.3%。这反映了新就业形态已经成为下岗失业者再就业的重要支撑。

表4-3 进入新就业形态的下岗失业者专兼职分布

职业	全样本（%）	下岗失业者（%）
专职做网约工	43.05	74.32
有本职工作，兼职做网约工	51.12	21.01
以做网约工为主，兼职做其他工作	5.83	4.67

（二）网约车平台中煤炭、钢铁行业去产能职工的个人特质

进入新就业形态的下岗失业者有三分之一的比例选择了网约车工作，因此，课题组调研了去产能任务最为繁重的山西、河北、黑龙江、吉林、辽宁五省网约车司机的工作情况。表4-4显示了五省网约车司机总体以及五省中来自钢铁、煤炭行业网约车司机的个体情况。通过比较发现，参与网约车工作的去产能职工更年轻，以22~40岁的青壮年男性为主。去产能职工中男性比例更高，这与煤炭、钢铁企业中主要工作岗位以男性为主有关。

表4-4 网约车平台全样本与煤炭、钢铁行业去产能职工的个体特征

变量		全样本（%）	钢铁、煤炭企业（%）
年龄	22~30岁	19.06	22.65
	30~40岁	29.95	33.47
	40~50岁	16.48	17.37
	50岁以上	34.50	26.50
性别	男	95.69	97.07
	女	4.31	2.93
学历	初中及以下	22.96	18.52
	高中或中专	38.35	40.75
	大专或高职	23.76	27.15
	大学本科	13.78	12.71
	硕士及以上	1.14	0.86
户籍情况	本地户口	69.84	81.21
	非本地户口有居住证	18.75	10.85
	非本地户口无居住证	11.40	7.94
工作年限	0~5年	7.65	6.20
	5~10年	22.43	25.99
	10~20年	42.76	42.05
	20年以上	27.16	25.76

学历上，参与网约车工作的去产能职工在"初中及以下"的比例低于全部样本车主，在"高中或中专""大专或高职"的比例高于全部样本，显示参与网约车工作的去产能职工有相对较高的受教育水平。户籍方面，参与网

约车平台的去产能职工拥有本地户籍的比例更高。

工作年限方面，去产能职工与全部样本差异不大，平均工作年限为15~16年。工作年限15年以下的去产能职工中，兼职比例更高；工作年限15年以上的去产能职工中，专职比例更高。

相对于五省全样本网约车司机，参与网约车工作的去产能职工具有相对更高的人力资本水平。这也反映了受去产能影响的劳动者，在去产能过程中遭遇了更严重的损失。尽管与全样本劳动者相比，去产能职工的人力资本水平更高，但他们与其他劳动者进入了相同的劳动力市场。

表4-5显示了五试点省网约车平台车主整体与来自煤炭、钢铁行业去产能职工的家庭特征。通过家庭特征的统计描述，可以发现大多数去产能受影响职工正处于家庭负担最重的阶段，网约车平台收入成为去产能车主持续稳定的重要收入保障。参与网约车工作的职工中，有超过八成职工育有子女，家庭负担较重。已婚车主占网约车平台车主的大多数。已婚车主中，绝大部分育有子女。31.72%的全部样本车主和31.12%的去产能职工育有2个及以上数量的子女。52.3%的去产能职工子女处于学龄前。总体而言，对全部样本车主和去产能职工而言，都有较大的养育子女的压力。

表4-5 网约车平台全样本与煤炭、钢铁行业去产能职工的家庭特征

变量		全样本（%）	钢铁、煤炭企业（%）
婚姻状况	未婚	9.84	7.23
	已婚	86.30	89.34
	离异	3.86	3.44
子女个数	无	7.48	5.72
	1个	60.80	63.16
	2个	29.05	29.04
	3个及以上	2.67	2.08
最小子女年龄	3岁以下	26.22	28.71
	3~7岁	24.39	23.97
	7~13岁	23.49	23.72
	13岁以上	25.91	23.60

续表

变量		全样本（%）	钢铁、煤炭企业（%）
家庭中的就业人数	无	3.98	2.65
	1个	28.99	31.41
	2个	52.56	53.10
	3个以上	14.46	12.84

网约车工作保障了有家庭债务的去产能职工的收入现金流不中断。家庭贷款情况是反映家庭负担的重要指标之一。课题组调查了网约车司机的家庭贷款情况。图4-1显示40.8%的去产能职工都承担了住房贷款，23.9%的去产能职工承担了购车贷款，7.53%承担了商业贷款。去产能职工家庭的高负债程度决定了无论使用何种方式安置去产能职工，都应当尽可能保持职工收入现金流的稳定性；否则，在面临家庭负债的情况下，不产生收入现金流或收入现金流中断一段时间的就业安置方式很难受到职工欢迎。而网约车工作的低门槛和较高水平的收入保障可以使去产能职工的收入现金流保持在一个稳定的水平，从而不至于使其生活陷入困顿。这与20世纪90年代下岗职工失业后，无法获得足够的市场就业机会而导致家庭生活陷入困顿的情景截然不同。

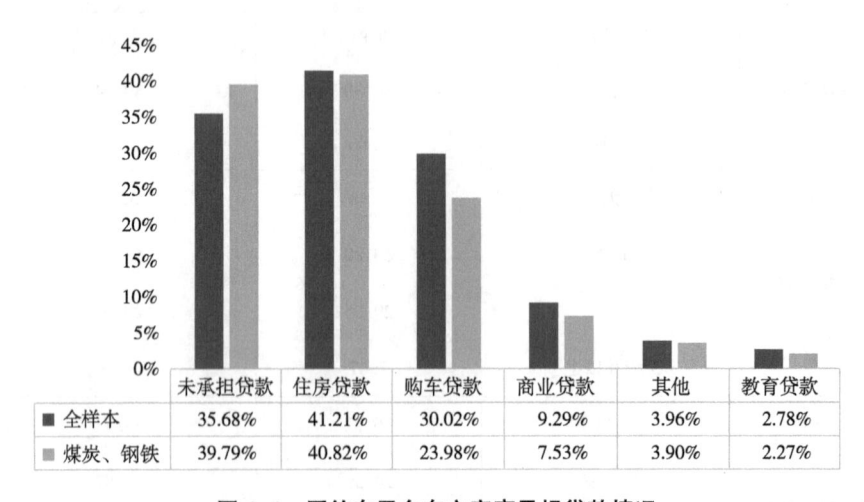

	未承担贷款	住房贷款	购车贷款	商业贷款	其他	教育贷款
全样本	35.68%	41.21%	30.02%	9.29%	3.96%	2.78%
煤炭、钢铁	39.79%	40.82%	23.98%	7.53%	3.90%	2.27%

图4-1 网约车平台车主家庭承担贷款情况

网约车工作成为去产能职工中零就业、单人就业家庭的主要收入来源。

在调研数据中，双人就业家庭是去产能职工家庭就业的主要模式，但仍有相当比例的零就业、单人就业家庭存在。图4-2显示了参与网约车平台车主的家庭就业人数，占比最高的是双人就业家庭。夫妻双方都在工作的家庭，无论在全部样本还是在去产能职工样本都超过了50%。但需要注意的是，去产能职工中零就业、单人就业家庭仍然占到34.06%。零就业家庭的占比为2.65%，即夫妻双方都没有工作。仅有1人就业的家庭比例也达到31.41%。因此，如果不能在去产能过程中实现职工快速安置，可能会造成一大批家庭陷入生活困难。

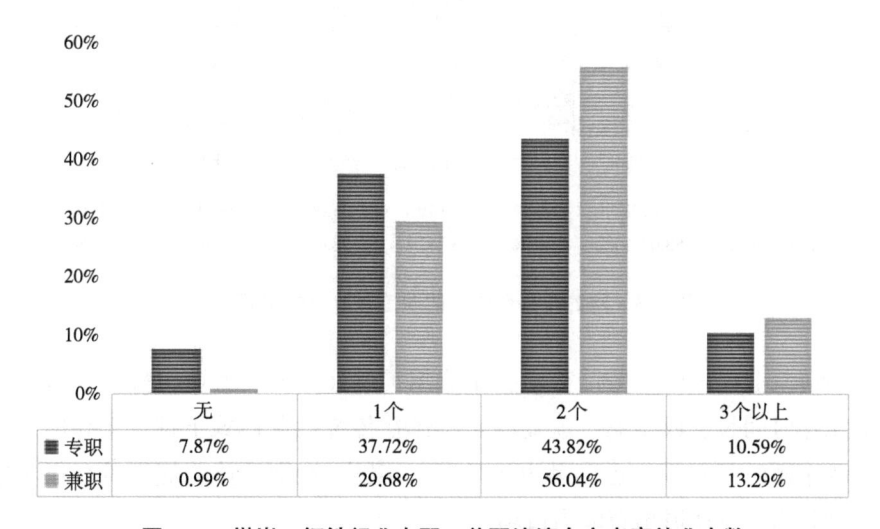

	无	1个	2个	3个以上
专职	7.87%	37.72%	43.82%	10.59%
兼职	0.99%	29.68%	56.04%	13.29%

图4-2 煤炭、钢铁行业专职、兼职滴滴车主家庭就业人数

综上所述，大多数去产能职工正处于家庭负担最重的阶段，面临着住房、子女抚养、教育、医疗、照顾老人等多方面的实际支出压力。网约车工作帮助去产能职工快速获得就业机会。大部分去产能职工以网约车平台作为增加日常收入、贴补家用的重要手段。网约车平台收入也成为一部分零就业家庭、单人就业家庭唯一的收入保障。

（三）去产能职工再就业存在的困难

钢铁、煤炭去产能行业职工再就业面临着较多困难。图4-3显示"学历低"和"年龄偏大"是去产能职工再就业过程中遇到的主要困难，占比分别为53.03%和43.43%。同时，技能和经验的缺乏也造成了去产能职工再就业困难。与全部样本车主相比，去产能职工认为经验缺乏造成再就业困难的比例更高。访谈中了解到，煤炭、钢铁行业工人所从事的主要是体力类劳动，掌握的技能较为单一，社会经验简单，这对于去产能职工转移安置或再就业造成困难。

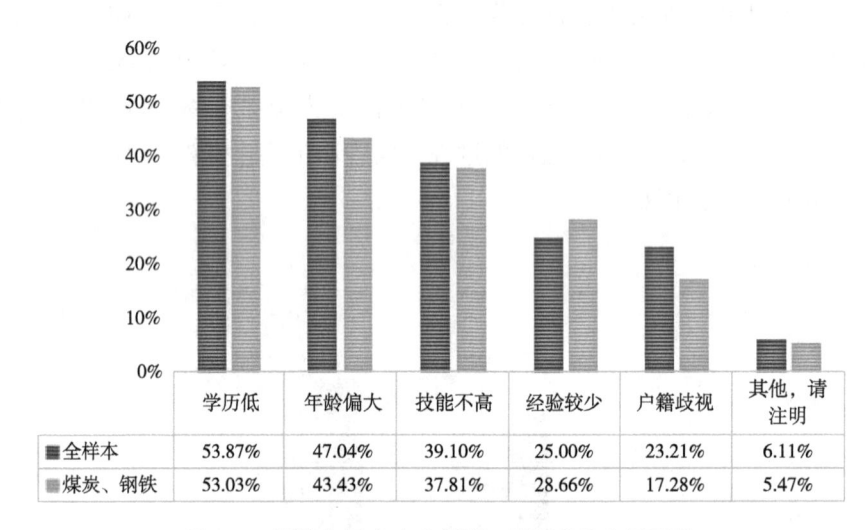

	学历低	年龄偏大	技能不高	经验较少	户籍歧视	其他，请注明
全样本	53.87%	47.04%	39.10%	25.00%	23.21%	6.11%
煤炭、钢铁	53.03%	43.43%	37.81%	28.66%	17.28%	5.47%

图 4-3　网约车平台去产能职工再就业的主要困难

传统就业模式中，劳动需求受企业用工偏好影响，就业门槛高，劳动者搜寻工作时间长、成本高。就业困难群体在传统就业模式下搜寻工作时，不仅收入中断时间较长，也容易由于学历、年龄、性别、技能等不符合市场要求受到打击，从而退出劳动力市场。

以网约车工作为代表的新就业形态，可以帮助去产能职工克服传统就业模式下再就业的困难。网约车平台工作进入门槛较低，为去产能职工创造了仅依靠开车技能就可以获得收入的机会。同时，在网约车平台工作可以增加煤炭、钢铁职工接触消费者与其他行业的机会。在访谈中了解到，在矿井工作的一线工人中，有一部分受过大专以上学历教育。这部分职工认为在滴滴出行平台工作不仅帮助自己增加了收入，也增加了与人沟通、交流的机会。访谈中有职工表示，相比井下繁重的工作而言，更喜欢从事网约车工作，愿意成为全职的平台车主。以山西焦煤集团屯兰矿职工从事网约车工作为例：

50岁的刘保国是山西焦煤集团屯兰矿的矿工。过去，他在井下看管水泵。"每天在矿下，头上戴个矿灯，一个人，一条凳子，就在那干坐着，守着三个泵，眼睛就直勾勾地盯着水池里的标尺。"刘保国说，自己有时候无聊到睡着,也会被自己突然吓醒。如今,刘保国是接了7 000多单的滴滴老车主。开着车,遇见各种乘客,有说有笑,还能挣钱,他发现这和自己孤独地待在矿里感觉完全不一样。"没有滴滴,我可能不会接触到互联网经济。"刘保国说,"自己年龄大了,是滴滴让他和年轻人们站在了一样的起跑线上。"

在去产能职工再就业安置的多个可选项中,从事新就业形态相关工作给予了职工在劳动力市场工作的机会。与内部退养、公益性岗位托底帮扶等措施相比,从事新就业形态可以让职工在市场上获得自身价值。

(四) 新就业形态收入占去产能职工收入比重较大

新就业形态之所以能够吸引包括去产能职工等在内的大量劳动者进入,很重要的原因在于其收入水平相对劳动力市场平均水平有一定优势。

1. 进入新就业形态的下岗失业者收入满意度高

北京市共享经济平台调研中,从事新就业形态的下岗失业人员主要收入水平集中于4 000~5 000元,4 000元以上占比为62.3%(表4-6)。下岗失业人员收入水平高于全样本的原因在于专职比例更高。

表4-6 进入新就业形态的下岗失业者收入情况

变量		全样本(%)	下岗失业人员(%)
月均收入	1 890元以下	21.97	5.84
	1 890~3 000元	22.80	11.28
	3 001~4 000元	19.06	20.62
	4 001~5 000元	15.92	31.13
	5 001~6 000元	10.09	18.68
	6 001~7 000元	4.26	3.89
	7 001~8 000元	3.66	6.61
	8 001~9 000元	1.12	1.17
	9 001~10 000元	0.22	0
	10 000元以上	0.90	0.78
收入变化	增加了	70.78	78.99
	基本持平	23.69	16.73
	减少了	5.53	4.28

续表

变量		全样本（%）	下岗失业人员（%）
对收入是否满意	非常满意	21.15	8.17
	比较满意	46.71	72.37
	一般	25.64	13.62
	比较不满意	3.96	3.89
	非常不满意	2.32	1.95

78.9%的下岗失业人员认为进入新就业形态后收入增加了，仅有4.3%的下岗失业人员认为进入新就业形态后收入减少了，因此，大部分下岗失业者对于在新就业形态工作的收入水平是满意的。

进入新就业形态的下岗失业者在不同职业收入水平存在一定差异。表4-7显示了下岗失业者在不同职业的收入水平。不同职业收入水平分布存在差异。网约车驾驶员、网约快递员的收入水平呈现了"两头分布"的模式，即低收入群体（3 000元及以下）和高收入群体（5 000元及以上）的比例高，而中间收入水平（3 000~5 000元）的比例低于平均水平，反映了这两类职业存在兼职和专职两个从业者群体。大部分职业的收入水平集中于3 000~5 000元。网约车驾驶员的收入相对较高，48.9%的网约车驾驶员收入水平集中于5 000~9 000元。

表4-7 进入新就业形态不同职业的下岗失业者收入水平

职业	3 000（含）元（%）	3 000~5 000元（%）	5 000~9 000元（%）	9 000元以上（%）
网约车驾驶员	20.5	28.4	48.9	2.3
网约美甲师	0.0	75.0	25.0	0.0
网约维修人员	28.6	42.9	28.6	0.0
网约家政服务员	7.1	71.4	21.4	0.0
网约按摩师	16.0	56.0	28.0	0.0
网约快递员	42.9	21.4	35.7	0.0
网约搬家人员	50.0	50.0	0.0	0.0
网约厨师	10.8	70.3	18.9	0.0

续表

职业	3 000（含）元（%）	3 000~5 000元（%）	5 000~9 000元（%）	9 000元以上（%）
网约洗车人员	7.7	87.2	5.1	0.0
网约律师、网约教师、网约医护	50.0	0.0	50.0	0.0

在新就业形态的各类职业中，成为网约车驾驶员的下岗失业者收入满意度总体上较高，非常满意和比较满意的比重接近70%，不满意的比例低于10%（表4-8）。

表4-8 进入新就业形态不同职业的下岗失业者收入满意度

职业	非常满意（%）	比较满意（%）	一般（%）	比较不满（%）	非常不满意（%）
网约车驾驶员	12.5	55.7	21.6	6.8	3.4
网约美甲师	25.0	50.0	25.0	0.0	0.0
网约维修人员	42.9	14.3	14.3	14.3	14.3
网约家政服务员	21.4	50.0	14.3	14.3	0.0
网约按摩师	0.0	96.0	4.0	0.0	0.0
网约快递员	7.1	28.6	50.0	7.1	7.1
网约搬家人员	50.0	50.0	0.0	0.0	0.0
网约厨师	0.0	94.6	5.4	0.0	0.0
网约洗车人员	2.6	97.4	0.0	0.0	0.0
网约律师、网约教师、网约医护	0.0	50.0	50.0	0.0	0.0

2. 网约车平台收入占去产能职工个人收入比重较大

与北京市共享经济平台调研结论相似，五省调研数据显示，传统去产能行业（包括煤炭、钢铁行业在内）职工在网约车平台的月平均收入为2 842.4元，煤炭、钢铁行业去产能职工在网约车平台的月平均收入为2 509.4元。

网约车平台对于去产能行业职工保持一定的收入水平是非常重要的。课题组调研了去产能职工中兼职网约车司机当前工作的月均收入（即在当前单位的收入），以及专职从事网约车的去产能职工在开滴滴之前的月均收入（开网约车以前在单位的收入)。从图4-4可以看出,33.8%的兼职车主,当前工作的月均收入在3 000元以下;46.5%的兼职车主,当前工作的月均收入为3 000~5 000元。在网约车平台工作的去产能职工中,有三分之一其月均收入(2 509.4元)约等于其当前工作的收入。

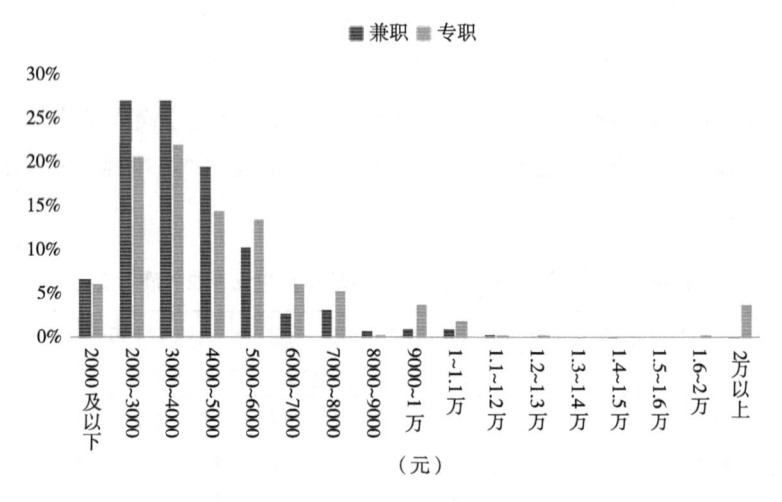

图4-4 网约车平台去产能职工在当前或以前单位的月均收入

总体上看,从事网约车工作的月均收入占煤炭、钢铁两个行业去产能职工月均收入的25.8%。四分之一去产能职工的平台收入占其个人收入比重接近44.9%。煤炭、钢铁行业中专职跑网约车的职工,平台月均收入占个人月均收入的87.6%,占家庭月平均收入的58.8%。兼职跑网约车的职工,平台月收入占个人月收入平均为18.1%。零就业家庭职工的网约车平台收入占其家庭总收入平均为77.1%。网约车平台为职工增加了获得收入的渠道,极大地帮助了去产能职工减轻家庭负担。白家庄矿业公司职工在网约车平台兼职工作的案例清晰地展现了网约车工作支撑去产能职工收入的重要性。

2016年10月,有着82年历史的山西焦煤集团下属白家庄矿业公司,在全国煤炭去产能的大潮中第一批关闭。原强是白家庄矿业公司的一名库工,2007年技校毕业去了白家庄矿业公司。那时候,虽然每月工资仅1 000元,但和在白家庄矿业公司当井下瓦斯检测员受了工伤的父亲比起来,原强非常满足。2016年9月,原强也被迫离开白家庄矿业公司,去山西焦煤旗下的一家幼儿园当了名厨师。"每天给200多个娃娃做饭,不比当库工轻松,工资却降了不少。"如今,原强的儿子18个月,妻子在家全职带孩子,父亲受工伤在家休整,家庭的重担全压在了原强身上。现在工作之余,他也开起了滴滴。他算了一笔账,在幼儿园每天工作 8 小时,平均日薪 51 元,而开滴滴,可能一个订单的收入就有 50 元。但他不愿意放弃国企的工资,选择兼职跑滴滴。原强是家里唯一的经济支柱,"兼职跑滴滴的收入,占了我每月收入的大半"。

3. 网约车平台小时工资较高

五省调研数据中,传统去产能行业(包括煤炭、钢铁行业在内)职工在网约车平台的小时工资为 68.2 元/小时,煤炭、钢铁行业去产能职工在网约车平台的小时工资为 64.9 元/小时。

课题组参考了《北京市 2016 年企业工资指导线》和《广州市 2016 年人力资源市场工资指导价位》,按照每天工作 8 小时,每个月工作 20.83 天计算[1],北京市"汽车驾驶员"这一职业的平均小时工资为 32.89 元,广州市"道路汽车客运驾驶员"的平均小时工资为 37.55 元。网约车平台去产能职工平均 68.2 元的小时工资,与 2016 年北京市"汽车驾驶员"最高小时工资水平(70.72 元/小时)接近,高于 2016 年广州市"道路汽车客运驾驶员"的最高小时工资水平(54.40 元/小时)。

结合上述各项特征我们发现,进入新就业形态的去产能职工以青壮年男性为主。他们大部分都是家庭中的支柱力量,普遍承担着未成年子女教养的负担,大部分承担着住房、购车、商业贷款等方面的债务。同时,去产能职工再就业面临着年龄、学历、技能、经验等多方面困难,短期内转岗就业的难度较大。如果去产能职工长时间内无法获得有收入的岗位,其家庭生活压力就会进一步加剧,负债违约风险也会加大。因此,短期而言,去产能职工普遍愿意选择就业门槛相对较低但能够保持收入、现金流不中断的岗位。

网约车工作特征符合去产能职工的就业需求。一方面,网约车平台可以使去产能职工获得相对较为稳定,且回报水平相对较高的收入;另一方面,开车这项技能相对简单,不需要车主花太多时间额外学习技能。同时,在网约车平台工作可以增加煤炭、钢铁职工接触消费者与其他行业的机会,为其再就业提供帮助。因此,网约车工作可以成为帮助去产能职工,特别是男性去产能职工完成短期再就业安置的选择之一。

---

[1] 每天工作 8 小时,每个月工作 20.83 天为《劳动法》所规定,车主实际工作时长可能更长,此处仅作为参考。

二、去产能职工在新就业形态中的工作现状

(一) 新就业形态工作安排和工作时间灵活

新就业形态中，劳动者可以相对自主地安排工作时间，这是新就业形态不同于传统就业的重要特点之一。自由进出岗位、自主安排时间使得劳动者可以通过兼职获得本职工作以外的收入，这也是不同于20世纪90年代下岗潮中的情况。新就业形态以数字化平台为组织基础，劳动者直接对接市场需求，生产率大幅度提升。

表4-9显示了北京市共享经济平台调研中，新就业形态不同职业的专兼职分布。其中，兼职的平均比例为56.9%。兼职比例最高的职业包括网约车驾驶员、网约美甲师、网约快递员、网约搬家人员等，兼职比例都在60%以上，其中大部分都是有本职工作、兼职做网约工的劳动者。

表4-9 新就业形态不同职业的专兼职分布

职业	专职做网约工（%）	有本职工作，兼职做网约工（%）	以做网约工为主，兼职做其他工作（%）
网约车驾驶员	35.1	59.9	5.0
网约美甲师	27.3	63.6	9.1
网约维修人员	40.0	48.3	11.7
网约家政服务员	73.0	19.0	8.0
网约按摩师	55.4	40.2	4.4
网约快递员	35.7	56.3	8.0
网约搬家人员	34.5	62.1	3.5
网约厨师	39.0	57.3	3.7
网约洗车人员	73.6	24.1	2.3
网约律师、网约教师、网约医护	10.8	83.8	5.4

在网约车平台工作的去产能职工也以兼职为主，来自煤炭、钢铁行业的职工中，77%选择了兼职工作，23%选择在网约车平台专职工作。无论是全样本车主还是去产能职工，在网约车平台工作的时间分布呈现了明显的兼职工作为主、专职工作为辅的特点。这说明了网约车平台工作的本质是共享经济

下的工作模式，即工作时间灵活性强，进入退出门槛低，车主可以根据自己的实际情况确定愿意供给的劳动时间。绝大部分车主工作时间很短，少部分车主工作时间较长。这样的工作模式更有利于照顾家庭，有利于参与者保持工作、家庭平衡。对于去产能行业受影响的职工而言，这样的模式可以在其完成正常工作之余，赚取额外的收入补贴家用。

新就业形态允许劳动者自主安排工作时间，因此劳动者每周可能工作不同天数或每天工作不同小时数。比较下岗失业者与全部样本劳动者可以发现，下岗失业者的工作时间更长。周工作天数中，下岗失业者选择工作六天的比例远高于全样本劳动者。每天工作小时数方面，下岗失业者工作8小时以上的比例也更高。工作时间的安排反映了下岗失业者更需要新就业形态提供的就业机会。由于下岗失业者面临更大的生活压力，需要在平台上工作更长时间以换取更多收入。

同样在网约车平台上，去产能职工在线时长及服务时长均高于全样本车主的同类时长（表4-10），其对网约车平台的依赖性也相对更强。图4-5显示了五试点省份网约车平台车主与去产能职工在线时长的分布。从在线时长即车主劳动供给的意愿和数量来看，网约车平台车主的月平均在线时长为51.2小时，相当于6.4个标准工作日。月平均在线时长在100小时以上的车主，占网约车平台的比重为17.3%。煤炭、钢铁行业的去产能职工愿意在网约车平台上工作的时间稍长于总样本车主的时间。去产能职工的月平均在线时长为54.6小时，相当于6.8个标准工作日。月平均在线时长在100小时以上的去产能职工，占网约车平台去产能职工群体的比重也为17.3%。

表4-10 进入新就业形态的劳动者工作时间安排

变量		全样本（%）	下岗失业者（%）
参与网约工作时间	半年及以下	24.29	10.89
	半年~1年（含）	37.07	53.70
	1~2年（含）	24.36	21.40
	2年以上	14.28	14.01
周工作天数	7天	17.94	12.45
	6天	29.52	54.86
	5天	14.20	16.73
	4天	7.10	1.17

续表

变量		全样本（%）	下岗失业者（%）
周工作天数	3 天	11.21	5.84
	2 天	13.30	7.78
	1 天及以下	6.73	1.17
每天工作时间	4 小时及以下	28.70	4.28
	4~8 小时（含）	45.14	59.53
	8~11 小时（含）	20.33	28.02
	11 小时以上	5.83	8.17

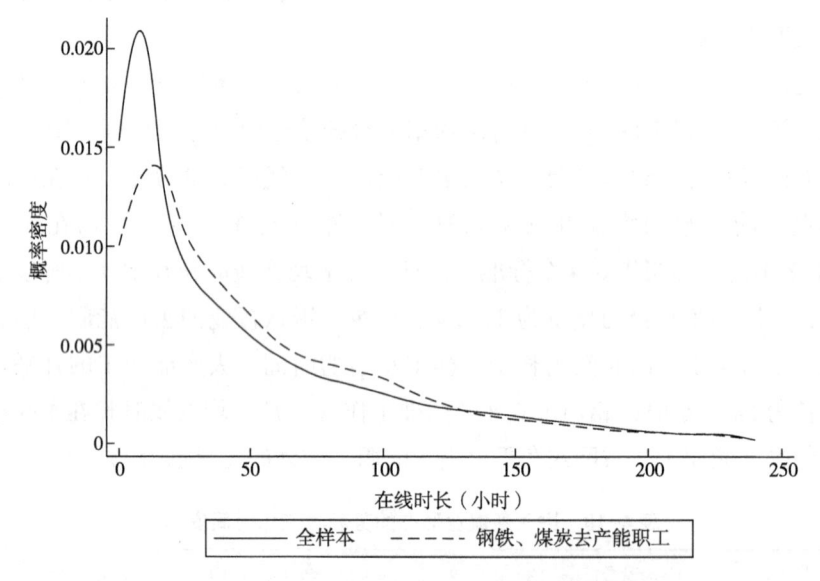

图 4-5 网约车平台车主与去产能职工在线时长分布

来自煤炭、钢铁行业的去产能职工工作时间相对更加集中，是因为在全样本网约车司机中，有很多仅仅是将网约车平台工作当作一种业余爱好，而去产能行业职工更多将网约车平台工作作为额外收入的主要来源，因此愿意供给服务的时间也更长。

图 4-6 显示了五试点省网约车平台车主与去产能职工服务时长的分布。网约车平台车主的月平均服务时长为 41.1 小时，相当于 5.1 个标准工作日。月平均服务时长在 100 小时以上的车主，占网约车平台的比重为 17.7%。煤

炭、钢铁行业的去产能职工的月平均服务时长为 30 小时，相当于 3.75 个标准工作日。月平均服务时长在 100 小时以上的去产能职工，占网约车平台去产能职工群体的比重为 25.2%。

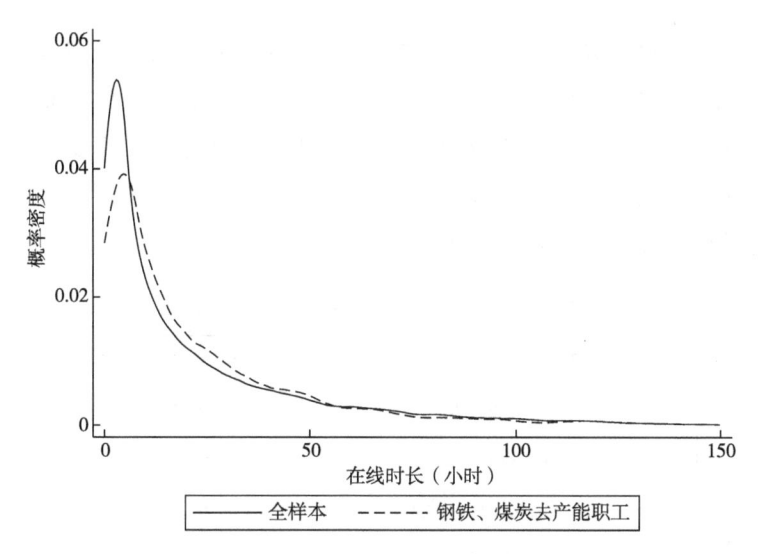

图 4-6　网约车平台车主与去产能职工服务时长分布

自由进出岗位、自主安排时间的网约车工作不仅为劳动者兼职带来了收入，也满足了很多去产能职工的时间偏好。以铁西区的下岗职工在网约车平台工作的案例为例：

沈阳市铁西工人村的魏岩，下岗后依靠给别人开出租车赚钱养家。租车来开，每天 160 元的份子钱和每月 1 800 元的管理费压得他喘不过气。2011 年 9 月，魏岩的父亲患上了尿毒症，从那时开始，每周三天，他还得开出租车去医院接送父亲。"我什么时候能有个工作，不用交份子钱，不但能照常接送父亲看病，还能赚钱养活老婆孩子呢？"魏岩多么希望有一个相对自由而且收入稳定的工作。2016 年 4 月，经人介绍，魏岩注册了滴滴快车车主。从 2016 年 4 月到 2017 年 4 月一年的时间里，魏岩完成了 5 976 个滴滴快车订单，这足以让他获得不错的收入，还获得了自由地送父亲去医院的时间。"开滴滴，自由度很大，如果要送父亲去医院，晚上我就多跑几小时，弥补回来。"

在传统就业形态的标准工时制下，类似魏岩这样的困难，可能很难匹配合适的工作，但是新就业形态的灵活性可以满足去产能职工对工作和生活安排的特殊需要。从满足偏好的角度，新就业形态的工作提高了劳动者的效用水平。

(二) 去产能职工选择进入新就业形态原因分析

表 4-11 反映了劳动者选择进入新就业形态的原因。进入新就业形态的劳动者，主要目标就是增加收入。但是对于下岗失业者，进入新就业形态的原因更加多样。增加收入依然是下岗失业者进入新就业形态的主要目标。除此之外，再就业、平衡工作和家庭、自由度更高、就业机会多、进入门槛低等都是下岗失业者选择新就业形态的原因。

表 4-11 劳动者选择进入新就业形态的原因

	变量	全样本（%）	下岗失业者（%）
周工作天数	增加收入	26.7	15.1
	平衡工作和家庭生活	13.1	13.3
	下岗失业后再就业	6.7	18.3
	自由度更高	15.5	14.5
	平台就业机会多，传统方式机会少	11.2	13.0
	进入门槛较低	10.7	13.0
	一边挣钱一边寻求稳定的全职工作	6.7	10.2
	在本职工作以外获得额外收入	9.2	2.6
	其他	0.2	0.0

多种选择的原因，反映了进入新就业形态更像是下岗失业者的被动职业选择。面临不同境遇的下岗失业者在新就业形态中满足各自不同的目标。这当中的主要目标仍然是获得工作机会，"下岗失业后再就业"、"平台就业机会多，传统方式机会少"、"进入门槛低"以及"一边争取一边寻求稳定的全职工作"等，本质上都反映了下岗失业者在新就业形态获得的可能是长期的就业机会（"平台就业机会多，传统方式机会少"），也可能是短期的就业机会（"一边争取一边寻求稳定的全职工作"）。而增加收入在下岗失业者的选择中是第二位的。

在网约车平台的调研中，课题组询问了为什么去产能职工选择该工作。相比网约车平台的一般车主，"企业倒闭或裁员""原工作单位存在下岗风险""去产能人员分流"是去产能职工加入网约车平台的重要因素。

图4-7显示了网约车平台专职车主放弃之前正规工作转向网约车平台工作的原因。之前的工作收入低、工作时间不灵活等是专职车主选择放弃先前工作并转而加入网约车平台的主要原因；之前的工作辛苦、工作离家远等原因也促使部分车主放弃之前工作，转而在网约车平台工作。这说明对这部分车主而言，网约车平台的工作相对轻松，照顾家庭也更加方便。

上述原因同样适用于去产能职工。除此之外，企业倒闭或裁员也是去产能职工加入网约车平台成为全职车主的重要原因之一。由图4-7可见，47.1%的去产能职工加入网约车平台成为专职车主，是受到了原企业去产能的影响（"企业倒闭或裁员"，29.5%；"原工作存在下岗风险"，9.6%；"去产能人员分流"，8.0%）。

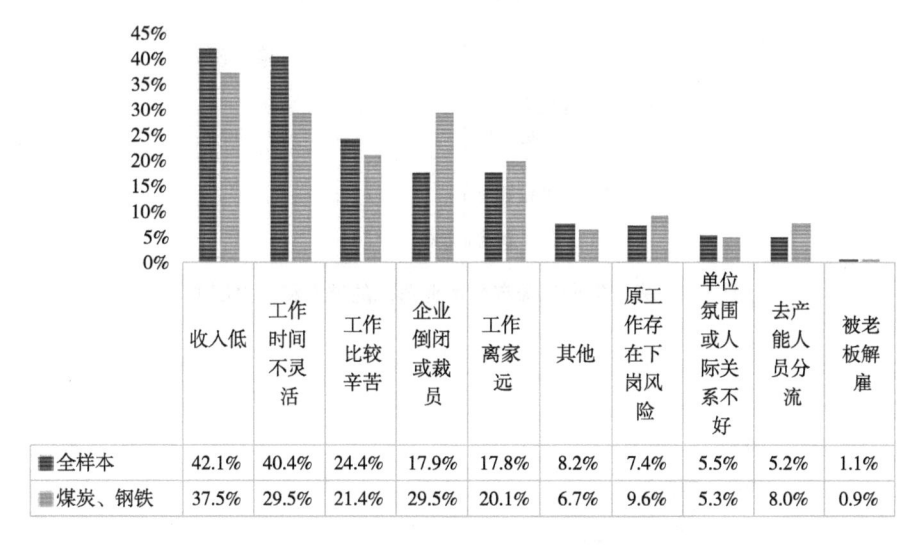

	收入低	工作时间不灵活	工作比较辛苦	企业倒闭或裁员	工作离家远	其他	原工作存在下岗风险	单位氛围或人际关系不好	去产能人员分流	被老板解雇
全样本	42.1%	40.4%	24.4%	17.9%	17.8%	8.2%	7.4%	5.5%	5.2%	1.1%
煤炭、钢铁	37.5%	29.5%	21.4%	29.5%	20.1%	6.7%	9.6%	5.3%	8.0%	0.9%

图4-7 专职滴滴车主放弃之前工作的原因

综上所述，下岗失业者或来自去产能行业的职工进入新就业形态，有推力和拉力两方面的原因①。上述调研所反映的推拉因素可以总结为图4-8中去产能企业的推力和新就业形态的拉力。

除了专职做新就业形态的去产能职工外，也有大量去产能职工选择在网约车平台兼职工作，而他们进入新就业形态兼职主要是因为"本职工作收入

---

① 详见本书第三章第三部分关于推拉理论的叙述。

低""本职工作清闲"等。如图4-9显示，62.34%的全样本车主兼职开滴滴是因为本职工作收入太低，47.04%是因为工作清闲。对去产能职工而言，本职工作收入低导致其在网约车平台兼职工作的比例更高，71.12%的煤炭、钢铁行业职工选择在网约车平台兼职是因为"本职工作收入太低"。同时，22.82%的去产能职工认为"原工作存在下岗风险"，这一比例也高于全样本车主。

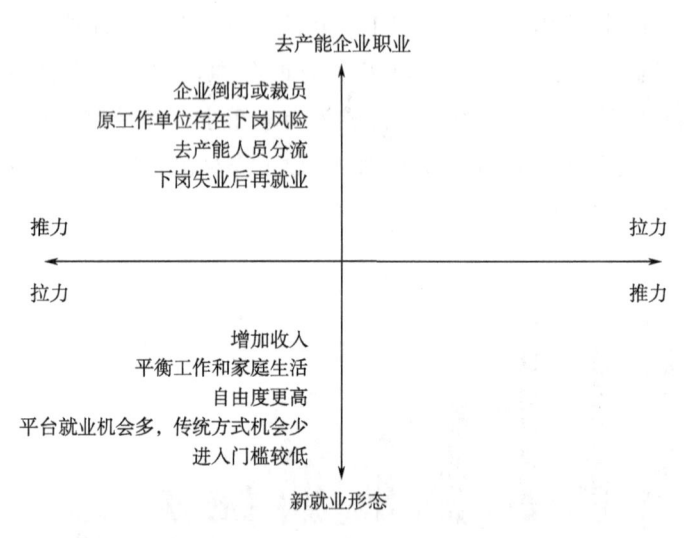

图 4-8 去产能职工流向新就业形态的推力和拉力因素

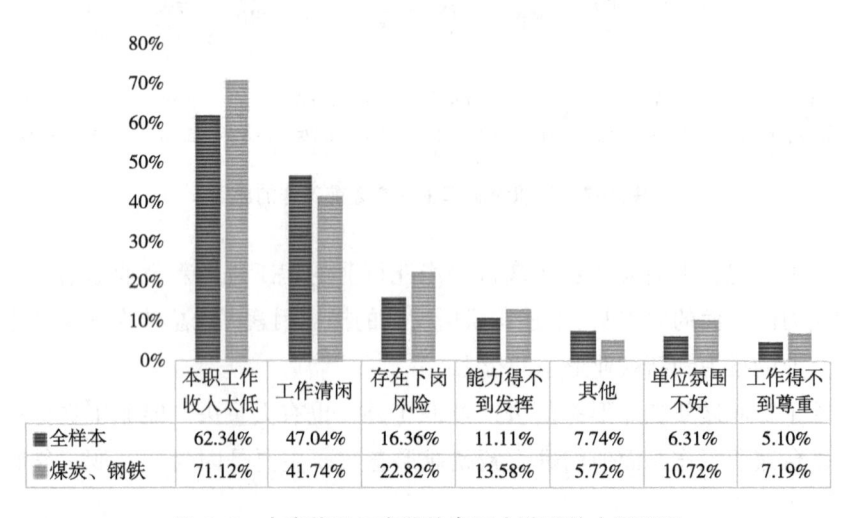

	本职工作收入太低	工作清闲	存在下岗风险	能力得不到发挥	其他	单位氛围不好	工作得不到尊重
全样本	62.34%	47.04%	16.36%	11.11%	7.74%	6.31%	5.10%
煤炭、钢铁	71.12%	41.74%	22.82%	13.58%	5.72%	10.72%	7.19%

图 4-9 去产能职工在网约车平台兼职的主要原因

41.74%的煤炭、钢铁行业去产能职工选择在网约车平台兼职是因为"本职工作清闲",这也从侧面反映了目前部分去产能企业存在人员工作不饱和、人员利用率低等现象。一方面,去产能职工迫切希望通过自身努力创造更多价值、获得更高的收入,但另一方面,企业因为受自身经营能力和外部市场周期影响,可能出现人员利用率低等情况。网约车平台的兼职工作为这种情况下的职工增收提供了机会。

去产能职工认为一定的收入来源和时间自由是网约车平台工作最吸引人的方面。图 4-10 显示了网约车平台车主与去产能职工从事网约车平台工作最为看重的方面,其中"一定的收入来源"和"时间更自由"是从事网约车平台工作车主最为看重的方面。

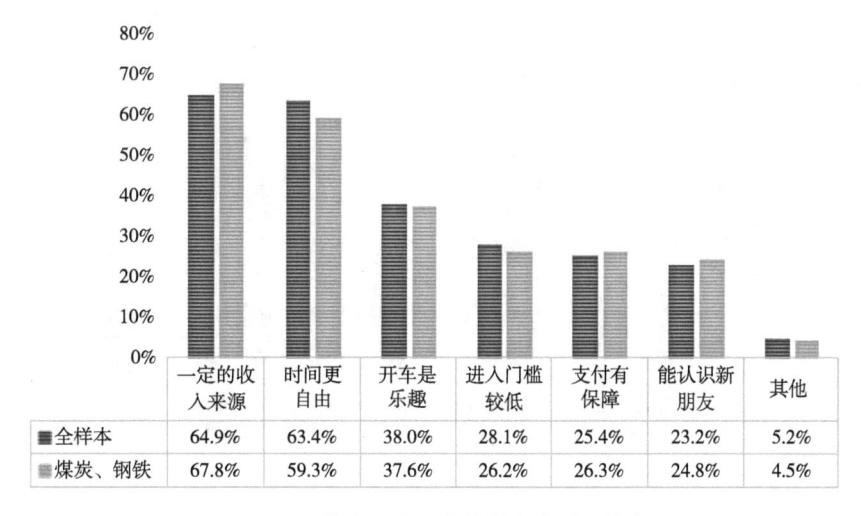

	一定的收入来源	时间更自由	开车是乐趣	进入门槛较低	支付有保障	能认识新朋友	其他
全样本	64.9%	63.4%	38.0%	28.1%	25.4%	23.2%	5.2%
煤炭、钢铁	67.8%	59.3%	37.6%	26.2%	26.3%	24.8%	4.5%

图 4-10　网约车平台工作最被车主看重的方面

对于去产能行业职工而言,"一定的收入来源"吸引力更大,这与去产能行业效益下降导致职工薪酬水平大幅度下降有关。67%以上的职工认为网约车平台工作可以提供"一定的收入来源",这是网约车平台工作对职工产生吸引力的最主要方面;同时,26%以上的职工认为网约车平台的"支付有保障",60%左右的职工认为网约车平台工作"时间更自由",26%以上的职工认为网约车平台工作"进入门槛较低",这些都说明网约车平台工作收入的稳定性和工作的灵活性对职工有较大吸引力。

此外,网约车平台工作本身对职工有一定吸引力。37%左右的职工认为"开车是乐趣",24%以上的职工认为网约车平台的工作"能认识新朋友"。

(三) 新就业形态工作同时具备灵活性与稳定性的特征

工作稳定性是就业质量的重要方面之一，也是学界对网约车平台工作关注的重点。本次调研询问了平台车主对网约车工作稳定性的看法，其中认为网约车工作属于稳定工作的车主比例与认为网约车工作不稳定的车主比例基本持平。从图4-11可以看出，认为网约车平台属于稳定工作和不稳定工作的比例大致相当，都在41%~44%，其余14%左右的劳动者对网约车平台是否稳定没有什么感觉。煤炭、钢铁行业职工认为网约车平台属于稳定工作的比例略低于全部车主样本，这是由于煤炭、钢铁企业，尤其是煤炭、钢铁行业的国有企业的工作稳定性较高，去产能职工心理依赖感仍然比较强。

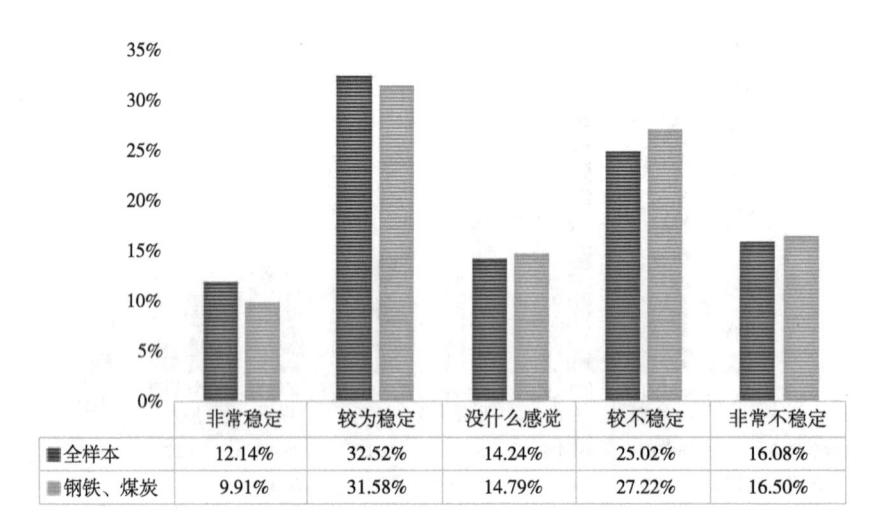

	非常稳定	较为稳定	没什么感觉	较不稳定	非常不稳定
全样本	12.14%	32.52%	14.24%	25.02%	16.08%
钢铁、煤炭	9.91%	31.58%	14.79%	27.22%	16.50%

图4-11 网约车平台车主对从事滴滴工作稳定性的感受

课题组进一步分析了专职车主和兼职车主对从事滴滴工作稳定性的感受（表4-12），其中，67.9%的专职车主认为网约车平台工作非常稳定或较为稳定，26.6%的专职车主认为网约车平台工作不稳定。进一步分析专职车主加入滴滴平台服务之前的工作发现，认为网约车平台工作不稳定比例最高的前两项工作分别为"在正规单位工作"和"开出租车"。如果专职车主之前的工作是"开私家车载客"和"自由职业/打零工"的，则认为网约车平台不稳定的比例最低。也就是说，之前工作的稳定性如果较高，对网约车平台稳定性的认可度就较低；之前的工作如果具备较高的灵活性，则对网约车平台稳定性的认可度较高。此外，兼职车主认为网约车平台不稳定的比例较高，为42%，而且兼职车主当前工作的稳定性并不影响其对网约车平台工作稳定性的感受。

表4-12　网约车平台专兼职车主对从事滴滴工作稳定性的感受

	专职（%）	兼职（%）
非常稳定	24.3	8.2
较为稳定	43.6	30.5
没什么感觉	5.5	19.3
较不稳定	17.8	28.2
非常不稳定	8.8	13.8

对网约车平台工作稳定性的主观评价证明网约车平台车主认可该工作的稳定性。除了对工作稳定性的主观评价之外，在网约车平台工作的持续性也可以看成是网约车平台稳定性的一个证明。在调研样本中，有83.64%的车主从接触网约车平台开始就一直在网约车平台开网约车。有16.36%的车主在调查样本期间选择离开网约车平台，但这其中有34.85%的车主是由于受到了《网络预约出租汽车经营服务管理暂行办法》的准入限制而被迫离开网约车平台的。

在调查样本的17个月中，车主平均有9.4个月都在网约车平台工作，50%的车主在网约车平台工作超过9个月。对专职车主而言，专职车主在17个月中平均有11.3个月都在网约车平台工作。50%的专职车主在网约车平台工作超过12个月。25%的专职车主在网约车平台工作超过15个月。从车主在网约车平台工作月份数看，网约车平台工作有着较强的稳定性。对专职车主而言，在网约车平台工作的持续性完全可以等同于在企业就业的持续性。

大数据样本所在的2016年1月至2017年6月17个月间，有两次春节假期。春节期间（2016年2月和2017年2月），车主在网约车平台工作的时间是大幅度下降的（如图4-12所示），由此导致并非所有车主工作达到17个月。这也从侧面反映了网约车平台工作的灵活性，即车主可以根据自己的意愿选择工作时间——春节是阖家团圆的日子，车主为此在这两个月份减少了在网约车平台的工作时间。

因此，无论从车主的主观评价还是车主在网约车平台工作的客观持续性来看，网约车平台的工作具有稳定性。在劳动力市场传统的就业岗位中，灵活性和稳定性往往是一对矛盾，较高的灵活性意味着稳定性不足，较高的稳定性意味着缺乏灵活性。以网约车平台工作为代表的新就业形态却同时具备灵活性和稳定性的特征。平台从业者可以自主安排工作时间，可以选择是否接单；同时也有较为连续和稳定的订单需求。

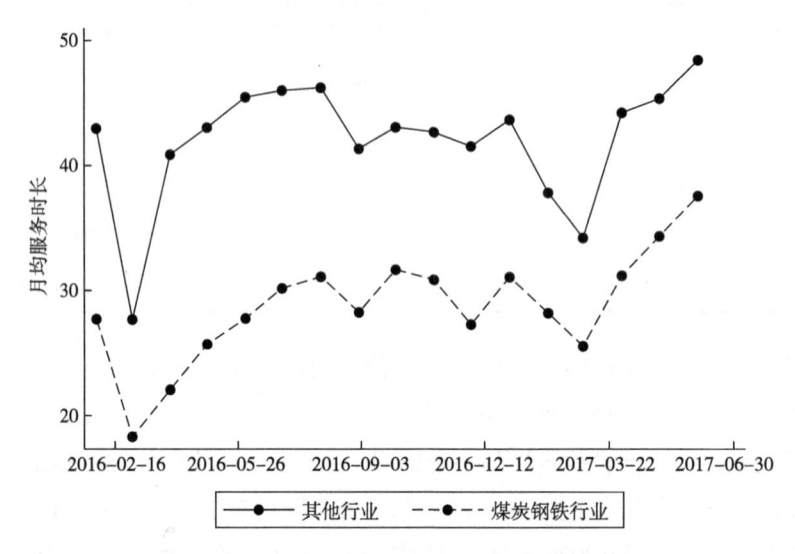

图 4-12 去产能职工在网约车平台月均服务时长

（四）政策与监管的稳定性影响去产能职工在网约车平台工作

去产能职工对网约车平台工作的主要担忧来源于政策与监管的稳定性以及平台工作的稳定性，其中对政策与监管稳定性的担忧更多。

2016年7月公布的《网络预约出租汽车经营服务管理暂行办法》将部分去产能职工限制在网约车平台之外。如果无法在网约车平台工作，将有19.3%的去产能职工失业无工作。如果无法在网约车平台工作，大部分去产能职工将仍以本职工作为主，继续寻找其他的兼职工作（32.2%）或选择开私家车载客（20.4%）。对煤炭、钢铁去产能职工而言，选择这两项的比例分别为32.3%和21.6%。有19.3%的去产能职工，如果不能开滴滴可能会失业无工作（图4-13）。

（五）小结

与20世纪90年代国有企业下岗职工大量失业或转变为灵活就业不同，新就业形态为去产能职工再就业提供了全新的选择。

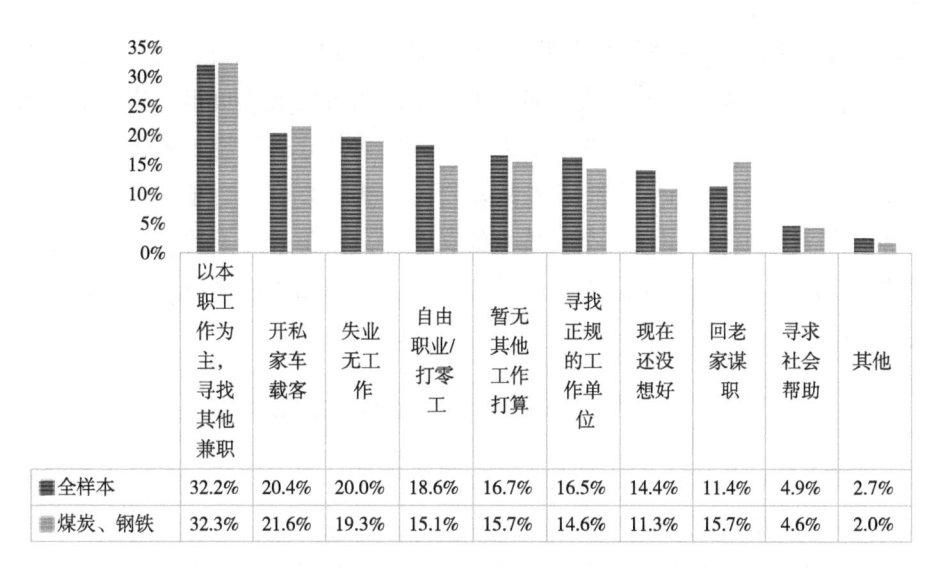

第四章　新就业形态支持去产能职工就业总体情况

	以本职工作为主，寻找其他兼职	开私家车载客	失业无工作	自由职业/打零工	暂无其他工作打算	寻找正规工作单位	现在还没想好	回老家谋职	寻求社会帮助	其他
全样本	32.2%	20.4%	20.0%	18.6%	16.7%	16.5%	14.4%	11.4%	4.9%	2.7%
煤炭、钢铁	32.3%	21.6%	19.3%	15.1%	15.7%	14.6%	11.3%	15.7%	4.6%	2.0%

图 4-13　去产能职工如不能继续在网约车平台工作后的选择

从工作时间分布看，以网约车工作为代表的新就业形态，属于典型的共享经济工作模式。新就业形态工作时间灵活性强，进入退出门槛低，去产能职工可以根据自己的实际情况确定愿意供给的劳动时间，绝大部分新就业形态从业者工作时间很短，少部分新就业形态从业者工作时间较长。这样的工作模式符合当前煤炭、钢铁去产能职工仍然希望与原企业保持劳动关系，等待煤炭、钢铁行业回暖，同时又迫切需要额外的工作提供收入支持的现实。

目前，煤炭、钢铁行业的职工在新就业形态平台仍然以兼职工作为主。去产能职工选择在新就业形态平台工作，可以在本职工作之外额外获得一份收入，使得不饱和的工作时间得到更有效的利用，部分解决国有企业长期存在的"隐性失业"问题。以网约车平台为例，专职在网约车平台工作的去产能职工既可以获得高于之前正规工作的收入，也能够灵活安排工作时间。企业倒闭或裁员也是部分去产能职工进入网约车平台的原因。对于希望未来仍然在企业中工作的去产能职工而言，网约车平台工作可以作为工作转换之间的过渡，既增加了接触社会的机会，也可以使收入不中断。

就业的灵活性和稳定性对劳动者都具有重要意义。对新就业形态工作稳定性主观评价和客观持续性的讨论证明，新就业形态具有稳定性。新就业形态既具备满足去产能职工当前工作与获得收入的灵活性，也具备提供去产能职工长期工作的稳定性。

去产能职工对新就业形态的担忧主要是对政策与监管稳定性的担忧。以网约车行业为例,《网络预约出租汽车经营服务管理暂行办法》抬高了该行业的门槛,试图不断挤出已经进入者,提高新进入者的成本负担。该政策极大地限制了网约车平台拉动就业的潜力,可能使大部分去产能职工丧失这一获得收入的重要途径。在调研中课题组发现,一些地方政府运输管理部门以无运管证为名大规模查扣网约车,高额处罚车主,甚至采用了钓鱼执法等非法手段查扣网约车,增加了职工在网约车平台工作的困难和顾虑,也制造了社会不满的情绪。

三、去产能职工在网约车平台灵活就业的总量测算

目前,我国仍然缺乏对新就业形态就业规模的官方统计。新就业形态能够提供的去产能职工就业规模(或去产能职工参与新就业形态的人数),对于判断新就业形态能否支持去产能职工再就业,以及新就业形态能否支持未来产业结构转型升级带来的下岗失业者,具有重要意义。由于网约车工作在去产能职工参与的新就业形态中所占比例最高,因此本书尝试采用网约车平台数据来计算去产能职工在网约车平台灵活就业的总体规模。

(一)进入网约车平台的去产能职工总量

新就业形态的就业总量是一个流量概念。2016 年 6 月 30 日至 2017 年 6 月 30 日一年间,滴滴平台中获得过收入的劳动者总量为 2 108 万人。根据课题组对全国范围内网约车司机的抽样数据显示,网约车平台从业者中,18.6%来自去产能行业(煤炭、钢铁以及其他产能过剩行业,如煤电、水泥、化工、有色金属等)。根据该比例推算,2016 年 6 月 30 日至 2017 年 6 月 30 日,滴滴出行平台为去产能行业职工提供了 393 万个工作机会,比前一年公布的去产能职工在网约车平台的就业总量增加了 64.9%[1],其中兼职 274.6 万,专职 118.6 万;为煤炭、钢铁两个行业的去产能职工提供 35.2 万个工作机会,其中兼职占 71%,专职占 28.7%。

在这一阶段网约车平台提供的工作机会中,有 28.5 万的就业者在开滴滴之前处于失业状态,这部分就业者的专职比例为 100%,即完全依靠网约车平台生活。全国网约车平台工作的劳动者中,有 136.8 万为零就业家庭(即完

---

[1] 滴滴出行发布的《2016 年度企业公民报告》显示,2016 年全年,滴滴出行平台为全社会创造了 1 750.9 万灵活就业和收入机会,其中,238.4 万(14%)来自去产能行业。

全依靠网约车平台生活)。网约车平台为全国 3.4 万个煤炭、钢铁去产能职工零就业家庭提供了工作机会。

综上,网约车平台已经为去产能职工提供了大量增加收入的就业机会,成为去产能职工、失业群体等就业相对困难群体再就业的重要途径。

(二) 煤炭、钢铁行业去产能职工参与网约车工作呈现指数式上升

网约车平台就业创造规模大,速度快。网约车平台运行以来,平台车主人数呈现指数式增长,短时间内创造了大量工作机会。根据调查数据,2016 年 1 月至 2017 年 4 月底,煤炭、钢铁去产能职工样本中,有收入车主月均增长率达到 177%。2017 年 1 季度末,去产能职工活跃车主数量达到去年同期的 5.58 倍。

图 4-14 显示了五试点省网约车平台全样本车主与来自煤炭、钢铁行业去产能职工注册网约车平台的增长趋势。图 4-15 显示了五试点省网约车平台全样本车主与来自煤炭、钢铁行业去产能职工首次在网约车平台接单的增长趋势。早在 2014 年 6 月,调研样本中就有车主开始在网约车平台注册。从 2015 年 1 月开始,调研样本中就有来自煤炭、钢铁去产能行业的职工在网约车平台注册。从 2015 年 2 月开始,就有煤炭、钢铁行业的职工开始在网约车平台接单。图 4-14 和图 4-15 显示了煤炭、钢铁行业职工在网约车平台注册与首次接单人数规模从 2015 年开始快速上升。

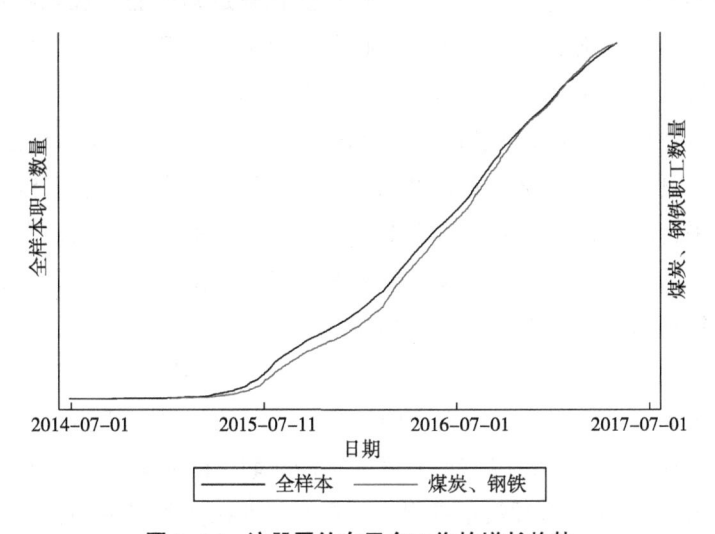

图 4-14 注册网约车平台工作的增长趋势

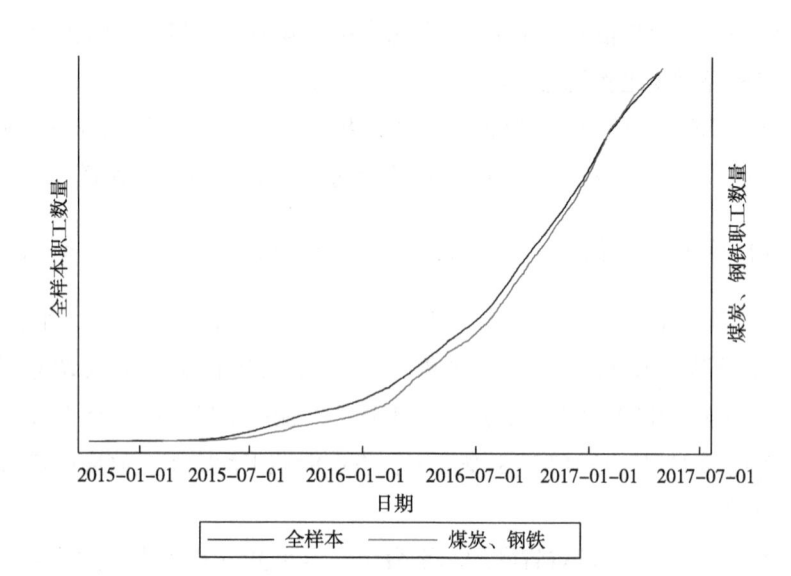

图 4-15　网约车平台从业者首次在平台接单的增长趋势

课题组同时分析了五试点省网约车平台全样本车主与来自煤炭、钢铁行业去产能职工注册网约车平台和首次在网约车平台接单的时间分布。值得注意的是，2016 年 2 月以前，煤炭、钢铁行业去产能职工的注册人数和首次接单人数的比重均低于全样本注册人数和首次接单人数的比重，但 2016 年 2 月之后出现相反的情况。2016 年 2 月，《国务院关于煤炭行业化解过剩产能实现脱困发展的意见》与《国务院关于钢铁行业化解过剩产能实现脱困发展的意见》先后出台，明确了煤炭、钢铁行业去产能工作任务，提出了煤炭、钢铁行业去产能的实质性要求。2016 年 4 月，人社部等七部门提出《关于在化解钢铁煤炭行业过剩产能实现脱困发展过程中做好职工安置工作的意见》，正式提出化解过剩产能行业职工安置办法。从此之后，来自煤炭、钢铁行业职工在网约车平台注册和首次接单的比重就超过了全样本车主在网约车平台注册和首次接单的比重。9.3% 的煤炭、钢铁去产能职工在 2016 年 2 月（即国家出台煤炭、钢铁行业化解过剩产能意见时）已经在网约车平台注册并开始工作。75.7% 的去产能职工在 2016 年去产能过程中注册加入滴滴。由此可见，国家政策推动煤炭、钢铁行业去产能过程中，网约车平台成为缓解职工就业困难的重要选择。截至 2017 年 3 月底，去产能职工活跃车主数量达到 2016 年同期的 5.58 倍。在国家政策推动煤炭、钢铁行业去产能过程中，网约车平台成为缓解职工就业困难的重要选择。

上文提到，2016年12月，人力资源和社会保障部联合多部委共同出台了《关于开展东北等困难地区就业援助工作的通知》，提出移动出行专项帮扶活动计划。该计划极大地激发了煤炭、钢铁去产能职工加入网约车平台工作的热情。

图4-16显示了煤炭、钢铁行业去产能职工在网约车平台注册的增长趋势与首次在网约车平台交易增长趋势的差异。从图中可以看出，2015年1月至2016年7月左右，煤炭、钢铁去产能职工在网约车平台注册的增长速度一直高于首次交易的增长速度，说明许多去产能职工在这一阶段对网约车平台仍然处于观望中，尽管注册了网约车平台，但是一直没有投入网约车平台的工作中。从2016年7月左右开始，首次交易的增长速度开始高于注册的增长速度，说明以往已经注册的职工在这一阶段真正开始了在网约车平台的工作。尤其是在2016年12月人社部与滴滴公司共同启动"移动出行专项帮扶活动"以后，去产能职工首次交易的比重大幅度增加，说明政策制度一定程度上起到了激发煤炭、钢铁去产能职工加入网约车平台的效果。

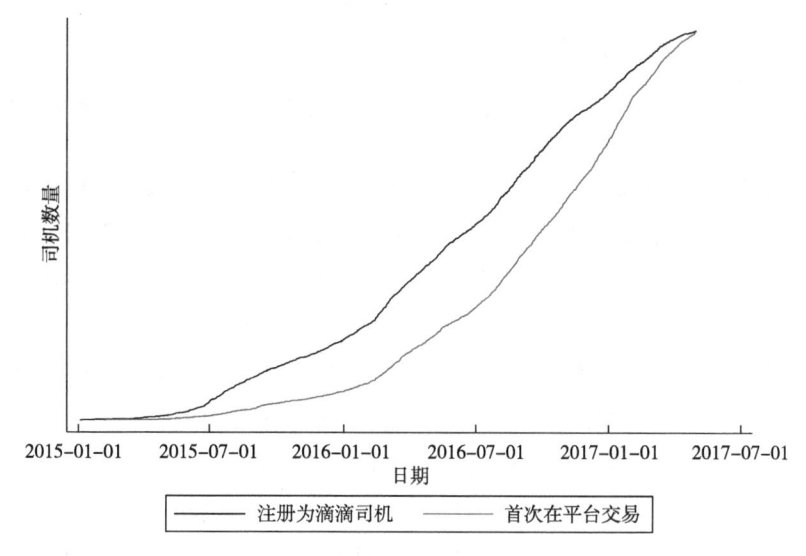

图4-16　煤炭、钢铁行业去产能职工注册与首次开滴滴的增长趋势

（三）网约车工作在去产能任务重的省份中起到就业缓冲作用

在网约车平台的调研中，课题组发现，不同省份网约车平台吸收失业群体比重与其人均GDP增长成负相关关系，越是人均GDP增速缓慢地区，越是有更多的去产能人员和失业人员加入网约车平台。

图 4-17 显示了各省（区、市）网约车平台在开滴滴之前处于失业状态的平台车主比例和 2016 年各省（区、市）人均 GDP 增速的关系。从图 4-17 可以看出，人均 GDP 增速越缓慢的省份，网约车平台中容纳的失业群体比例就越高，反之亦然。

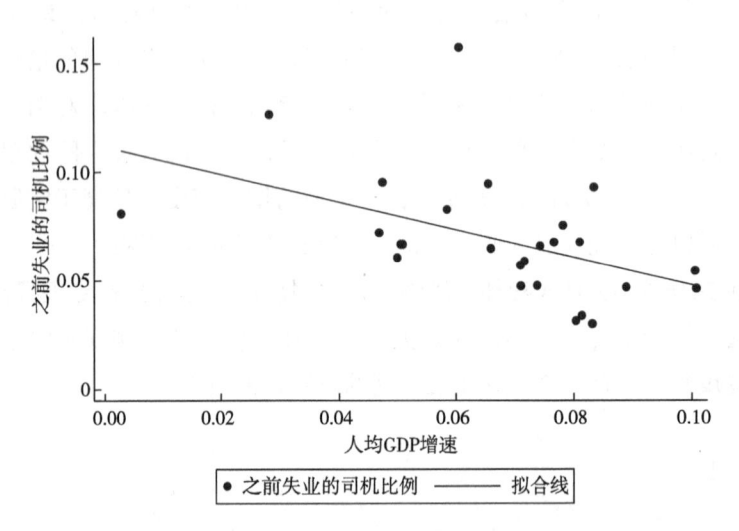

图 4-17　各省（区、市）开滴滴前处于失业中车主比例与人均 GPD 增速的关系

图 4-18 显示了 2016 年各省（区、市）网约车平台中煤炭、钢铁行业车主比例与 2016 年各省（区、市）人均 GDP 增速的关系。可以看出，两者存在负相关关系，即对于 2016 年人均 GDP 增速减缓的省（区、市）而言，有更多去产能行业车主加入网约车平台。因此，可以看出，网约车平台在区域劳动力市场中起到了就业蓄水池的作用。当发生经济增速下行或去产能规模巨大等带来对就业的冲击时，网约车平台可以吸纳大量多余劳动力，为其创造获得收入的机会，帮助受冲击劳动者度过短期困难。

在煤炭、钢铁去产能任务较重的省（区、市），网约车平台中煤炭、钢铁行业职工比例更高。图 4-19 显示了全国不同省份网约车司机中的煤炭、钢铁去产能职工比例分布图。从图中可以看出，煤炭、钢铁行业职工分布较为密集的省（区、市），恰恰是煤炭、钢铁去产能任务较重的地区，包括山西、河北、山东、辽宁、内蒙古、新疆等。这说明网约车平台成为这些地区去产能职工就业困境的"缓冲器"和"减压阀"。在经济效益下滑或去产能导致的岗位消失的条件下，加入网约车平台获得一份相对稳定的收入，可以帮助去产能职工度过短期困境，也有利于保持去产能职工与社会的联系，为去产能职工再次获得就业机会做好准备。

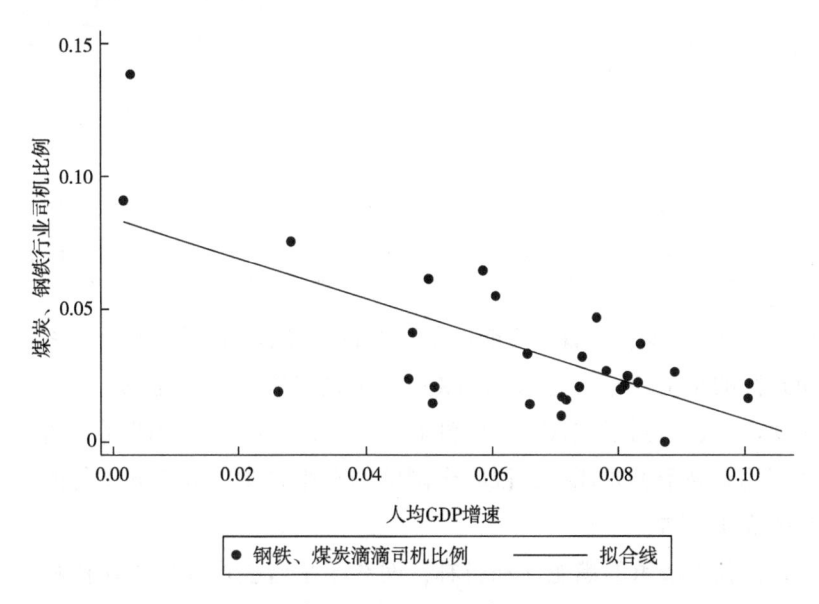

图 4-18　各省（区、市）煤炭、钢铁行业滴滴车主比例与人均 GDP 增速的关系

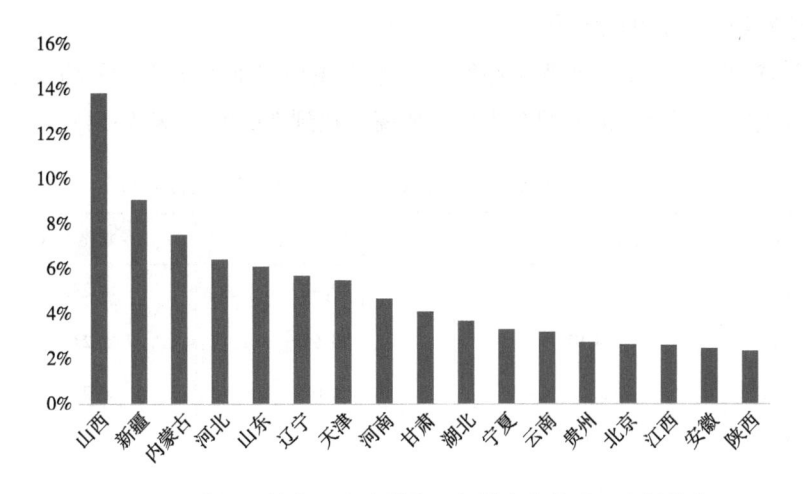

图 4-19　全国网约车平台中煤炭、钢铁去产能职工比例分布

根据注册车主总数推算，五试点省网约车平台的去产能行业的职工人数如表 4-13 所示。

表 4-13 五省网约车平台吸纳去产能职工就业人数

省份	全部行业（万人）	煤炭行业（万人）	钢铁行业（万人）	其他产能过剩行业（万人）	产能过剩行业职工占比（%）
山西	53.27	5.33	2.03	5.39	23.9
河北	68.82	0.97	5.77	5.81	18.2
黑龙江	11.25	0.13	0.33	0.85	11.6
吉林	12.42	0.12	0.43	1.31	14.9
辽宁	23.44	0.28	2.56	1.78	19.7

由表 4-13 可知，五省中产能过剩行业职工占本省网约车平台所有行业车主比重最高的是山西省，达到 23.9%；其次是辽宁省，达到 19.7%；比重最低的黑龙江省也达到了 11.6%。从图 4-19 可以看出，全国相当数量省份的去产能职工比重高于黑龙江省，说明全国网约车平台中，大部分省份的去产能职工比例高于 10%。

去产能任务较重的黑龙江和吉林，网约车平台去产能职工比例相对较低的主要原因是两省去产能相对较为集中的城市，如吉林白山、黑龙江鹤岗等，城市网约车市场规模相对较小，因此虽然去产能受影响职工数量较多，但加入本地网约车平台的比例较低。

各省的产能过剩行业职工在网约车平台主要以兼职为主。平均专职比例在 25% 左右。辽宁省的专职车主比例最高，达到 29.8%（表 4-14）。

表 4-14 五试点省去产能职工专职、兼职就业人数分布

省份	专职（万人）	兼职（万人）	专职比例（%）
山西	12.37	40.90	23.2
河北	14.91	53.91	21.7
黑龙江	3.11	8.14	27.6
吉林	2.87	9.55	23.1
辽宁	7.00	16.45	29.8

（四）小结

去产能职工就业安置的一大困境就在于涉及职工规模庞大。相对于去产

能需要安置职工的庞大规模,企业内部安置潜力有限。将大规模去产能职工推向市场可能会严重影响职工个人的生活以及区域社会安定,因此需要有在短期内能够创造大量就业岗位或产生收入机会的解决办法。

新就业形态在短时间就业创造规模大,速度快。以网约车平台为例,从网约车平台运行以来,平台车主人数呈现指数式增长,短时间内创造了大量工作机会。从去产能开始至 2017 年两年多时间,在平台上工作的煤炭、钢铁去产能职工已经达到 35.2 万,占人社部预计 180 万人员的 19.6%。除煤炭、钢铁行业之外的其他产能过剩产业职工在网约车平台就业的人数已经达到 357.9 万。

随着产业结构转型升级步伐加快,自动化、机器人和人工智能会对不同技能劳动者产生替代作用。未来传统制造业可能会转移出大量劳动者。短期内,通过新就业形态可以帮助吸收这部分劳动者。随着中国城市化进程与消费服务升级,新就业形态所涉及的服务业所衍生的相关产业创造工作机会的潜力仍然巨大,这对于未来去产能职工就业以及产业转型升级过程中产生的失业人员再就业均具有重要意义。

第五章
新就业形态对去产能职工就业帮扶实践

在各类新就业形态中，网约车平台最早开始主动采取行动，主动要求为去产能职工提供工作机会，增加去产能职工在平台工作的补贴和福利。2016年，滴滴出行平台公布了《移动出行支持重点去产能省份下岗再就业报告》。该报告根据国家去产能计划选取了17个重点去产能省份的30个重点城市。报告显示，截至2016年5月底，来自钢铁行业的滴滴司机共计21.9万人。在滴滴平台上注册的武汉车主中，有7 000多人来自武汉钢铁公司，其中三成是去产能分流员工。

2016年，武钢去产能职工转行开滴滴的就业现象引起了社会的广泛关注。此前，地方政府专门组织过万人招聘会帮助解决武钢去产能职工，但部分职工反映，招聘会提供的许多托底就业岗位吸引力有限，而类似做滴滴司机的自由择业者增多[1]。在新华社的通稿中，也报道了部分武汉钢铁公司的员工转行做滴滴司机的案例：

56岁的武汉市民周汉华，去年底完成了从"武钢职工"向"快车司机"的角色转变。周汉华所在的冷轧车间一线职工收入从4 000多元降至2 000多元。武钢制定的内退政策规定，不解除工人劳动关系，缴纳五险一金至退休，并每月发放1 000多元的生活费。周汉华于是选择内退，用私家车跑起滴滴快车。他现在每天能跑10多单，收入100元很轻松。加上车间按月发放的生活费，月收入基本赶上了武钢效益最好的时候。"现在至少有上千名武钢分流职工开起了滴滴。"他说。

武钢去产能职工转向新就业形态的探索和实践，对钢铁、煤炭去产能企业职工产生了巨大的示范效应。受去产能影响的煤炭、钢铁和其他产能过剩行业中，都有职工效仿武钢的去产能职工，转行做了滴滴司机；而更大的示范效应在于，很多去产能企业职工开始想办法转行投身到其他行业或进行创业。

受实践中去产能职工转行开网约车解决生活问题的启发，中国政府迅速将这一实践转化为更为普遍的政策试点。2016年，人力资源和社会保障部联合多部委出台了《关于开展东北等困难地区就业援助工作的通知》，提出搭建政企合作平台，引导社会企业参与，发挥电商、分享经济、人力资源服务等企业资源优势，借力"互联网+"行动，拓宽东北等困难地区就业门路。该项政策试点包含了以下三个方面的实践。

---

[1] https://www.sohu.com/a/107013993_219967，据新华社北京2016年7月21日电。

第一,电商专项帮扶活动。扩大返乡创业试点发展农村电商战略合作协议覆盖范围,推进农村青年电商培育工程,将东北等困难地区就业困难城市纳入其中,发挥电商企业的资金和渠道等资源优势,设立电商帮扶基地,采取"平台+园区+培训"帮扶方式,对接市场需求,整合优势产品,帮助去产能中失业人员、长期停产停工企业职工、高校毕业生开办网店及从事流通行业。

第二,移动出行专项帮扶活动。支持滴滴公司等分享经济企业,通过优先录入平台、初期现金激励、专项技能培训、购车优惠支持等帮扶措施,对东北等困难地区有意愿从事移动出行行业的人员进行登记,开展车辆营运、安全、保险等方面培训,帮助去产能中失业人员和长期停产停工企业职工通过从事移动出行行业实现就业、增加收入。同时,分享经济企业将及时收集行业内汽车租赁公司、货运公司的用工需求,帮助部分人员转入这些公司,成为正式司机。

第三,人力资源服务企业联合招聘行动。支持58同城、前程无忧、智联招聘等人力资源服务企业,整合社会招聘和用工信息,筛选出一批工作岗位,通过在网站首页开辟招聘绿色通道发布职位、在微信公众平台和微博公众账号宣传推广、组织部分用工需求大的企业开展现场集中招聘等形式,帮助东北等困难地区去产能中失业人员和高校毕业生就业,帮助长期停产停工企业职工获得转岗就业信息。

这三项政策试点都需要借助互联网企业,特别是互联网平台企业的力量。在这三项政策试点中,移动出行专项帮扶活动试点成为互联网平台企业配合度最高、最有成效的措施。该试点政策试图通过搭建地方政府与滴滴出行平台合作,共同推进去产能地区职工就业,帮助东北等困难地区部分就业困难城市(企业)的去产能中失业人员和长期停产停工企业职工通过移动出行实现就业、增加收入。这是中国政策实践中,首次尝试通过新就业形态帮助解决社会就业问题,也是政府部门首次与平台企业协同合作。

一、新就业形态对去产能职工就业帮扶实践主要内容

本书对新就业形态帮扶去产能职工就业的观察主要以移动出行专项帮扶活动试点作为主要内容。该试点政策主要围绕帮助东北等困难地区部分就业困难城市(企业)的去产能失业人员和长期停产停工企业职工通过移动出行实现就业、增加收入。之所以选择该活动试点作为本研究重要的案例分析对象,一是因为去产能职工安置与网约车行业发展时间上接近,网约车司机天

然地成为大批去产能职工最常见的转行选择。二是人社部等部门在上述已有实践的基础上，提出"移动出行专项帮扶活动"，规模最大的网约车平台滴滴出行积极配合，这种政府、平台企业和去产能企业紧密配合、协同治理的局面，自平台经济在中国出现后，在该活动试点之前和之后都是较为罕见的，因此非常有深入分析的必要。第三，该活动试点涉及平台企业、去产能企业（集团、分子公司）、去产能职工、政府部门等多方利益主体参与，显示了去产能职工安置工作的复杂性，也代表了从传统雇佣模式向新就业形态转移中各方主体的思虑、心态调整与制度设计。笔者有幸跟踪了该活动试点的全过程，深刻理解了各方主体在推进这一活动试点中付出的艰辛与努力。

移动出行专项帮扶活动试点按照先试点后推广、先试点后宣传的原则，先在部分就业困难城市和企业开展试点，再根据试点效果适时决定是否推广。采取企业主体、地方组织、人社部指导的实施方式，由人社部指导地方与滴滴公司共同制定具体工作方案，组织开展实施工作。

该政策试点确定在河北唐山市、山西焦煤集团、辽宁阜新市、吉林白山市、黑龙江鹤岗市开展移动出行专项帮扶活动试点。帮扶对象为上述城市（企业）中有意愿加入滴滴平台且符合滴滴司机准入标准的去产能中失业人员和长期停产停工企业职工。政策试点的选择是由人力资源和社会保障部下发通知，综合考虑试点地区参与意愿以及滴滴出行平台在当地开展业务的情况后决定的。

滴滴出行平台成立于2012年6月。2015年9月开始使用当前名称。在其创业过程中，滴滴通过收购两家重要的竞争对手公司形成了当前的规模：2015年2月，滴滴合并其最大的本地竞争对手快滴；2016年8月，滴滴合并了中国Uber。通过两次并购，滴滴出行已经占领了当时中国互联网汽车市场95%的市场份额，成为中国网络预约出租车平台的代表。

由于中国市场的规模和人口密度，滴滴平台的司机规模、交易规模等远大于其国际竞争对手Uber。截至2016年6月，滴滴已经雇用了超过5 000名员工，合作企业2万余家，累计注册用户4亿。截至2017年6月，已经有超过2 108万名司机在滴滴平台上至少完成了一笔交易。滴滴出行业务遍布中国四百多个城市。2015年一年的交易额达到14.3亿美元，日平均交易量超过1 000万单，日交易峰值达到2 000万单。

为鼓励去产能职工积极参与政策试点，滴滴出行平台设计了具体的帮扶措施，并征得人力资源和社会保障部同意。具体的帮扶措施主要包括：

第一，现金激励。滴滴公司将投入3 000万元资金，对参加帮扶活动的人员予以激励。具体的激励方式为，在人员加入平台前3个月内，每月完成计费时长90小时以上的订单交易，平台可在当月给予1 000元额外奖励，3个月累计奖励最高为3 000元。奖励从活动开始第二月起计算，累计奖励人员最多为1万人。

第二，优先录入平台。由于当时社会上有大批劳动者希望加入滴滴平台，为了帮扶焦煤集团申请人员，滴滴公司将优先完成他们的信息审核和录入，这样他们可以更早开始接单。

第三，购车优惠支持。对于需要购车的人员，滴滴公司将推荐多家汽车厂商、优秀的线下合作公司提供购车贷款、保险、新车上牌照、软件操作、业务培训等全系列服务。滴滴公司还将推进部分人员加入优秀租赁公司，实现稳定就业。

第四，专项技能培训。滴滴公司不定期举行专项技能培训，包括服务流程、服务标准、App使用培训，司机如何提高收入培训，车辆营运、安全、保险培训等。

第五，推动建立分享经济灵活就业安置促进联盟。由滴滴公司与分享经济工作委员会联动，号召更多的分享经济企业提供多样化的灵活就业机会，帮助去产能中失业人员就业。

在试点政策方案中，各级政府、互联网平台企业与地方去产能企业也进行了职责分工。人力资源和社会保障部主要负责制定政策，确定试点方案。为了推动方案落实，人社部在太原召开了试点启动会，组织地方政府、地方企业与滴滴公司建立联系。之后，人社部指导省市人社部门与滴滴公司制定具体工作方案，并跟踪活动实施进展，做好后续评估工作。

各省市人社部门在人社部的指导下，负责与滴滴公司建立联系，并与滴滴公司共同制定具体工作方案。各省市人社部门还负责组织符合条件的帮扶对象企业参与试点活动，确定被帮扶人员名单，并提供配套政策服务。

滴滴公司负责与各省市人社部门对接，共同制定具体工作方案，完成帮扶人员信息录入平台。对参与活动的人员开展培训，提供购车优惠支持，按时落实对符合激励条件人员的现金奖励，并推荐部分人员加入租赁公司。滴滴平台同时与省市人社部门建立了信息共享机制，定期报送活动进展情况，解决试点期间遇到的问题。

二、煤炭行业政策试点情况

(一) 煤炭行业各政策主体对政策试点的态度

政策背后的推动者，是设计、执行政策的人。煤炭行业推动移动出行专项帮扶活动试点，离不开人力资源社会保障部就业司领导、山西省人社厅领导的支持。在各级领导的高度支持下，特别是山西省人社厅领导向山西省去产能重点企业——山西焦煤集团，介绍了滴滴出行平台所发挥的作用，使得这家传统国有企业与一家年轻的互联网企业[①]建立了信任，为之后移动出行专项帮扶活动试点政策的成功打下了基础。山西焦煤集团和滴滴出行平台在政策出台前后，也都做了大量工作推动政策落地。可以说，这一政策试点落地，是在政府引导与牵线下，两家公司经过长时间磨合才最终实现的。

煤炭行业的试点主要在山西省展开。政府方面，山西省人社厅支持政策试点工作。山西省人社厅负责筛选职工内部安置困难并且具备政策试点条件的企业，最终促成了滴滴出行公司与焦煤集团合作，帮扶焦煤集团去产能职工就业。山西省人社厅的相关领导认为，滴滴出行平台既能够提高服务效率，又能够促进就业，是处理好创新驱动发展与就业优先战略极佳的平衡点。山西省人社厅希望政策试点成为帮助去产能职工的一种有效方法，也希望滴滴出行能够提供更多的激励措施。

在政府的牵线搭桥帮助下，焦煤集团和滴滴出行平台建立了联系。焦煤集团对政策试点的态度积极。一方面，焦煤集团希望通过与滴滴出行合作，助推去产能职工安置与集团公司转型升级。焦煤集团与滴滴出行签署了战略框架协议，计划未来在去产能就业帮扶、建设众创空间、企业级用车、公车改革（闲置用车参与社会营运）、分享经济等领域展开合作。另一方面，焦煤集团积极鼓励职工参与政策试点。焦煤集团下发了《关于鼓励职工开展滴滴出行业务的通知》，对于在册富余人员、转岗分流人员、转岗放假人员、待岗人员或离岗保留劳动关系人员中，有意愿加入或已经加入滴滴平台、从事专（兼）职网约车业务人员，提供与集团双创人员同等的激励政策，即在保留劳动关系基础上，加入平台第 1 年由企业提供基本工资的 80% 并缴纳企业部分社保，第 2 年无基本工资但缴纳企业部分社保，第 3 年及以后只保留劳动关

[①] 滴滴出行成立于 2014 年，在政策方案运转之际刚刚成立两年。

系；加入滴滴平台的司机如果希望返回原单位可以随时返回。

同时，焦煤集团希望在现有政策试点基础上，开展更深度的合作。现有政策试点向职工提供了3个月3 000元的现金奖励。焦煤集团希望未来在平台派单、接送机业务以及包括网约车后市场服务在内的滴滴平台生态化发展模式中，与滴滴加强合作，共同拓展合作空间。

焦煤集团的职工对滴滴平台工作及政策试点的态度较为复杂。根据焦煤集团人力资源部门的调研统计，当时焦煤集团已有逾万名职工在滴滴出行平台兼职工作。2014年以来，焦煤集团效益下滑，职工收入大幅度降低。停工的井下工作的矿工平均收入仅为每月1 000元左右，停工的地面其他工种工作人员的平均收入仅为每月800元左右，很多职工的家庭生计难以为继。为增加收入、贴补家用，当时集团中已有超过1万人在滴滴平台兼职，其中太原地区约有8 000人。

之所以有这么多职工在滴滴平台兼职工作，是因为职工们在滴滴平台兼职工作的收入已超过了他们当时本职工作的收入。访谈中了解到，职工通过在滴滴平台工作，每月可以额外增加收入分别为4 000~5 000元（每天工作约8小时）或6 000~7 000元（每天工作约12小时）。未停工的职工本职工作的收入为月均3 000元左右。

部分从事滴滴兼职司机的职工有意愿在平台全职工作。在访谈中了解到，焦煤集团一线职工普遍受教育程度较高。在矿井工作的一线工人中，有一部分受过本科甚至研究生教育。在滴滴出行平台工作不仅能够帮助职工增加收入，也增加了他们与人沟通、交流的机会。访谈中有职工表示，相比井下繁重的工作而言，他们更喜欢从事网约车工作，愿意成为全职的平台司机。

但也有很多职工对政策试点存在顾虑。尽管当时太原市尚未出台本地区网约车管理实施细则，但职工普遍关注全国各地区网约车管理实施细则，担心太原市政府出台的实施细则也像北京、上海那样有较高门槛，导致个人或车辆无法满足条件，或满足条件的成本过高无法承担。此外，职工也对政府未来是否会限制网约车发展存在疑虑。对于网约车平台未来发展的预期是职工选择是否参与政策试点的重要考虑因素。

另一方面的顾虑是，职工关注在参与政策试点后本职工作的劳动关系是否还可以保留。政策试点的实施对于职工进入平台工作具有一定的吸引力，但访谈中了解到，大部分参与了网约车兼职的职工仍然不愿意放弃与焦煤集团的劳动关系；即使愿意在平台全职工作的职工，也希望能够保留与焦煤集团的长期劳动关系。部分职工认为，这一政策试点是企业分流职工的一种策略，如果按照政策转向滴滴平台全职工作，可能会成为集团及下属分子公司未来裁员的对象。

东北三省也是此次政策试点的省份。但在此次政策试点推进过程中，由于东北三省缺乏企业推动主体，因此政策试点未能推动成功。东北地区试点城市的选择过程，是由有意向参与活动的市人社局上报省人社厅。此次政策试点中，东北三省的省人社厅积极下发活动文件，但各城市人社局与滴滴沟通联系不足，对活动的推介力度较小。最后仅辽宁阜新市、吉林白山市、黑龙江鹤岗市以煤炭去产能城市参加了政策试点。但三座试点城市人口规模小，网约车市场发育不足，无法形成足够规模的市场。同时，三座城市中的国有煤炭企业对该项目并不感兴趣。鹤岗市的龙煤集团是当地最大的去产能煤炭企业。龙煤集团领导认为，该集团的去产能职工已经移交社会，同时政府已经提供了扶持办法，因此对与滴滴合作的政策试点并不感兴趣。

滴滴公司根据市场供需情况，将东北三省的去产能帮扶城市调整为辽宁省沈阳市等网约车发展较好的城市，并将帮扶范围扩大到全部就业困难人员。但由于缺乏政府部门支持，滴滴通过自有渠道推广宣传，仅吸引了126名去产能职工报名加入平台。

(二) 煤炭行业试点企业基本情况

煤炭行业试点的主要代表是山西焦煤集团。山西省人力资源社会保障厅对本省内去产能职工安置颁布了相应的政策措施。2016年7月27日，山西省人力资源社会保障厅等8部门为做好山西省化解煤炭钢铁行业过剩产能职工安置工作，颁布了《山西省人民政府办公厅转发省人力资源社会保障厅等部门关于做好化解煤炭钢铁行业过剩产能职工安置工作实施意见的通知》（晋政办发〔2016〕111号）。该文件为过剩产能职工安置提供了一次性吸纳就业补助、一次性转岗安置补贴、稳岗补贴、职业介绍补贴、培训补贴、一次性管理服务补贴、一次性建设补助、社会保险补贴、场地租金补贴等。其主要目标是帮助企业稳定就业岗位，支持企业对去产能职工进行内部分流，即除职工自愿离职外，保证去产能涉及职工在企业内部消化，不流入社会，防止造成职工和社会的不稳定。为顺利完成去产能下岗职工转岗安置，山西焦煤集团采取了以下十项去产能职工安置措施。

第一，对符合内退条件人员办理内退手续。对距法定退休年龄不足5年、再就业有困难的职工,在职工自愿选择、单位同意并签订书面协议后,办理内部退养。内退人员达到退休年龄时,由单位为其办理退休手续。

第二,存量矿井内部转岗安置。结合集团存量矿井年度自然减员、将去产能矿井生产技术管理人员分流到存量矿井。

第三,非煤产业安置。结合集团非煤产业人员需求,对去产能矿井地面生产服务人员进行转岗培训后,安置到非煤产业、多经项目(如飞虹化工、古交电厂等)。

第四,承担关闭矿"三供一业"人员分流到集团后勤系统。

第五,开展创新创业。山西焦煤出台了推进"双创"指导意见,各子公司组建多种创业创新空间和基地,为职工创业创新搭建平台、提供服务。集团对入驻园区的创业职工出台优惠政策,如创业职工3年内与原单位保留劳动关系,与原单位职工同等享有参加职称评聘、岗位等级晋升、社会保险等方面的权利;园区每安置一名创业职工可免除10平方米建筑面积的房租和物业费。

第六,组建技术服务团队组织化创收。充分发挥集团公司煤矿管理技术优势和集团品牌优势,组建技术服务团队,对外承包托管煤矿。

第七,开展劳务输出。集团及子公司成立人力资源公司,积极与高校、医院、市政对接,劳务输出,承担物业、后勤服务。

第八,带薪培训。对暂时无安置岗位人员,结合集团未来产业需求,对40岁以下、大专以上文化程度的职工,进行为期1至2年的培养,强化素质提升,培训合格后安置上岗。

第九,公益性岗位托底安置。对就业困难人员,申请通过政府购买的公益性岗位予以托底安置。

第十,其他人员。如长病、长伤、停薪留职等人员等由企业按有关规定统一管理。

通过上述十项措施,焦煤集团2016年去产能职工安置工作顺利完成,形成了去产能职工人员的六大分流方向:异地分流安置;组织化分流安置(因地制宜扩大经营服务范围、拓展外部市场、带领职工创业创收);职工自主创业分流安置;国家奖补政策分流安置;职工自愿内退;带薪技能培训。

根据山西省政府统一部署,山西焦煤集团去产能工作2016—2018年3年内计划关闭矿井17座,需要安置的职工共12 351人。需要安置职工的总体情况参见表5-1。从表5-1中可以看出,焦煤集团去产能涉及的职工,有50%

是40岁以下的青壮年劳动者。由于职工学历水平整体较高,因此去产能涉及的职工中有70%以上是高中及以上学历,本科学历占10.5%;无固定期限劳动合同职工比例达到60%左右。与20世纪下岗潮中国有企业首先安置年龄较大、技能水平较低等职工相比较,此次煤炭行业去产能波及的员工不分年龄和技能,更多是和其所在的矿井相关。一旦矿井关闭,该矿井的职工就都面临重新安置。

表5-1 山西焦煤集团去产能涉及职工情况

变量		人数	占比(%)
性别	男性	9 898	80.14
	女性	2 453	19.86
年龄	30岁及以下	3 319	26.87
	30~40岁	3 226	26.12
	40~50岁	4 263	34.52
	50岁以上	1 543	12.49
学历	初中及以下	3 628	29.37
	中职、技校、高中	4 862	39.37
	专科	2 558	20.71
	本科	1 293	10.47
	硕士研究生	10	0.08
技能	初级工	2 079	16.83
	中级工	2 542	20.58
	高级工	596	4.83
	技师	53	0.43
	高级技师	2	0.02
	其他	1 817	14.71
职称	无职称人员	1 926	15.59
	初级职称	1 096	8.87
	中级职称	532	4.31
	高级职称	38	0.31

续表

变量		人数	占比（%）
在岗情况	在岗	11 426	92.51
	离岗保留劳动关系	925	7.49
劳动合同情况	无固定期限劳动合同	7 599	61.53
	有固定期限劳动合同	4 752	38.47

截至 2016 年底，焦煤集团已经关闭矿井 7 座，涉及职工 5 356 人。需分流安置职工已全部分流安置，其中内退 173 人，解除终止劳动合同 101 人，转岗安置 5 082 人，见表 5-2。

表 5-2　年已完成安置的职工情况（分矿井）

矿井	需安置人数	转岗人数	内退人数	终止解除合同
山焦西山白家庄矿业	3 030	2 756	173	101
山焦霍州乡宁沙坪煤业	620	620	—	—
山焦霍州什林煤业	969	933	—	36
山焦霍州乡宁宝鑫煤业	20	20	—	—
山焦汾西正源煤业	451	451	—	—
山焦投资正兴煤业	266	266	—	—

到 2019 年底，山西焦煤集团还将关闭 9 座煤矿，退出产能 830 万吨/年。这意味着到 2019 年，该集团仍然需要安置去产能职工约 8 000 人。根据工效比计算，最好的煤企人均年产量 1 万吨，而焦煤集团在 2016 年的人均年产量只有 750 吨，只有工效提高到 1 500 万吨，煤矿才能盈利[①]。要实现人均年产量提高的目标，在去产能的背景下，只能减少人员规模。因此，即使不存在去产能的行政推动力量，从企业自身盈利目标考虑，也需要继续减少人员规模。对于受影响的劳动者来说，需要通过合适的渠道重新获得就业和收入来源。

在山西，已经有大批煤炭以及其他产能过剩行业职工在网约车平台兼职工作。太原地区出租车数量仅 8 000 余辆，网约车需求量巨大。网约车平台收

---

① https://www.sohu.com/a/114149330_395101。

入相对较高，可以成为全职工作之外收入来源的重要补充，因此政策试点的推行具备市场基础。焦煤集团职工中有 2 万多人有私家车，全集团有 1 万多职工、太原地区有 8 000 多职工已经在网约车平台工作。焦煤集团还将推动公车改革。对于单位封存、闲置的公车，焦煤集团探索参与"滴滴专车"社会化运营。按照"单位给职工托底工资、运营收益由单位和职工共同分享"的思路，鼓励富余职工参与"滴滴专车"业务，因此，政策试点推行具备车辆基础。网约车司机的工作性质以及收入水平对于去产能职工具有吸引力。大部分职工愿意保留与焦煤集团的劳动关系，焦煤集团的政策试点通知中，已经明确职工可以保留劳动关系；与其他需要签订劳动合同才能加盟的网约车平台不同，滴滴出行工作的司机不需要司机与其建立劳动关系，因此，政策试点推行具备人员基础。

根据平台大数据分析，滴滴出行已经在山西省去产能职工再就业过程中发挥了重要作用。课题组在对山西省网约车市场的调研中发现，13.54%的专职司机原来工作所在单位是煤炭、钢铁行业。如果算上传统制造业（如纺织、机械制造、化工、水泥、铝业等），该比例达到 24.77%。兼职司机中，18.96%所处的行业为煤炭、钢铁行业，29.25%的兼职司机所处的行业为煤炭、钢铁以及传统制造业（如纺织、机械制造、化工、水泥、铝业等）。

按照去产能阶段山西省滴滴平台 46 万激活司机[①]计算，山西省滴滴平台中来自钢铁、煤炭两个行业的专职司机为 1.65 万，兼职司机为 5.77 万。太原市滴滴平台中，来自煤炭、钢铁行业的专职司机人数约为 9 569 人，兼职司机人数约为 3.35 万人。

（三）政策试点推进情况

具体而言，从政策试点开始，焦煤集团参与政策试点的职工人数稳步上升。2016 年 12 月 23 日，焦煤集团人力资源部正式向集团内各单位发布了《关于鼓励职工开展滴滴出行业务的通知》（以下简称《通知》）。《通知》的出台标志着"滴滴出行去产能就业帮扶政策"正式启动。《通知》的主要目标是向集团各分子公司宣传政策试点，并要求各分子公司收集愿意加入滴滴平台的职工人数，了解职工中已经加入滴滴平台的数量。截至 2017 年 1 月 13 日宣讲会之前，全集团有 300 多名职工报名参与政策试点。之后，滴滴

---

① 指当天司机验证状态为已审核的司机数量。

出行及时调整了激励措施，焦煤集团也同时召开了宣讲会。截至2017年1月20日，全集团有602名职工报名参与政策试点。

参与政策试点的职工人数增加仅仅是试点发展的一个方面，政策试点也推动焦煤集团内部转型升级。焦煤集团在政策试点之前已经成立人力资源公司。在政策试点设计阶段，焦煤集团开始与滴滴协商成立汽车租赁公司。人力资源公司作为焦煤集团人力资源专业化平台，在集团经济结构调整、职工转岗分流、对外专业托管等方面将发挥重要作用。人力资源公司前期以服务集团内部为主，对集团内部富余人员组织分流，对长期离岗人员提供托管服务等。随着公司的发展，人力资源公司对外提供配套的人事管理服务和外事服务，以及人力资源外包、高级人才寻访、人力资源咨询等全方位人力资源服务。人力资源公司是焦煤集团解决去产能职工就业问题的主要推动力量和依托。人力资源公司是焦煤集团内部推动、组织和实施政策试点的主体，人力资源公司拟成立汽车租赁公司以提升参与政策试点职工的服务质量。租赁公司的形式与组织模式仍然在筹划中。滴滴出行也积极为焦煤集团提供租赁业务对接经验。

滴滴出行与焦煤集团的战略合作激发了职工的创业热情。在焦煤集团内部的创业孵化器中，职工自主创办了山西飞灵网络科技有限公司（图5-1）。该公司的主营业务为网约车司机招募、注册、培训、管理、汽车置换租赁等，已经服务集团专（兼）职司机上百名，所服务司机均获得星级服务评分及优质服务口碑。

（四）煤炭行业政策试点实施主体推动和配合情况

滴滴出行与焦煤集团努力推动政策试点落地实施。2017年1月13日下午，焦煤集团人力资源服务公司主要领导在集团最大的下属子公司西山煤电集团召开了主题为"山西焦煤造福职工、携手滴滴双创富民"的滴滴出行去产能就业帮扶宣讲会。宣讲会的主要目标是向职工阐述滴滴出行与焦煤集团对参与滴滴平台工作职工的激励政策，鼓励员工积极参与。宣讲会的主要内容包括：滴滴出行太原市场负责人介绍滴滴公司帮扶激励措施；人力资源服务公司领导介绍集团的激励措施；太原市滴滴出行平台的两名十佳司机分享切身体会；问答环节。宣讲会的参会人员为西山煤电的劳资科领导和普通职工。参会人员一部分为自愿加入平台的职工，另一部分为各子公司分派名额参会的职工。2017年1月23日，焦煤集团人力资源服务公司在霍州煤业、汾

图 5-1 山西焦煤下属创业企业山西飞灵网络公司的司机之家

西矿业分别召开了滴滴出行政策宣讲会,均收到了良好的宣传效果。

滴滴出行也根据实际情况调整了激励方式,以推动更多职工加入政策试点。滴滴出行最初的政策试点激励方式是:职工加入平台前3个月内,每月完成计费时长90小时以上的订单交易,滴滴出行在当月给予该职工1 000元的额外奖励,3个月累计奖励最高为3 000元。该激励方式的主要目的是鼓励职工转化为平台的全职司机。

通过调研发现,在滴滴平台上工作的焦煤集团的职工,大多属于兼职司机,难以完成每个月90小时(平均每天3小时)计费时长工作量。为了进一步鼓励以兼职为主的职工积极参与政策试点,滴滴出行及时修改了激励方式,调整后的激励方式为:职工加入平台前3个月内,每月完成60~199单,当月在平台收入外额外给予 300 元的奖励金；每月完成 200~299 单，当月在平台收入外额外给予 500 元的奖励金；每月完成 300 单及以上，当月在平台收入外额外给予 1 000 元的奖励金。同时，报名时间也延长至 2017 年 6 月底，其中每月 20 日确定本期活动参加人员，审核通过后，次月 1 日开始计算整月接单情况，第三个月享受奖励。

滴滴出行的司机队伍发展战略，是以鼓励专职司机为发展方向的。尽管与该发展方向相反，但滴滴出行仍然调整了政策试点激励方式，从鼓励职工从事专职网约车司机工作到适应职工普遍从事兼职工作的现状。从激励方式调整看，滴滴出行公司对去产能职工就业帮扶给予了极大的诚意和努力。

在焦煤集团政策试点中获得实践检验的一个成功经验是：滴滴平台采取线上推送的方式吸引职工参与政策试点（如图 5-2 右侧流程所示），该成功流程的关键点之一在于焦煤集团配合，帮助识别职工的身份是否属实。这样滴滴平台就可以明确申请人身份，进行补贴发放。

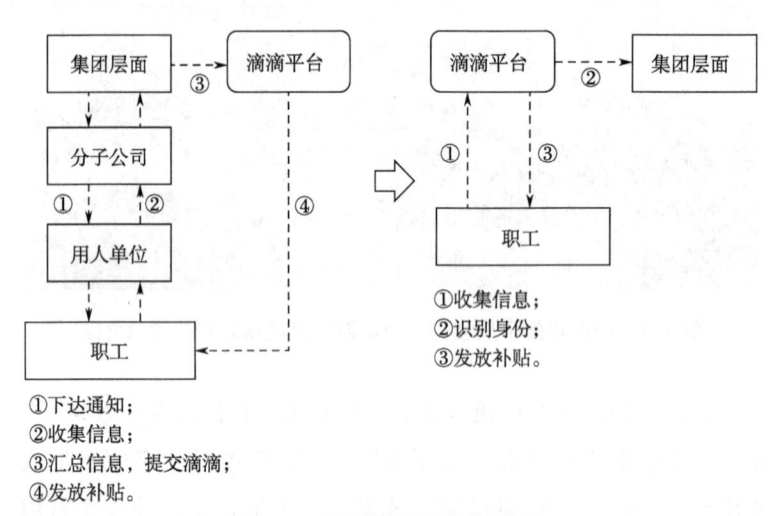

图 5-2 调整前后的报名策略

煤炭行业试点企业政策试点平稳、有序推进。滴滴出行、焦煤集团等政策主体积极推动政策实施。从 2016 年底政策文件下发到 2017 年 1 月 20 日，已经有第一批 627 名职工报名参与了政策试点，其中有 602 名职工通过滴滴出行条件审核，可以享受政策试点优惠。除了对职工就业安置的影响，滴滴出行与焦煤集团的战略合作也推动了焦煤集团内部转型升级，激发了焦煤集团内部职工创新创业动力。

三、钢铁行业政策试点情况

（一）钢铁行业各政策主体对政策试点的态度

钢铁行业的政策试点主要在河北省唐山市执行。政策试点在唐山市的推动主体主要是唐山市人社局。唐山市人社局通过将政策试点向区、县各级就业服务机构进行部署，利用就业服务体系向去产能职工介绍政策试点，让有意向参与政策的职工直接与滴滴公司联系；同时，通过与去产能直接相关的劳动关系部门，积极向企业介绍政策试点。唐山市人社局计划借助市、区、街道、社区/村的就业服务体系，采用职业介绍、职业推介的方式，加强对政策试点的宣传，以吸引更多的去产能职工加入政策试点。

唐山市人社局和滴滴出行联合举办了座谈宣讲会，向唐山市去产能企业介绍政策试点情况。在唐山市的去产能企业中，唐山钢铁和开滦集团两家国有企业已经分别向企业内部职工推介了政策试点，鼓励员工在完成好本职工作的前提下参与政策试点。对于去产能的民营企业而言，普遍以解除劳动关系作为员工安置的主要选择，因此没有对政策试点进行内部推介。

（二）钢铁行业试点地区基本情况

唐山市是以钢铁、煤炭为支柱产业的重工业城市。其中，钢铁产量占全国钢铁产量的七分之一强[1]。因此，钢铁行业试点地区选定了河北省唐山市。根据河北省政府的要求，到 2017 年底，唐山市需压减炼铁产能 2 800 万吨、炼钢产能 4 000 万吨。其中，化解炼钢产能任务占全国的二分之一、全省的三分之二。这意味着唐山市钢铁企业将减少直接收入 60 多亿元，而且将减少就业岗位 7 万多个，连带影响就业岗位 20 多万个[2]。

2016 年，唐山市共压减高炉 15 座、化解炼铁产能 780 万吨；压减转炉 12 座、化解炼钢产能 829 万吨；关停煤矿 2 处，压减煤炭产能 250 万吨，规模以上工业减少煤炭消耗 226.9 万吨，完成河北省下达的 2016 年化解钢铁和煤炭产能目标任务。2017 年河北省下达唐山去产能任务为压减炼钢产能 1 006 万吨、炼铁产能 570 万吨、煤炭产能 150 万吨、焦炭产能 360 万吨，

---

[1] 新华社，《钢铁大市唐山今年将压减 1794 万吨钢铁》，2017 年 1 月。
[2] 《唐山：坚决打赢去产能硬仗》，载《河北日报》，2017 年 5 月。

关停 2 台 1.2 万千瓦煤电机组[①]。

唐山市去产能共涉及 16 家钢铁、煤炭企业，受影响企业职工总人数约 17 万人。2016 年去产能职工安置任务为 2.3 万人，到 2017 年 4 月已经完成 2.2 万职工安置；其中，转岗分流 13 815 人，内退 1 625 人，解除劳动合同 6 758 人。70%的去产能职工的就业问题都通过企业内部解决，没有推向市场。

总体而言，唐山市去产能任务繁重，职工安置压力较大。唐山市政府主要采取了企业稳岗政策、内部退养、等待退休、40/50 人员政策补助、优势企业兼并、促进转岗就业创业、失业保险支持就业创业、职业培训等措施，处理由于去产能导致的职工就业困难。

由于经济效益下滑以及去产能的影响，自 2015 滴滴进入唐山后就开始有去产能行业的司机加入滴滴平台。课题组对唐山市滴滴司机发放了调研问卷，共获得来自钢铁、煤炭两个去产能行业的司机问卷共 253 份，占样本总量的 24.3%。如果将唐山市其他传统制造业（如煤电、水泥、化工、有色金属等）包括进来，唐山市滴滴司机中来自产能过剩行业的比例达到了 31.6%。

唐山市去产能行业中，通过网约车平台获得收入的职工数量也比较大。按照滴滴平台提供的数据，2016 年以来至 2017 年 3 月底，唐山市滴滴平台上获得过收入的司机数量为 39 789 人。根据该数据计算，2016 年至 2017 年 3 月底，唐山市滴滴平台共为约 9 668 名来自煤炭、钢铁行业的职工提供了获得收入的机会。如果根据已经在唐山市滴滴平台激活过司机数量 8 万人计算[②]，唐山市滴滴平台已经累计为约 2 万名来自煤炭、钢铁行业的职工提供了获得收入的机会。可以大致估计出，唐山市滴滴平台为钢铁、煤炭两个去产能行业职工提供的就业岗位为 9 668~20 000 个，为包括其他传统制造业在内的产能过剩行业职工提供的就业岗位为 12 573~25 280 个。

从就业状态看，来自去产能行业的司机在滴滴平台主要以兼职为主，兼职司机占总样本的 85.77%，专职司机占总样本的比例为 14.23%。

如图 5-3 所示，并非所有的职工都认为滴滴平台的工作不稳定。44.5%的去产能职工认为滴滴平台的工作较为稳定，52.8%的去产能职工认为滴滴

[①] 河北新闻网，《四个"决不允许" 唐山坚决打赢去产能攻坚战》，2017 年 3 月。
[②] 包括 2016 年之前的激活司机。

平台的工作不稳定。

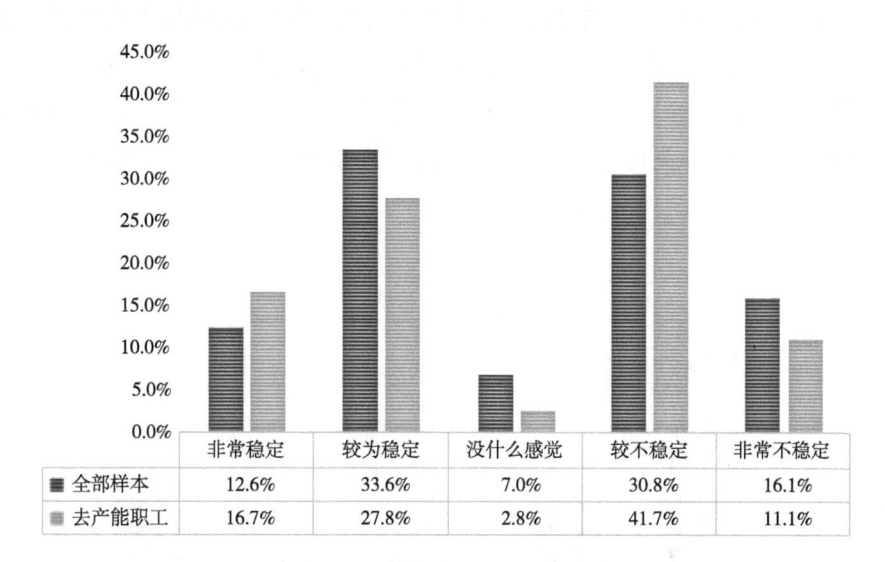

	非常稳定	较为稳定	没什么感觉	较不稳定	非常不稳定
全部样本	12.6%	33.6%	7.0%	30.8%	16.1%
去产能职工	16.7%	27.8%	2.8%	41.7%	11.1%

图 5-3 对滴滴平台工作稳定性的看法

哪些因素导致了职工认为滴滴平台的工作不稳定？从对滴滴平台工作最为担心的问题上看，无论是否来自去产能行业，平台司机最为担心的主要问题是车辆被扣或罚款、客流不稳定（收入不稳定）、网约车政策不确定（图 5-4）。上述第一、第三项都与政府的政策和监管环境密切相关。

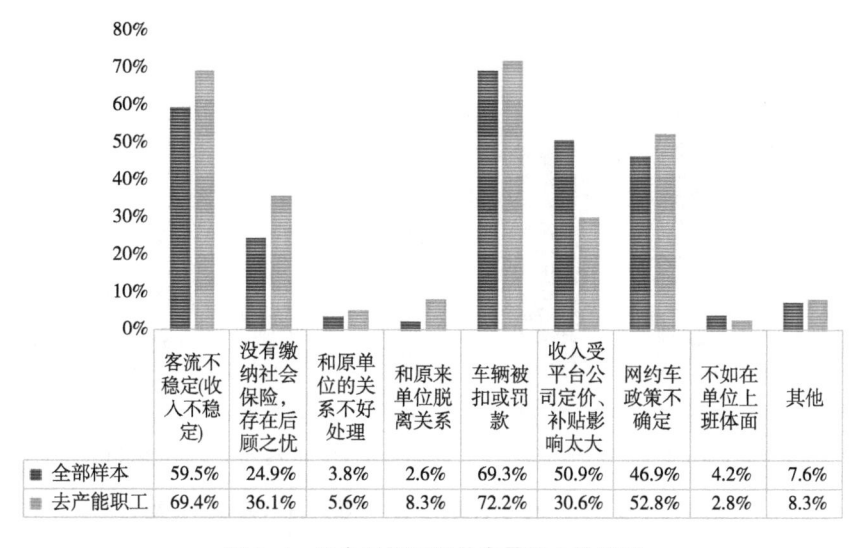

	客流不稳定(收入不稳定)	没有缴纳社会保险，存在后顾之忧	和原单位的关系不好处理	和原来单位脱离关系	车辆被扣或罚款	收入受平台公司定价、补贴影响太大	网约车政策不确定	不如在单位上班体面	其他
全部样本	59.5%	24.9%	3.8%	2.6%	69.3%	50.9%	46.9%	4.2%	7.6%
去产能职工	69.4%	36.1%	5.6%	8.3%	72.2%	30.6%	52.8%	2.8%	8.3%

图 5-4 平台司机开网约车最担心的问题

时代的重铸：新就业形态与去产能职工再就业

从收入方面看，滴滴平台收入对于去产能行业的专、兼职司机都有重要意义。图 5-5、图 5-6 分别显示了去产能行业专职司机在滴滴平台获得的收入占个人收入和家庭收入的比重。如图所示，27.78%来自煤炭、钢铁去产能行业的专职司机在滴滴平台获得的收入超过其个人收入的 60%。25%来自煤炭、钢铁去产能行业的专职司机在滴滴平台获得的收入超过其家庭收入的 60%。

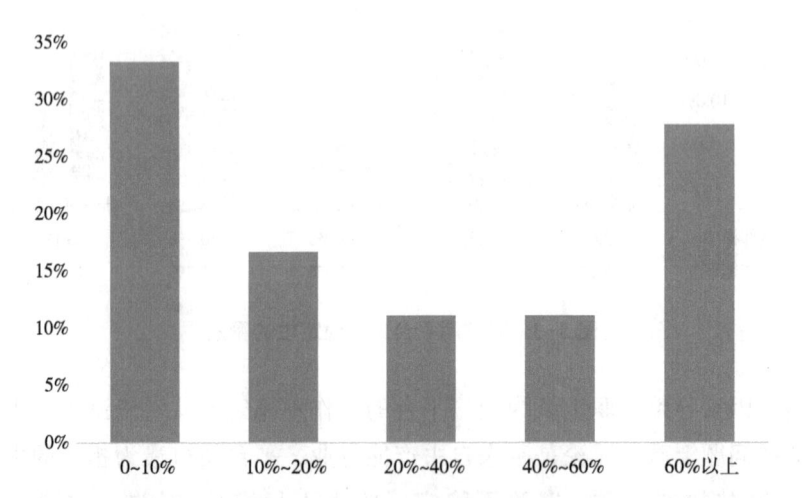

图 5-5 去产能行业专职司机网约车收入占个人收入比重

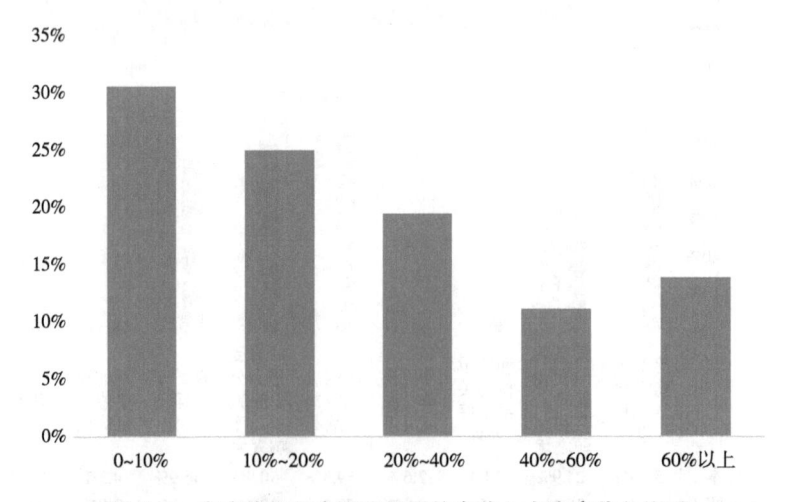

图 5-6 去产能行业专职司机网约车收入占家庭收入比重

图 5-7、图 5-8 分别显示了去产能行业兼职司机在滴滴平台获得的收入占个人收入和家庭收入的比重。对于兼职司机而言，滴滴平台的收入也成为其个人和家庭收入的重要补充。大部分兼职司机在滴滴平台上的收入占其个人和家庭总收入的 10% 以下，但也有 34.56% 的兼职司机，其在滴滴平台获得的收入占其个人收入的 10% 以上；22.12% 的兼职司机，其在滴滴平台获得的收入占其家庭收入的 10% 以上。

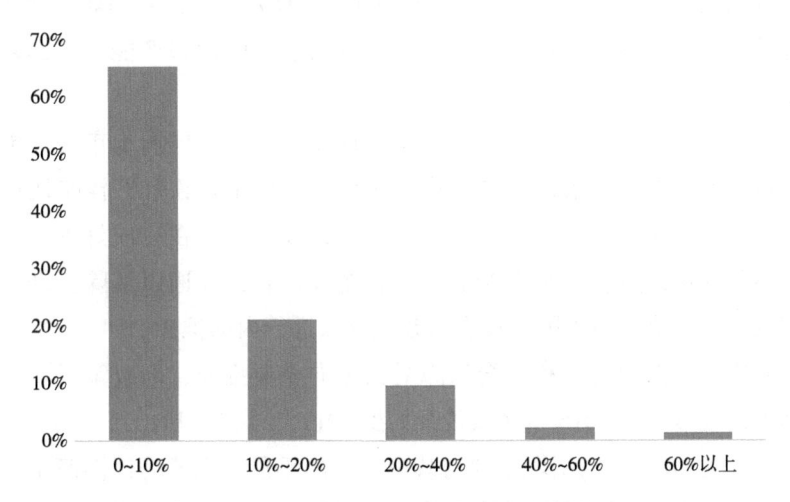

图 5-7 去产能行业兼职司机网约车收入占个人收入比重

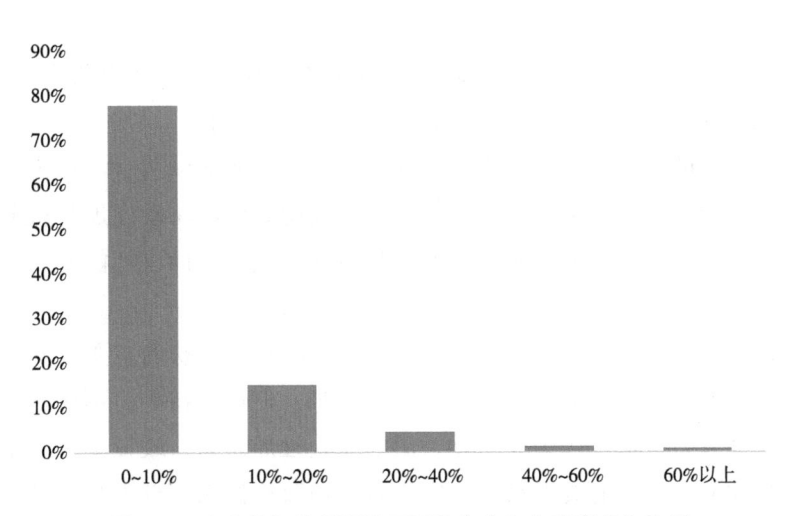

图 5-8 去产能行业兼职司机网约车收入占家庭收入比重

（三）钢铁行业政策试点推进情况

唐山市人社局是政策试点在唐山市的主要推动主体。唐山市人社局已经将政策试点向区、县各级就业服务机构进行部署，通过就业服务体系向去产能职工介绍政策试点，让有意向参与政策的职工直接与滴滴公司联系。同时，通过与去产能直接相关的劳动关系部门，积极向企业介绍政策试点。唐山市人社局计划借助市、区、街道、社区/村的就业服务体系，采用职业介绍、职业推介的方式，加强对政策试点的宣传，以吸引更多的去产能职工加入政策试点中。

唐山市人社局和滴滴出行曾联合举办座谈宣讲会，向唐山市去产能企业介绍政策试点情况。在唐山市的去产能企业中，唐山钢铁和开滦集团两家国有企业分别向企业内部职工推介了政策试点，鼓励员工在完成好本职工作的前提下参与政策试点。对于去产能的民营企业而言，普遍以解除劳动关系作为员工安置的主要选择，因此没有对政策试点进行内部推介。

尽管唐山市人力资源和社会保障局大力向企业推介，但政策试点在唐山市仍然推进缓慢。从2016年底政策开始到2017年4月，唐山市报名参与政策试点人数仅为88人。吸引职工参与政策试点的手段，主要是以滴滴平台为主体，通过向司机发放问卷识别是否属于去产能受影响企业的员工，进而通过电话确认的方式向司机推介政策试点。政策试点在唐山市推进缓慢的原因主要包括：

第一，唐山市人社部门支持政策试点工作，但缺乏强有力的推行手段。唐山市人社局具体负责促成滴滴出行公司与去产能钢铁、煤炭企业合作，帮扶去产能职工就业。访谈中，唐山市人社局的相关领导认为，滴滴出行平台既能够提高服务效率，又能够促进就业，是处理好创新驱动发展与就业优先战略极佳的平衡点。唐山市人社局希望政策试点成为帮助去产能职工的一种有效方法，也希望滴滴出行能够提供更多的激励措施。

但同时，唐山市人社局认为，人社局去产能就业帮扶的主要职责是提供公共就业服务，包括对去产能职工的技能培训、创业支持等，不适合直接介入也没有强有力措施介入企业活动。唐山市人社局认为，政策试点实施应该采取市场化的方式，由员工自愿决定是否参与政策试点，自主与滴滴公司建立联系，政府部门不应该作为政策试点推进主体和组织主体。

在去产能过程中，唐山市同样面临极大的去产能职工安置挑战。对于活动试点,唐山市人社局的顾虑在于,滴滴出行平台作为去产能职工安置的解决方案,缺乏长效性,三个月的奖补期限过短,三个月之后的问题依然存在。唐山市人社局认为政策试点执行应该逐步推行,不能操之过急,滴滴平台对去产能职工的吸引要经历一定的过程。

第二,在政策试点过程中,钢铁行业回暖,利润率上升,企业用工需求量上升。2016年下半年以来,随着供给侧结构性改革的推进,钢铁行业全面回暖。访谈中了解到,2016年以来唐山市钢铁企业盈利大幅好转,不少2015年关停的钢厂重新复产。唐山地区的产能利用率在90%以上,绝大部分钢厂已经把高炉的利用系数调到最高,以尽可能实现产量最大化。

钢铁企业厂内库存保持非常低的水平,原材料也采取按需采购策略。钢铁行业去产能主要是对一些暂时没有生产能力的生产线和没有利用价值的产能进行淘汰。

此外煤炭行业去产能和钢铁行业去产能也存在技术上的差异。煤炭行业降低产能后,则产量下降,钢铁行业的产能和产量之间有一定关系,但产量水平还需要具体看市场需求和利润情况。如果产能下降,但市场需求强劲,那么现有企业将以现有产能为基础提高产量。因此,钢铁行业去产能与劳动者岗位减少之间的线性关系不如煤炭行业明显。

此外,钢铁企业的一线岗位大多属于高危险岗位,需要劳动者进行长时间的体力劳动。企业管理者认为,这类岗位的劳动者不适合在业余时间再开滴滴(这可能导致劳动者休息不够,增加生产事故发生的概率)。因此,企业管理层并不鼓励职工参与滴滴平台工作。随着钢铁行业回暖,对劳动用工的需求增加,企业对职工安置的需求减弱。

第三,唐山市钢铁行业以民营企业为主,劳动关系灵活。唐山市钢铁行业去产能的14家企业中,除唐山钢铁集团外,其余13家都为民营企业。民营钢铁企业中,20%左右的人员为核心骨干人员,主要为技术和管理人员,属于企业的正式员工;而其余80%左右的一线工人主要为企业周边的农民工。企业对一线工人的使用保持很强的灵活性。企业有订单时,则大规模招聘一线工人,增加产量;企业没有订单时,企业随即解雇一线工人,只保留核心骨干人员。

在钢铁行业整体劳动关系灵活的条件下,面对去产能导致的产量下降,民营钢铁企业更倾向于选择低成本的直接解雇方式,缺乏组织和推进试点政策试点的动力。

第四，没有去产能企业的配合，滴滴平台就无法识别去产能职工身份。在焦煤集团政策试点中，试点成功的关键点之一，在于焦煤集团主动配合并帮助识别职工的身份。这样滴滴平台就可以明确申请人身份，进行补贴发放。而唐山市由于缺乏企业作为推动主体，无法借助企业对去产能职工的身份进行识别。唐山市人社局掌握受去产能影响的职工或下岗职工信息，但人社局认为，为滴滴平台提供去产能职工信息可能涉及泄露职工隐私，因而该方法无法在唐山市应用。

第五，政府运输管理部门采用非法手段查扣网约车。在对滴滴平台司机的访谈中了解到，唐山市丰润区运输管理部门以无运管证为名大规模查扣网约车，高额处罚网约车司机，甚至采用了钓鱼执法等非法手段查扣网约车。该区的运输管理部门并没有依据2016年7月28日规定的《网络预约出租汽车经营管理暂行办法》进行执法，而是以尚未接到上级部门关于准予私家车用网约软件从事客运经营行为的明文规定和文件通知，仍然按照《出租汽车经营服务管理规定》有关规定进行查处。政府运输管理部门的行为增加了唐山市网约车市场运行的困难，增加了职工参与网约车平台工作的困难，也加重了职工参与网约车平台的顾虑。

四、政策试点实施存在的问题

移动出行专项帮扶活动试点是我国在政策实践中首次尝试通过新就业形态帮助解决社会就业问题，也是政府部门首次与平台企业，在相关领域协同合作。政策试点同时也是发现困难与阻碍的过程。在本次政策试点过程中，也暴露出政策推进的阻碍因素。

（一）地方监管措施提高了网约车市场准入门槛

2016年7月27日，交通运输部、工信部等7部委联合发布了《网络预约出租汽车经营服务管理暂行办法》，提出将互联网专车纳入预约出租汽车管理，明确了出租汽车的行业定位和网约车的合法地位，以及平台公司应承担的承运人责任；该文件规定，网约车管理属于地方事权，网约车准入条件由各城市交通管理部门负责制定，包括运力规模、运价政策、车辆标准、驾驶员条件等。

早在2015年10月10日，交通运输部就发布了《网络预约出租汽车经营服务管理暂行办法（征求意见稿）》。该征求意见稿将网约车新业态立法问题提到日程，同时也引发了社会热议，交通运输部邀请持强烈反对意见的专家学者座谈，听取不同意见，彰显对这一立法的高度慎重（顾大松，2016）。部分学者对该征求意见稿持强烈反对意见，包括上海金融与法律研究院研究员傅蔚冈、清华大学经管学院副教授金勇军、中国政法大学法学院教授刘莘在内的十多名专家联名呼吁交通运输部暂缓制定网约车管理办法①。尽管2016年最终出台的《网络预约出租汽车经营服务管理暂行办法》吸收了专家和学者的意见，删除了将平台和驾驶员之间的法律关系界定为劳动关系、城市人民政府对网络约租车配置数量可以进行限定、网络预约出租汽车不得同时接入两个或两个以上的网络服务平台提供运营服务等内容，但该暂行办法的主要思路还是以监管出租车的方法对网约车进行监管，维持了较高的车辆以及驾驶员准入门槛。

2016年12月26日，太原市政府发布了《太原市实施网络预约出租汽车经营服务管理暂行办法细则（公开征求意见稿）》（以下简称《太原市细则》）。与北京、上海相比，尽管《太原市细则》对从事网约车的车辆与人员的准入标准如在车辆排量、人员身份等方面降低了门槛，但也对准入车型、人员等做出了严格的规定，这将对太原市网约车市场造成较大冲击，也极大地增加了焦煤集团职工加入平台的成本，成为去产能就业帮扶的阻碍。根据第三方评估公司评估，以2016年12月整月数据测算，综合考虑轴距、排量、车龄三个条件，《太原市细则》将导致存量车辆下降80.6%，接单量下降75.4%。《太原市细则》一刀切地将车辆年限规定为3年以下；对于焦煤集团职工而言，大部分职工购车都是在煤炭效益最好的2013年前后，车辆年限刚刚超过3年，无法满足《太原市细则》的要求。

地方政府监管措施不符合平台经济发展的本质特征，更不利于发挥平台对就业的促进作用，对山西省其他城市会产生负面示范效应。为促进滴滴出行对去产能职工的就业帮扶效果，应尽可能减少对网约车准入的限制，消除劳动者对网约车平台未来发展的担忧。

（二）职工缺乏市场意识，对政策试点实施信心不足

调研中发现，职工普遍缺乏市场意识与担当意识，普遍存在对集团和所

---

① 《专家联名呼吁交通运输部暂缓制定网约车管理办法》，https://m.sohu.com/a/37200452_115250。

在企业"等靠要"的心态，希望集团能够在滴滴政策试点基础上增加相应的激励政策，保障职工在滴滴平台工作的基本收益。白家庄矿业未转移安置的职工，在去产能开始阶段的实际工资水平约为1 700~1 800元。由于工作量不饱和，部分职工已经开始利用上班时间跑网约车。一些职工担心转移到滴滴平台就业后，不但工作量会加大，如果企业停止发工资，实际收入提高可能并不多。

不中断与企业的人事关系是职工参与政策试点的底线，无论政策试点的激励程度多么大，职工都不愿意放弃国有企业身份。访谈中了解到，职工认为尽管国有企业工资水平低，但工作有终身保障，并可获得相应的福利，如子女就业安排、集体住房、三供一业（供电、供水、供暖、物业）有保障，有大病互助保险等，这些福利在职工退休后仍然可以享受。

职工对企业推进政策试点的决心没有多大把握。随着煤炭价格回暖，部分职工认为集团推进去产能的动力可能减弱。部分职工认为集团推进政策试点的力度不够，对集团是否会坚持给予参与政策试点的职工以人事关系的保障没有把握。

职工对于平台的收益存在疑虑。从已经参与平台的职工来看，普遍认为参与滴滴平台的成本上升。随着油价上升和《太原市细则》的出台，私家车转为网约车的成本大大提高，如果再计算车辆报废的折旧，那么在网约车平台工作的成本较高。此外，由于已经参与滴滴平台的司机主要是兼职司机，接受派单有限，因此在平台的收入有限。因此，职工普遍认为在滴滴平台工作的收入不足以吸引他们到滴滴平台工作。

此外，一些职工对于滴滴出行平台、政策试点的制定和实施、《太原市细则》等背景性内容依然存在误解，如有的司机认为，私家车转变为网约车后车辆8年即报废，加入政策试点即等于加入租赁公司，加入租赁公司会被滴滴平台与租赁公司双份抽成等。

（三）国有企业的配套政策仍不足以吸引职工参与

尽管焦煤集团已经成立了专门的人力资源公司来推动政策试点落地实施，同时将参与试点政策的职工等同于"双创"职业，可以享受集团的创新创业政策，但在人力资源公司与职工的对话过程中，职工普遍希望集团能够加大推动力度。职工的主要诉求集中于希望集团在职工参与滴滴平台过程中起到组织和管理的作用，具体包括：

第一，由集团购车或由集团与职工个人分摊购车，统一车型，统一标识，从而降低职工购置资产或投入自有资产的风险。

第二，集团成立专门的租赁公司，职工关系挂靠到租赁公司。一方面职工的人事关系得以保障，另一方面租赁公司可以发挥组织优势，提升职工的服务质量和接单数量。

（四）政策试点推进过程中存在的矛盾

1. 职工以兼职为主与滴滴派单机制倾向于专职司机的矛盾

滴滴出行平台的派单机制倾向于服务质量较高、在线时间较长的专职司机；但是，已经在滴滴平台工作的焦煤集团职工主要是以兼职为主，其在线时长普遍较短、服务时间波动大、服务质量无法保证。这种工作模式下的司机在滴滴平台上能够接收到的单数有限。

部分已经参与了滴滴平台工作的职工表示，由于无法获得足够的订单，因而收入水平无法得到保障。平台派单机制与职工兼职为主的矛盾是职工参与政策试点的一大阻碍。

2. 企业鼓励职工加入滴滴平台与保证本职工作、遵守劳动纪律之间的矛盾

由于去产能以及相关行业不景气，大量职工工作任务不饱和。很多职工上班签到后就离开岗位兼职跑网约车，在获得本职工作收入的同时，可以额外获得在滴滴平台兼职的收入。职工参与政策试点的一大顾虑是：如果报名参与政策试点，会暴露其已经在滴滴平台兼职的事实，其行为违背了企业岗位职责和劳动纪律；同时，有职工担心现状被打破后，本职工作的收入被取消，之后只能够拿到滴滴平台的收入。

从企业的角度看，集团下属公司负责人也担心职工参与政策试点会导致其无法安心于本职工作，降低组织工作绩效、削弱组织凝聚力。

3. 鼓励职工加入滴滴平台与地方提高网约车市场准入门槛的矛盾

如上文所述，地方网约车监管措施降低了职工对滴滴平台工作稳定性的预期，认为滴滴平台有可能被政府取缔或在政府的打压下无法继续发展。鼓励职工加入滴滴平台与地方监管措施提高网约车市场门槛之间相互矛盾。

五、国有企业推进去产能职工市场化安置的经验模型

以移动出行专项帮扶活动试点作为帮扶去产能行业职工再就业安置实践，是一次利用市场化机制解决国有企业去产能职工的创新举措。从政府部门到

国有企业职工，不同层级的决策主体发挥了各自的作用。本研究总结了国有企业推进去产能职工市场化安置的经验模型（见图5-9）。

我们将国有企业去产能职工市场化按照决策主体简化为四个层级：政府部门、集团层面、分子公司、职工。由于大部分国有企业规模庞大、层级众多，所以现实中的局面可能更加纷繁复杂。

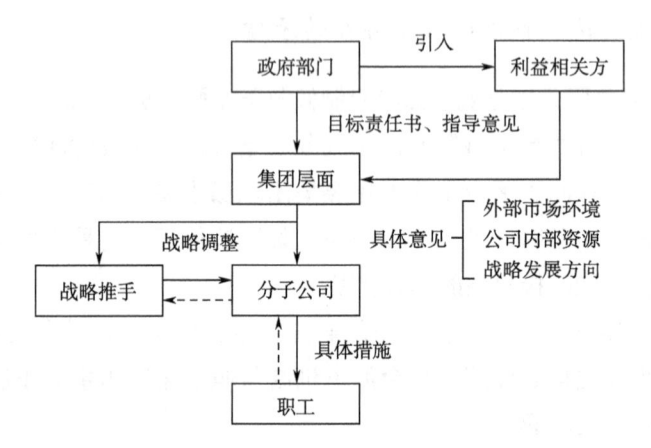

图 5-9　国有企业推进去产能职工市场化安置的经验模型

政府部门根据本省去产能总体目标，将去产能目标分解至各企业，具体到每一口矿井签订去产能责任书。政府部门同时下达去产能职工安置的指导意见，为企业职工安置设定基本原则、划定不同类别职工、制定促进再就业的主要方式等。政府部门的指导意见相对而言比较宽泛，主要是设定政策框架，而非在实际操作层面给出意见。

在新就业形态去产能职工就业帮扶案例中，不同地方政府部门主动引入利益相关方滴滴出行平台，是形成第三章稳健行动理论所提到的"参与式架构"的前提。试点政策构建了传统企业和新就业形态平台企业之间对话的基础和框架，该参与式架构的建立使得新就业形态这种市场化选择进入企业去产能职工安置的战略或意见中，形成为职工提供的一种选项。

国有企业根据政府部门布置的去产能目标，根据需要关闭矿井的数量，以及各矿井富余人员的比例，划定具体的进入安置程序的职工范围。同时，集团层面设定了职工安置的具体意见。具体意见在集团层面必须统一，否则可能会引起不同分子公司职工产生意见和情绪。具体意见经过反复讨论出台，一般会详细考虑企业内部可调整的潜力、职工类别和职工的生产率、相关补贴形成的激励因素等。

在焦煤集团的案例中，集团层面将去产能职工安置作为企业人力资源战略的组成部分。集团人力资源公司负责去产能职工安置整体推进，协调沟通各分子公司意见，寻求市场化解决方案等。集团人力资源公司的定位是集团人力资源战略调整的推手，具体落地执行集团的人力资源战略。本次移动出行专项帮扶活动试点就是由集团人力资源公司向各分子公司推荐的安置措施之一。在组织层面设置专门的战略推手，有利于复杂情况下依然推进战略执行。例如，在移动出行专项帮扶活动或其他市场化安置措施中，需要人力资源公司协调内外部资源和信息，以达到企业内部和市场组织之间的合作协同。

分子公司根据集团层面去产能职工具体意见，形成本公司的具体安置措施。这些安置措施总体上不会与具体意见有较大差异，但具体执行过程中根据各个职工的情况有一定的灵活性。分子公司会配合人力资源公司的战略推进，也会把在执行过程中遇到的具体问题通过人力资源公司进行反馈。

在形成参与式架构后，国有企业与外部市场主体（如滴滴出行平台）之间需要形成平等交换不同意见的"多元印记"，并在此基础上开发出灵活性高、适应强的解决方案，即进行"分布式实验"。这是解决复杂、巨大挑战的原则。根据新就业形态去产能职工就业帮扶案例，国有企业和市场主体之间目标和利益是否一致、沟通和协调是否顺畅、能否根据实际情况灵活调整，是推动职工安置顺利进行的关键。总体而言，山西省在移动出行专项帮扶活动试点中基本完成了几个关键行动，而唐山市和东北地区出于各种原因未完成关键行动，因而最终未获得试点活动的成功（表5-3）。

表5-3　各试点地区采取的稳健行动及职工安置结果

行动	山西省	唐山市	东北地区
是否引入利益相关者	引入	引入	未引入
是否形成多元印记	形成	未形成	未形成
是否形成分布式实验	形成	未形成	未形成
职工安置结果	成功	未成功	未成功

尽管如唐山、东北、武汉等地区的国有企业在去产能过程中，去产能受

影响职工已经自发地在新就业形态中谋生以获得收入,但这些行为并未成为当地国有企业去产能职工安置的选项之一。职工可以以兼职身份参与新就业形态,但并没有相关政策支持去产能职工向新就业形态转移,因而不能算作国有企业的去产能职工市场化安置措施。

第六章
新就业形态去产能就业帮扶的政策评估

2016年12月，人力资源和社会保障部联合多部委共同出台的《关于开展东北等困难地区就业援助工作的通知》，提出了移动出行专项帮扶活动计划，确定自2016年12月至2017年6月，以河北、山西、辽宁、吉林、黑龙江五省为试点，开展移动出行专项帮扶活动试点。在此背景下，网约车平台——滴滴出行开始组织人员、成立项目组，并落实第一期帮扶资金3 000万元。政府支持移动出行平台帮扶去产能过程中就业受影响的职工，是去产能职工就业安置的制度创新，也是政府与平台型企业合作解决社会问题的创造性尝试，对发展新就业形态，缓解产业转型升级对就业的冲击等都有重要的借鉴意义。

一、新就业形态去产能就业帮扶实施总体情况

根据网约车平台数据以及课题组调研，自2016年1月至2017年6月，滴滴出行平台已经为试点五省提供了169.2万个工作机会，司机月均收入达到2 647.57元。滴滴出行平台去产能就业帮扶政策在焦煤集团推进顺利，实现了"广覆盖""增收入""调结构"三个方面的效果，且随着政策推行，政策效果不断显著。

"广覆盖"的具体表现如下。政策试点工作在2016年3月取得较大进展，报名参与政策试点的焦煤集团职工总数从2016年2月底的1 000人增加到6 400人左右。参与政策试点职工大幅度提高的原因在于滴滴出行平台调整了职工报名参与方式，由依托焦煤集团自上而下收集信息的方式转变为依托平台收集再由焦煤集团验证职工身份的方式。这种新的报名方式收到了立竿见影的效果，使得报名人数快速增长。

"增收入"的具体表现如下。从事网约车工作已经成为去产能职工重要的兼职创收来源。参与政策试点职工的调研数据显示，网约车收入是被调查职工的重要收入来源，平均占比达到职工家庭收入的近四分之一（图6-1）。

"调结构"的具体表现如下。滴滴平台不仅帮助职工就业与增加收入，也在推动焦煤集团转型升级方面发挥了作用。滴滴出行平台与焦煤集团战略合作效果进一步显现。去产能职工自主创业的山西飞灵网络科技有限公司在推进政策实施和服务参与滴滴平台职工司机方面已经开始发挥重要作用。滴滴出行平台与焦煤集团正式确立共同筹建滴滴平台呼叫中心，为焦煤集团提供约400个就业岗位，从业者主要为青年去产能职工及焦煤集团职工子弟（图6-2）。

时代的重铸：新就业形态与去产能职工再就业

图 6-1　山西焦煤下属汾西矿业去产能职工从事网约车工作获得的收入（张成刚摄）

图 6-2　山西焦煤与滴滴出行平台共同建立的网约车平台呼叫中心（张志国摄）

经过半年试点，"移动出行专项帮扶活动"取得巨大成绩。活动达到预期目标，帮助试点地区、企业相当规模的失业人员和长期停产企业职工实现了就业、增加了收入；同时，活动推动了去产能企业创新创业，为去产能企业和职工发展提供了新动能。2017年2月到6月，报名参与活动试点的职工共计6 312人[①]。截止到2017年9月奖励发放完毕[②]，在滴滴接过单的为3 310人，他们在滴滴平台上共获得收入2 241.3万元，人均6 771元。其中，满足奖励条件、获得帮扶奖励的为1 281人，滴滴为他们提供帮扶奖金共计192.9万元，人均1 506元。参与活动的试点职工多为兼职，人均服务时长为每月41.07小时，相当于额外工作5.13个标准工作日。

移动出行专项帮扶活动试点推进平稳、有序，试点地区、去产能企业以及滴滴出行推进活动试点主要开展了以下工作。

第一，山西焦煤集团在试点活动中成绩明显。

试点活动既帮扶职工再就业，获得收入，又激发了国有企业内部创新创业。集团人力资源公司是此次试点活动的推动主体。在试点活动之初，职工对活动存在观望与疑惑，报名人数增长缓慢。焦煤集团召开多场宣讲会（图6-3），利用网络、微信等加大宣传力度，并配合相应制度保障，滴滴平台也调整了吸引职工参与方式，报名参与活动人数呈现井喷式增长。截至2017年6月，已经有6 008名焦煤集团职工报名参加活动，其中涌现了大量通过滴滴平台辛勤工作，改善家庭生活甚至依靠滴滴平台收入支撑家庭的案例。

图6-3 山西焦煤人力公司为职工召开宣讲会，会后职工踊跃咨询和报名（张成刚摄）

[①] 此数据经焦煤集团等去产能企业、滴滴公司共同校核。
[②] 2017年2月到6月皆可报名，奖励发放截止到2017年9月。

同时，焦煤集团抓住与滴滴合作契机，推动内部创新创业：青年职工冯森涛、李杰、刘志等创办了飞灵网络公司，专门从事滴滴司机服务业务，在创办初期就吸纳焦煤转岗专职司机53人，司机月平均收入从1 000元上升到7 000~8 000元；吸纳兼职司机5 835人，90%为焦煤集团职工；业务范围遍及山西省11个地市。滴滴出行平台与焦煤集团共同建立的滴滴客服基地于2017年9月26日挂牌试运行，占地900平方米，设180个席位，在基本运行后一个月内已有166人通过培训后上岗，另有47人正在接受岗前培训。客服人员月收入2 800元左右，享受社会保险和住房公积金待遇。集团公车改革将与滴滴出行平台开展合作，盘活封存、闲置的公车；集团也在积极探讨成立租赁公司，以组织化形式接入滴滴平台。

焦煤集团在此次活动试点中的成功因素主要有：①组织保障。集团成立人力资源公司，专门负责对接滴滴公司、向内部各分子公司推广活动。②制度保障。参与活动职工可以享受集团双创政策，保证不解除劳动关系，解决职工后顾之忧。③战略保障。焦煤集团借助活动，推动企业内部转型升级，为企业发展寻找新出路。

第二，河北省唐山市缺乏企业作为推动主体，民营钢铁企业推动活动意愿小。

在缺乏企业作为推动主体的情况下，唐山市人社局作为活动推动主体，主要工作是向区、县各级就业服务机构部署活动，通过其就业服务体系向去产能职工介绍活动内容，并联合滴滴举办政策宣讲会，推动唐山钢铁和开滦集团向企业内部职工推介活动。唐山市人社局认为政府不宜过度介入企业经营活动是非常有道理的，体现了对市场经济原则的尊重和对企业自主权的重视。

截至2017年6月底，唐山市报名参与活动人数为178人，人数低于预期，主要原因有：①唐山市人社部门支持活动试点工作，但仅依靠公共就业服务窗口触达去产能职工的范围有限，活动推行力度不足；②唐山市钢铁行业以民营企业为主，劳动关系灵活，同时钢铁行业回暖，利润率上升，企业用工需求量增大，企业推动活动的动力不足；③唐山市运输管理部门采用非法手段查扣网约车，扰乱了网约车市场，加重了去产能职工参与滴滴平台工作的疑虑。

第三，东北三省试点城市网约车市场供需规模不足需要调整。

东北三省缺乏企业推动主体。省人社厅积极下发活动文件。各城市人社局与滴滴沟通联系不足，对活动的推介力度较小。在沈阳，滴滴通过自有渠道推广宣传，吸引了126名去产能职工报名加入平台。

东北地区试点城市的选择，是由有意向参与活动的市人社局上报省人社厅，省人社厅上报人社部后确定的。但上报的三座试点城市——辽宁阜新、吉林白山、黑龙江鹤岗由于人口规模小，网约车市场发育不足，无法形成足够规模的市场。滴滴公司根据市场供需情况，将东北地区的去产能帮扶城市调整为辽宁省沈阳市等网约车发展较好的城市，并将帮扶范围扩大到所有就业困难人员。东北地区的试点设计和之后的调整说明，如果政府希望通过市场化的手段解决面临的问题，其前提是先要找到规模足够大的利基市场，否则无法驱动市场主体的有利行动。

第四，滴滴公司积极调整帮扶策略，尽可能实现帮扶效果最大化。

滴滴公司是活动的主要推动者和实施者。滴滴投入大量资金，调动了公司内部政策研究、政府事务、运营管理、运力中心、各城市办公室等多部门协作，同时沟通协调政府机构、去产能企业、学术机构共同推进活动开展，采取实地调研、座谈、发放问卷、大数据分析等方式，跟进了解活动进展。

为满足去产能职工安置的实际需要，滴滴公司不断调整活动实施办法，主要有：考虑到平台灵活就业的特征，现金激励从最初以服务时长为基础调整为以完成接单数为奖励标准，以使更多职工能够完成奖励任务；吸引职工参与方式从最初以企业、政府自上而下推广，调整为以滴滴公司线上推送为主，最大化触达去产能人员；东北地区帮扶城市从计划的辽宁阜新、吉林白山、黑龙江鹤岗调整为市场规模较大的辽宁省沈阳市等。

二、新就业形态去产能就业帮扶具体情况

（一）滴滴出行平台调整试点参与方式，明显提升了职工参与效果

政策实施之初，焦煤集团采用了自上而下的推进方式：由集团层面向下属子公司（集团）、矿务局等层层发文，最后信息到达职工；之后，再由各职工上报参与意愿到子公司，经由各级子公司层层汇总，最后到达集团人力资源公司。集团人力资源公司再向滴滴出行平台提供参与政策试点的职工名单。由于信息传递链条冗长，同时部分职工不愿意单位知晓参与滴滴平台的情况，因此报名参与政策试点的人数增加较慢。

滴滴出行平台主动调整策略，采取了线上推送的方式鼓励职工参与政策试点。滴滴出行平台向山西省内的滴滴平台司机推送短信，宣传政策并提供了直接的报名链接；收到推送短信的司机，如果是焦煤集团的职工，即可以

自主决定是否参与报名。滴滴出行平台的线上推送策略成效显著,当月即有约 3 000 多名司机通过这种方式报名参与。之后,滴滴出行平台与焦煤集团核实了报名职工名单,最终确定 5 148 名司机可以享受政策补贴。

新的参与方式省去了信息在集团内部的流转环节,流程更快捷,效率更高,沟通更明确,充分利用了滴滴平台的信息优势,减少了职工不愿让用人单位知情的顾虑,因而在短期内取得了立竿见影的效果。除了滴滴平台调整了报名参与政策试点的方式外,焦煤集团的调整也对后期报名人数大幅度增加起到了推动作用。焦煤集团人力资源公司通过飞灵网络公司与报名参与的职工直接建立对话联系,通过飞灵网络公司对职工的直接宣传,增加了职工对政策的理解,对推动政策实施提供了帮助。

(二) 滴滴出行平台与焦煤集团战略合作效果初步显现

山西飞灵网络科技有限公司是一家由焦煤集团 6 名去产能职工自主创业成立的企业。这 6 名去产能职工享受了焦煤集团自主创业政策(即在与企业保留劳动关系的前提下,创业第一年享受企业缴纳企业部分养老保险和基本工资①,创业第二年享受企业缴纳企业部分养老保险);同时,焦煤集团也为该创业企业提供了入驻创业孵化器的机会。

借助此次滴滴出行平台去产能就业帮扶政策契机,飞灵网络公司成立了司机之家,以服务本集团参与滴滴平台的职工作为当前主要业务内容。焦煤集团人力资源公司一方面继续通过自上而下的方式收集职工报名信息,另一方面主要借助飞灵网络公司收集报名职工信息。飞灵网络公司采用各种办法加强与职工直接对话,帮助职工完成报名参与政策试点的工作。

滴滴出行平台与焦煤集团正式确立共同筹建滴滴平台呼叫中心。滴滴出行平台提供资金、技术与管理方案,焦煤集团提供场地与人员。预计该呼叫中心的建立可以为焦煤集团提供约 400 个就业岗位。

焦煤集团内部公车改革也在推进中。焦煤集团公车改革将与滴滴出行平台开展合作,将单位封存、闲置的公车推向社会,盘活集团内部资产。

滴滴出行平台拟成立去产能职工创业帮扶基金,专门为去产能企业中有创业需求且创业内容与滴滴产业链相关的职工提供初始创业扶持基金,助力去产能企业转型升级。

---

① 按照太原市最低工资的 80% 发放。

(三) 山西省其他城市去产能职工也受益于滴滴出行平台

此次调研中，课题组赴山西省介休市调研汾西矿业集团职工参与政策试点的情况。汾西矿业是焦煤集团下属的子公司，截至2016年2月20日，已有200多位职工报名参加了政策试点，分别来自介休、孝义等城市。介休、孝义市滴滴出行市场小于太原市，但滴滴平台工作同样可以帮助这些城市的焦煤集团职工获得本职工作之外的收益。在访谈中了解到，参与滴滴平台的职工通过滴滴每月可以获得1 000~2 000元额外收入，这对于月工资2 000元左右的职工来说是不小的数额。

课题组对报名参与政策试点的职工发放问卷①，了解了职工所在城市，如表6-1所示，可见，除太原市外，临汾、吕梁、晋中等城市也有大量职工参与了滴滴平台的工作。

表6-1 报名参与政策试点职工的城市分布

城市	比例（%）	城市	比例（%）
太原	39.42	晋城	0.96
临汾	25.96	忻州	0.96
吕梁	17.31	运城	0.96
晋中	12.50	大同	0.96

三、参与政策试点职工调研分析

焦煤集团人力资源部向集团内各单位发布了《关于鼓励职工开展滴滴出行业务的通知》后，截至2017年1月22日，全集团有627名职工报名参与政策试点。课题组于2017年2月15日向该职工群体发放了调研问卷，并回收有效问卷406份，回收率为64.7%。通过与总体情况对比，406份问卷样本代表性良好。为保证研究的时效性、准确性和可靠性，课题组补充了滴滴出行平台的2016年12月26日至2017年4月9日共15周的后台数据，主要为样本职工在运行里程、接单量方面的准确数据。

2017年2月到6月，报名参与该活动试点的焦煤职工共计6 312人②。截

---

① 详见第三部分。
② 此数据经去产能企业、滴滴公司共同校核。

至2017年9月底奖励发放完毕①，在滴滴接过单的为3 310人；其中，满足奖励条件，获得帮扶奖励的为1 281人。为了解政策试点带来的效果，课题组第一期问卷投放时间为2017年4月6日，共收集第一期调研问卷406份，其中有效问卷406份；第二期问卷投放时间为2017年7月12日，共收集第二期追踪调研数据203份，其中参加了试点活动的问卷186份，最终形成追踪数据186条。

（一）样本个体信息的统计性描述

对报名参与政策试点与实际参加政策试点的样本进行统计描述，两批样本的人口统计学特征如表6-2所示。

表6-2 样本职工个体人口统计学特征

变量		第一批调研样本（%）	第二批调研样本（%）
年龄	22~30岁	36.88	31.67
	30~40岁	43.07	40.00
	40~50岁	18.32	26.67
	50岁以上	1.73	1.67
性别	男	96.80	96.67
	女	3.20	3.33
学历	初中及以下	11.08	10.00
	高中或中专	28.82	36.67
	大专或高职	34.98	36.67
	本科	23.89	16.67
	硕士及以上	1.23	0
技能水平	初级工	15.52	13.33
	中级工	42.36	40.00
	高级工	22.17	25.00
	技师	5.91	3.33
	高级技师	2.71	0
	其他	11.33	18.33

---

① 2017年2月到6月皆可报名，奖励发放截至2017年9月底。

续表

变量		第一批调研样本（%）	第二批调研样本（%）
健康状况	非常好	36.70	28.33
	好	35.96	41.67
	一般	21.92	18.33
	不好	4.43	10.00
	非常不好	0.99	1.67

报名参与政策试点的职工有较高的人力资本水平。参与项目的职工大多数处于20~40岁，这是劳动者生产率最高的阶段。职工整体人力资本水平较高，大专以上学历占到总样本的60.1%，中级技能工人占到总样本的73.15%；72.7%的职工认为自己的健康状况良好；男性职工占到96.8%，这与焦煤集团主要业务以及司机这一职业的特点相关。与焦煤集团去产能涉及的职工总体情况相比[①]，可以明显发现参与政策试点的职工年龄较轻，79.9%的职工都是40岁以下（在全集团去产能职工样本中，该比例为53%）；同时，参与政策试点的职工群体学历水平也较高。焦煤集团去产能涉及的职工总体中，参与政策试点的职工群体大专及以上学历的比例仅为31.3%，中级技能工人及以上仅为25.9%，这意味着愿意参与政策试点的职工有着更高的人力资本水平，因而更有能力和意愿面对外部的机会选择。此外，这些职工因为更年轻，相比较老员工，更愿意接受新鲜事物。

但实际参加了政策试点的职工人力资本水平更低。第二批调研样本，即实际参与了政策试点职工的年龄更大，40~50岁的年龄比例更高。学历水平和技能水平更低，高中或中专比例上升到36.67%，本科比例下降到16.67%；非技能工人比例（即技能水平中的其他类）上升到18.3%。这反映了去产能企业中低学历水平、低技能水平的职工是受去产能影响更大的一批职工，他们更需要通过外部经济力量介入去解决生存问题。这部分人群在去产能过程中更容易受到影响，在劳动市场中的竞争力也较弱，获得其他工作岗位的可能性更低。新就业形态的出现帮助他们获得了新的就业机会。

课题组也通过调研问卷了解了参与试点政策职工的家庭情况，具体情况如表6-3所示。

---

① 详见第四章第二部分。

表 6-3　调研样本职工家庭特征

变量		第一批调研样本（%）	第二批调研样本（%）
婚姻状况	未婚	8.87	5
	已婚	87.19	90
	其他	3.95	5
子女个数	无	1.35	7.02
	1个	41.35	68.42
	2个	45.41	24.56
	3个及以上	11.89	0
最小子女年龄	3岁以下	39.29	26.42
	3~7岁	25.00	24.53
	7~13岁	20.54	28.30
	13岁以上	15.18	20.75
家庭中的就业人数	无	1.35	1.75
	1个	41.35	43.86
	2个	45.41	40.35
	3个以上	11.89	14.04

报名参与政策试点的职工面临较大的生活压力。参与政策试点的样本中，90%的职工已婚；92.08%的职工育有1~2个子女；50.95%的职工子女依然处于学龄前，其中，3岁以下占比为26.42%，3~7岁的占比为24.53%。被调查样本中，有将近一半的职工（45.61%）的家庭中无人就业或仅有该职工一人就业，承担着主要的家庭负担。

（二）去产能职工的就业状况

从第一批报名参加政策试点职工群体的调研情况看，去产能职工存在较为严重的就业不足与隐性失业的情况。如表6-4所示，除了57.95%的职工处于就业状态外，有42.04%的职工处于各种类型的半就业或非就业状态；其中，轮岗的比例为9.6%，待业/停薪留职的比例为9.93%，"其他不工作的情况"比例为12.58%（主要以停薪留职、单位放假、单位停工暂时未安排工作为主）。值得注意的是，有7.62%的职工将其就业状态定义为"失业"。

表 6-4　去产能职工就业状况（第一批调查样本）

变量	选项	百分比（%）
就业状况	就业（包括离退休后再就业）	57.95
	轮岗	9.60
	待业/停薪留职	9.93
	退休人员	0.33
	失业	7.62
	家务劳动者	1.32
	在长病假中	0.66
	其他不工作的情况	12.58
2016 年工作月数	1~5 个月	10.99
	6~11 个月	23.26
	12 个月	65.73
每月上几天班	少于 12 天	5.37
	13~16 天	11.25
	17~22 天	27.37
	22 天及以上	56.01
每天工作几小时	0~3 小时	0.77
	3~6 小时	8.70
	6~8 小时	46.29
	8~10 小时	22.51
	10~12 小时	12.53
	12 小时以上	9.21

课题组调研问卷中同时追问了去产能职工在 2016 年工作月份、每月上班天数和每天工作的小时数。表 6-4 显示：被调查职工群体中，有 10.99% 的职工在 2016 年工作不满半年，34.25% 的职工在 2016 年工作时间不足一年，仅 20% 的职工在 2016 年的工作月份不足低于 10 个月。月工作天数方面，43.99% 的去产能职工月工作时间低于 22 天；工作时间方面，每天工作不足 7 小时的劳动者比例为 30.12%，每天工作时间为标准工时（8 小时）的比例为 36.83%，超过 10 小时的比例为 16.37%。

在煤炭生产旺季,煤炭行业一般实行全年 330 个工作日的生产标准,即每个月 27.5 个工作日。2016 年 2 月,国务院印发了《关于煤炭行业化解过剩产能实现脱困发展的意见》,提出"从 2016 年开始,按全年作业时间不超过 276 个工作日重新确定煤矿产能,原则上法定节假日和周日不安排生产"。此后,国家发展改革委也发文要求所有煤矿按照 276 个工作日重新确定生产能力。2016 年 5 月,焦煤集团要求下属企业严格按照 276 个工作日规定和新核定的生产能力合理制订生产计划;在国家法定节假日和周日原则上不得组织生产,严禁停产放假期间安排生产准备和检修工作,严禁超能力、超强度、超定员生产。如果按照 276 个工作日计算,每个月为 23 个工作日,与国家规定的每周双休的标准工作日基本相同。无论是按照提高产量的 330 个工作日,还是按照降低产量的 276 个工作日计算,在调研样本中仍然有 43.99% 的去产能职工月工作时间低于 22 天,因此,总体上看,去产能受影响的职工面临着较为严重的工作不足或明显的失业情况。

(三)参加政策试点对去产能职工工作状况的影响

61.54% 的职工在报名参加政策试点之前在滴滴平台开过网约车[①],其中兼职司机占比 90.63%,专职司机占比 4.69%。

调查样本中,从 2015 年 5 月开始,即在政策试点的近两年前开始,就有焦煤集团的职工开始在滴滴平台接单工作。已经在滴滴平台工作过的职工群体中,10.42% 的职工在 2015 年(即山西省煤炭行业开始亏损时)就开始在滴滴平台工作。68.75% 的职工在 2016 年去产能过程中开始在滴滴平台工作。这说明政策试点出台前,滴滴平台就已经是职工兼职创收的主要渠道之一。

1. 参加政策试点对去产能职工工作时间的影响

由于政策试点是通过现金补贴的方式增加职工收入吸引职工转移到网约车平台就业,因此参与了政策试点的职工相比参加政策试点之前工作时间都大幅度延长。从表 6-5 可以看出,参加了政策试点的职工日工作小时数延长。每天工作 8 小时及以上的劳动者比例从政策试点前的 62.66% 上升为之后的 73.33%。每天工作 4 小时及以下的劳动者比例从政策试点之前的 18.42% 下降为政策试点之后的 8%。

---

① 包括专车和快车。

表 6-5 参加政策试点对去产能职工工作状况的影响对比

变量	选项	第一次调研（%）	第二次调研（%）
每月上几天班	少于 12 天	5.00	13.33
	13~16 天	8.33	13.33
	17~22 天	36.67	30.00
	22 天及以上	50.00	43.33
每天工作几小时	1 小时及以下	0.51	3.33
	2 小时	2.05	0
	3 小时	7.16	5.00
	4 小时	8.70	0
	5 小时	4.35	3.33
	6 小时	7.42	8.33
	7 小时	2.30	6.67
	8 小时	36.83	35.00
	9 小时	6.14	5.00
	10 小时	8.18	8.33
	11 小时	1.79	0
	12 小时	8.70	16.67
	13 小时	1.02	0
	14 小时及以上	4.86	8.33
开网约车状态	专职	6.67	16.67
	兼职	78.33	83.33
愿意从企业职工转为网约车司机的保留工资水平	3 000 元	3.85	6.00
	4 000 元	9.62	6.00
	5 000 元	17.31	20.00
	6 000 元	32.69	22.00
	7 000 元	11.54	8.00
	8 000 元及以上	13.46	18.00
	始终不会想成为专职	11.54	20.00

同时，去产能职工在单位上班的天数减少了。之前在单位每月工作 22 天

及以上的职工占比为 50%，在政策试点之后下降为 43.33%。每月工作 17~22 天的职工从政策试点之前的 36.67%下降为 30%。而工作天数少于 16 天的职工比例从政策试点之前的 13.33%上升为 26.66%。这意味着政策试点对于吸引劳动者从去产能企业到网约车平台就业起到了推动作用。

政策试点前后，参与了政策试点的去产能职工对于网约车工作本身的评价基本一致。去产能职工做网约车司机最看重的仍然是该工作带来的收入来源和更自由的时间安排。此外，网约车工作支付有保障、开车有乐趣也是去产能职工看重的因素。具体见表 6-6。关于开车有乐趣，在访谈中了解到，大部分去产能职工在原来的煤炭企业较少从事与人打交道的工作。"一天下来话都说不了几句"是很多矿工的工作常态。而从事网约车工作可以和乘客交流，满足了部分去产能职工愿意与人打交道的偏好。

表 6-6 做过网约车司机的去产能职工参加政策试点后对网约车工作评价对比

变量	选项	第一次调研（%）	第二次调研（%）
最看重	一定的收入来源	25.00	22.99
	时间更自由	21.88	22.46
	进入门槛较低	13.13	12.83
	能认识新朋友	9.38	9.09
	支付有保障	15.00	15.51
	开车是我的乐趣，我愿意把开网约车当作职业	14.37	15.51
	其他	1.25	1.6
最担心	客流不稳定（收入不稳定）	21.84	22.84
	没有缴纳社会保险，存在后顾之忧	10.34	11.17
	和原单位的关系不好处理	4.02	4.06
	和原来单位脱离关系	5.17	4.06
	车辆被扣或罚款	20.69	23.86
	收入受平台公司定价、补贴影响太大	14.37	14.72
	网约车政策不确定	18.97	17.26
	不如在单位上班体面	1.72	1.02
	其他	2.87	1.02

对于已经接触过网约车工作的去产能职工，其对网约车工作的担心在政策试点前后也基本没有发生改变，最担心的两个问题分别来源于市场的不确定性和制度的不确定性。约五分之一的去产能职工担心客源不稳定，而客源不稳定与收入不稳定又直接相关。对于来自国有企业的职工而言，在以往的工作经历中工资水平是固定的，特别是基础工资部分较少受市场波动的影响，因此对于市场波动直接影响的收入波动，去产能职工存在较大顾虑。制度方面，由于交通管理部门对于网约车行业的管理规范在逐渐构建过程中，对于车辆的处罚、对于网约车司机的资格准入等还存在不规范以及不确定，也成了去产能职工担心的重要来源。

值得注意的是，去产能职工在从事网约车工作的过程中，并不担心和原单位的关系问题。在网约车司机最担心的选项中，"和原单位的关系不好处理""和原来单位脱离关系""不如在单位上班体面"的比例仅为4%、4%、1%。造成去产能职工不担心与单位关系的原因，并非去产能职工已经下定决心要转移到网约车平台工作。相反，职工与国有企业紧密联系，以及当前阶段企业遇到的特殊困难，使得职工明白即使将主要精力放在网约车平台工作（下矿等高危岗位除外），也不会引起单位的惩处。单位甚至鼓励在当前阶段，职工自谋生路。此次政策试点恰恰就是这样的证明。职工们知道，等煤炭价格周期向上运行或者去产能任务逐步完成时，又可以将主要精力放在本职工作。因此，网约车工作仅仅是当前帮助职工度过困难阶段的过渡性选择。

未做过网约车司机的去产能职工在参加了政策试点后，更加认可网约车工作。25.93%的职工认可网约车可以带来"一定的收入来源"，比做过网约车司机的职工高2.9个百分点。14.81%的职工认为网约车工作"进入门槛较低"，比做过网约车司机的职工高1.9个百分点。具体见表6-7。

表6-7 未做过网约车司机的去产能职工参加政策试点后对网约车工作评价

变量	选项	第二次调研（%）
最看重	一定的收入来源	25.93
	时间更自由	18.52
	进入门槛较低	14.81
	能认识新朋友	7.41
	支付有保障	11.11

续表

变量	选项	第二次调研（%）
最看重	开车是我的乐趣，我愿意把开网约车当作职业	14.81
	其他	7.41
最担心	客流不稳定（收入不稳定）	14.3
	没有缴纳社会保险，存在后顾之忧	9.5
	和原单位的关系不好处理	0.0
	和原来单位脱离关系	0.0
	车辆被扣或罚款	33.3
	收入受平台公司定价、补贴影响太大	14.3
	网约车政策不确定	0.0
	不如在单位上班体面	19.1
	其他	0.0

未做过网约车司机的去产能职工担心"车辆被扣或罚款"的比例比做过网约车司机的职工高 9.4 个百分点。如此大的认知差异反映了未做过网约车的司机对于该行业监管环境的严格程度缺乏认知，不适应交通管理部门较为严格的管理。此外，"不如在单位上班体面"也与做过网约车司机的职工差异巨大，反映了去产能职工在做了网约车司机后身份地位感的落差较大。

2. 参加政策试点对去产能职工就业能力的影响

就业能力涉及人们在多大程度上拥有技能和其他属性来找到并继续从事他们想要的工作。许多人认为，这是个人管理其职业生涯的关键目标，也是组织培养劳动力的关键目标（Andrew and John，1994）。

罗斯威尔和阿诺德（Rothwell and Arnold，2007）将就业能力界定为个体保持现有工作和获得理想工作的能力。前者（保持现有工作的能力）表现为员工在当前工作单位的就业能力，称之为"内部就业能力"（internal employability）；后者（获得理想工作的能力）表现为员工在当前工作单位之外的劳动力市场上的就业能力，称之为"外部就业能力"（external employability）。基于这种理解，罗斯威尔和阿诺德（Rothwell and Arnold，2007）开发出了自我感知的就业能力量表（selfperceived employability scale）。本研究使用自我感知的就业能力量表测量在参加政策试点前后去产能职工的就业能力（表 6-8）。

表 6-8 参加政策试点对去产能职工就业能力对比

变量	选项	第一次调研	第二次调研	两次调研分数差异
外部就业能力	我在别处也能找到与自己的技能、经验相关的工作	2.48	2.48	0
	如果需要，我能够轻松地在同类企业找到一份工作	2.57	2.53	-0.04
	雇主愿意招录技能水平、工作经历和我相似的员工	2.28	2.28	0
	虽然与我当前工作有差异，我完全了解自己在企业之外的机会	2.32	2.42	0.1
	我能获得重新培训，使自己在别处更容易被雇用	2.47	2.13	-0.34
	我能轻松地在其他企业获得一份类似的工作	2.63	2.57	-0.06
	我从当前工作中获得的技能可用于企业之外的其他工作	2.48	2.52	0.04
内部就业能力	虽然与我手头的工作不同，我知道自己在企业中的潜在机会。	2.43	2.35	-0.08
	我在企业的人际关系网络有助于自己的职业发展	2.38	2.35	-0.03
	与做同类工作的同事相比，我在企业得到更多的尊重	2.42	2.47	0.05
	即使企业裁员，我相信自己也能留下来	2.43	2.55	0.12

总体上看，罗斯威尔和阿诺德开发的自我感知的就业能力量表反映了去产能职工的就业能力偏低。内部就业能力的平均值为 2.41，外部就业能力的平均值为 2.46。作为对比，罗斯威尔和阿诺德所调研的 234 位公司职员（主要为专业人士）的就业能力得分平均值为 3.67（内部就业能力）和 3.41（外部就业能力）。与技能水平更为相近的劳动者进行对比，赵卫红、张昊辰、曹霞（2020）在对 9 家制造业企业的调研中发现，这些调查对象的外部就业能力得分为 3.39。

参与政策试点的去产能职工在内部就业能力和外部就业能力方面都发生

了一些改变。总体上，去产能职工在参与了政策试点后，外部就业能力总分下降了，而内部就业能力总分上升了。外部就业能力总分数下降的主要原因是职工认为自己缺乏重新培训的机会（"我能获得重新培训，使自己在别处更容易被雇用"）。这是由于网约车平台工作刚刚出现，在政策试点阶段缺乏一套完整的技能培训体系，大部分职工只是具备了开车的技能就可以从事网约车工作。此外，服务业的技能特征与制造业、采矿业不同。服务业所需要的和人打交道的技能是隐性技能，需要长时间的训练才可以掌握，这与制造业、采矿业通过培训就可以获得显性技能的技能形成模式完全不同。因此，去产能职工经过政策试点后感觉到了培训的缺失与技能不足。外部就业能力中另一项变化，来源于去产能职工认为对外部就业机会的了解上升了（"虽然与我当前工作有差异，我完全了解自己在企业之外的机会"）。网约车工作能够帮助去产能职工找到单位之外的就业机会，因而增加了员工对单位之外机会的感知。

内部就业能力中，参与了政策试点的去产能职工在当前组织中的自我价值评估水平提高了[①]。内部就业能力得分的提升，来源于"即使企业裁员，我相信自己也能留下来"和"与做同类工作的同事相比，我在企业得到更多的尊重"，反映了去产能职工对自身在单位竞争力的肯定，这种肯定来源于与单位其他人的比较。也就是说，参与市场化的网约车工作，让职工认识到自身比未参与市场化网约车工作的职工有更强的竞争力。两个内部就业能力选项"虽然与我手头的工作不同，我知道自己在企业中的潜在机会"和"我在企业的人际关系网络有助于自己的职业发展"得分下降，反映了企业内部职业机会短缺，这是在经过了网约车工作的对比后，职工对去产能国有企业内部职业机遇的评价。

对于就业能力的测量还需要考虑测量的可靠性及准确性，即需要测量问卷的信度和效度。测评检验测量结果的一致性、稳定性及可靠性的指标即为信度。本研究主要利用 Cronbach's α 系数检测条目的信度，当该系数大于 0.7 时，表明信度较高。表 6-9 显示了两次调研中就业能力的测量 Cronbach's α 的系数分别为 0.930 和 0.931，均高于 0.7，说明这些变量的信度比较高。

[①] 详见第三章第三部分。

表 6-9　参加政策试点去产能职工就业能力的信度分析

操作变量	第一次调研 Cronbach's α 值	第二次调研 Cronbach's α 值
B1	0.930	0.931
B2		
B3		
B4		
B5		
B6		
B7		
B8		
B9		
B10		
B11		

测量结果是否测量了需要测量的内容即为效度。本研究采用探索性因子分析（EFA）检验问卷的构念效度：运用主成分分析法，提取初始特征值大于 1 的因子并计算因子载荷系数，系数越大，说明该条目与因子的相关性越高，对其组成的共同因子的贡献率也就越大，表明该条目对应的因子就越有效。一般累计解释总方差比率超过 60%，说明有较高的构念效度。通常 KMO 值大于 0.5，Bartlett's 球形检验的 p 值小于 0.001 表示变量适合因子分析。根据前述分析，对就业能力的所有条目做探索性因子分析，得到两次调研中就业能力各项目的 KMO 值为 0.929 和 0.835，两次 Bartlett's 球形检验 p 值都小于 0.001，达到分析要求（详见表 6-10）。

表 6-10　参加政策试点去产能职工就业能力的效度分析

	第一次调研	第二次调研
Bartlett's 球形检验 p-value	0.000	0.000
KMO	0.929	0.835

（四）参加政策试点对去产能职工收入状况的影响

1. 样本职工整体收入情况描述

样本中职工的平均工资水平为 2 536.54 元/月，中位数工资水平为

2 000元/月（见图6-4）。月收入低于2 000元（不含）的职工占样本总量的25.95%，月收入在2 000~3 000元的职工占样本总量的50.96%，月收入高于3 000元的职工占样本总量的23.07%。

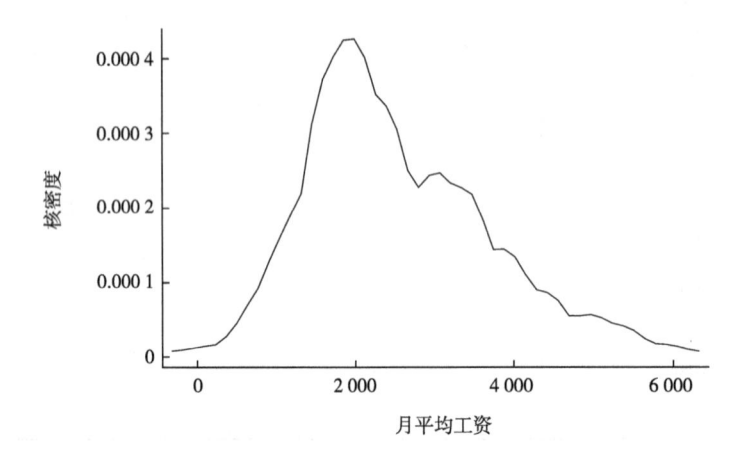

图6-4 样本职工月工资水平

样本中职工的平均家庭收入水平为4 133.65元/月左右，中位数收入水平为4 000元/月，见图6-5。月收入低于3 000元（不含）的职工占样本总量的23.07%，月收入在3 000~5 000元的职工占样本总量的61.54%，月收入高于5 000元的职工占样本总量的15.37%。

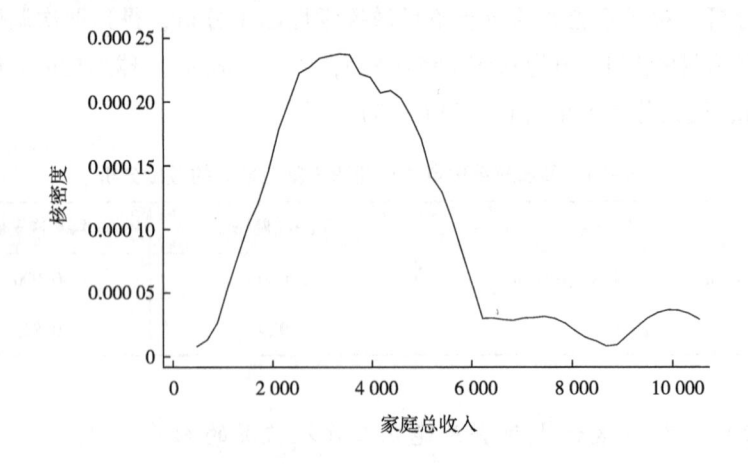

图6-5 样本职工家庭月收入水平

2. 已经在滴滴平台工作的职工收入情况描述

已经在滴滴平台工作的职工的平均工资水平为 2 456.25 元/月，中位数工资水平为 2 000 元/月。月收入低于 2 000 元（不含）的职工占样本总量的 31.25%，月收入在 2 000~3 000 元的职工占样本总量的 45.33%，月收入高于 3 000 元的职工占样本总量的 23.43%。

已经在滴滴平台工作的职工的平均家庭收入水平为 4 209.38 元/月左右，中位数收入水平为 4 000 元/月。月收入低于 3 000 元（不含）的职工占样本总量的 25.01%，月收入在 3 000~5 000 元的职工占样本总量的 59.38%，月收入高于 5 000 元的职工占样本总量的 15.62%。

根据后台数据，已经在滴滴平台工作的职工群体中，在滴滴平台的月平均收入为 1 000.92 元[1]，与职工月平均收入 2 456.25 元/月相比，占职工月收入为 28.9%，占其家庭月平均收入的 19.2%。图 6-6 显示了报名职工在滴滴平台的月收入分布情况。

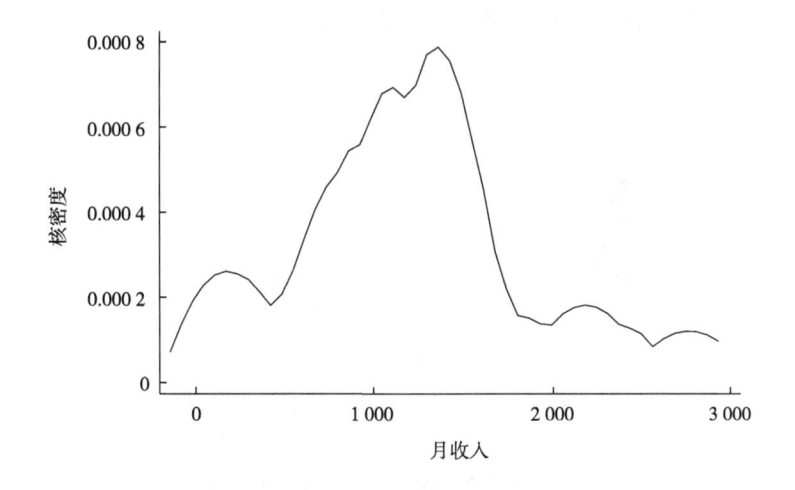

图 6-6　报名职工在滴滴平台月均毛收入分布

图 6-7 显示了报名职工在滴滴平台的月均纯收入水平。根据调查数据，大部分在滴滴平台工作的职工月均纯收入在 1 000 元以下，该比例为 81.25%；12.5% 的职工在滴滴平台的月均纯收入在 1 000~2 000 元；6.25% 的职工在滴滴平台的月均纯收入超过 2 000 元。

---

[1] 毛收入，未扣除汽油成本。

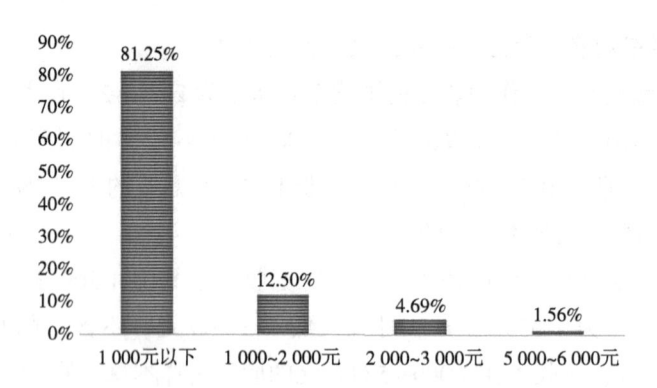

图 6-7　滴滴平台月均纯收入分布

滴滴平台的收入有季节波动性，淡季和旺季的收入相差巨大。为此，课题组也询问了职工在滴滴平台上收入最高月份的收入水平（图6-8）。职工在滴滴平台上收入最高一个月纯收入在1 000元以下的比例为64.06%，纯收入在1 000~3 000元的比例为29.7%，纯收入在3 000元以上的比例为6.25%。旺季时，职工在滴滴平台有相对较高的收入水平。

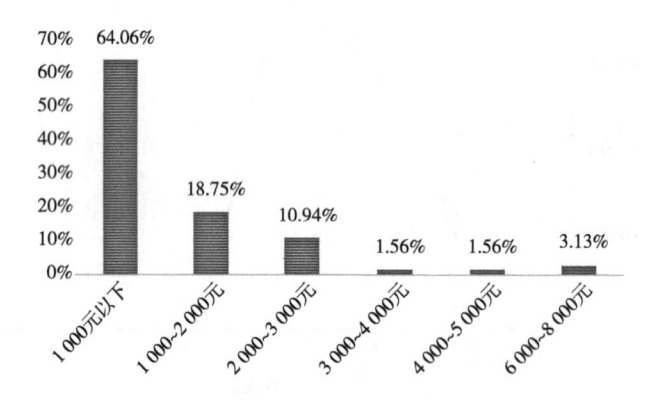

图 6-8　职工收入最高一个月的纯收入分布

图6-9显示了职工通过开网约车纯收入占家庭总收入的比重。该比重主要集中在0%~20%，17.2%的职工开网约车的纯收入占到了家庭总收入的20%以上。考虑到职工月工资水平和家庭月收入水平，滴滴平台的收入对职工而言也有着重要意义。

为了解参与项目职工的家庭经济状况，课题组询问了职工在第一次调研前3个月期间的家庭储蓄变化情况（图6-10），在第一次调研之前的3个月中，家庭储蓄下降的职工比例高于家庭储蓄增加的职工比例。这三个月中，家庭储蓄下降职工占比为 37.5%，而家庭储蓄增加的职工占比为 15.38%；其中，家庭储蓄下降达到 20% 的职工比例在下降的各个比例中占比最高，达到 19.23%。

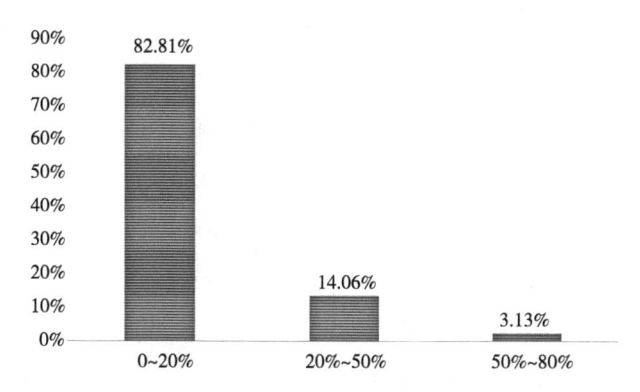

图 6-9 网约车纯收入占家庭收入比重分布

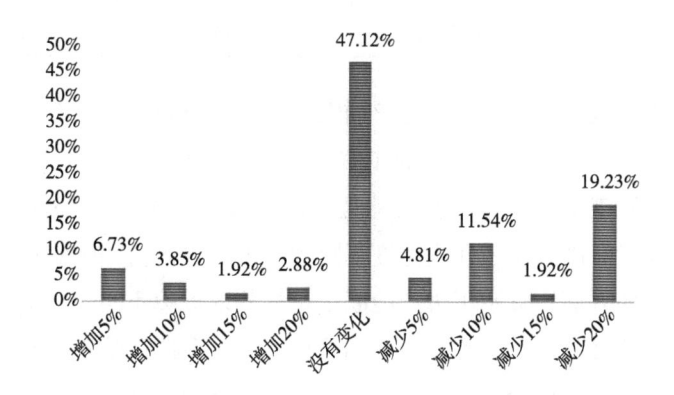

图 6-10 样本职工在第一次调研前 3 个月中的家庭储蓄变化情况

（五）参加政策试点去产能职工对政策的评价

1. 职工对政策试点的满意度

政策试点前后两次调研的结果（表 6-11）显示，参与了政策试点的职工在政策试点前后对网约车工作和所在国有企业的满意度明显下降。对网约车平台的满意度，非常满意和比较满意分别下降 3.34 和 6.67 个百分点，而非常不满意和比较不满意的比例分别上升 5 个和 6.67 个百分点。

令人疑惑的是，参与了政策试点的职工对所在国有企业的满意度也出现了下降，比较满意的比例下降了 10 个百分点，非常不满意和比较不满意的比例分别上升了 1.67 和 3.34 个百分点。

表 6-11　去产能职工在政策试点前后对平台和企业的满意度变化

变量	选项	第一次调研（%）	第二次调研（%）
对网约车平台的满意度	非常满意	31.67	28.33
	比较满意	35.00	28.33
	不好确定	15.00	13.33
	比较不满意	10.00	16.67
	非常不满意	8.33	13.33
对所在国有企业的满意度	非常满意	26.67	28.33
	比较满意	33.33	23.33
	不好确定	18.33	21.67
	比较不满意	13.33	15.00
	非常不满意	8.33	11.67

经过政策试点，吸引了大批去产能职工进入网约车平台工作。尽管去产能职工的收入水平相较于其目前的工资水平有大幅度提高，但相应的社会保障水平不足、职工所感知到的社会地位下降以及自主面对市场的不适应，是造成去产能职工对网约车工作满意度下降的原因。表 6-12 所展示的参加试点职工希望改进的方面，显示了去产能职工担忧养老保障不足（"可以把职工养老社保接受了就好了，我愿意成为专职司机"）、基础工资缺乏保障（"最好是有最低保障，然后再加点提成，在于原单位同样时间的前提下月总工资最好不要相差太多"）和劳动权益保障缺乏（"应该保护集团员工的利益，有事应有人出面解决"）。作为在国有企业工作的职工，去产能职工认为从事网约车服务降低了其社会地位，因而也导致了满意度降低。

另一个造成去产能职工满意度下降的原因可能是收入水平不及预期导致的。在收集到的 70 余条改进建议中，焦点集中于收入与对试点政策评价方面。在表 6-12 中，去产能职工改进建议所涉及的内容，无论是收入、订单、奖励还是抽成，其本质是对于提高收入的呼吁。其中，去产能职工要求最多的仍然是增加奖励，即在获得正常收入的前提下，获得平台额外的支付。此外，对于试点政策的建议也是去产能职工关注的焦点，多数建议希望政策试点能够长期实行，这样去产能职工可以获得更多的收入。因此，收入水平不及预期可能是造成参加政策试点职工满意度下降的主要原因。煤炭行业属于周期性行业。在访谈中了解到,在行业景气度较高的阶段,企业职工的收入水平普遍较高。普通矿工的月薪可以高达 2 万元左右。因此,尽管从事网约车工作可以带来收入的增加,但如果不能达到"原单位同样时间的前提下月总工资",也会导致去产能职工的失落。

表 6-12 去产能职工对于政策试点的改进建议

改进建议涉及内容	典型建议
收入	"多多收入多多奖励多多接单" "能增加收入" "服务好,收入多!" "让车主收入高点" "收入能不能再提高一些"
订单	"需要改革,多给兼职职工派单挣钱" "订单增多补助增多" "给我多派点单子就好"
奖励	"奖励条件低一点" "奖励多点" "奖励再多点" "奖励方面,越野车升至专车" "继续加大奖励" "政策明确!奖励机制!有待提高" "给滴滴司机师傅们更大的奖励,公司什么也不管,还抽取那么多的费用" "合作的奖励应该常年发放" "福利多一点"
抽成	"少克扣司机点服务费" "后台抽钱抽的太多,后台不完善" "价格抽成太大,不够油钱"
进入门槛	"门槛再低点"
社会保障	"可以把职工养老社保接受了就好了,我愿意成为专职司机" "最好是有最低保障,然后再加点提成,在于原单位同样时间的前提下月总工资最好不要相差太多" "应该保护集团员工的利益,有事应有人出面解决"

续表

改进建议涉及内容	典型建议
社会地位	"认可司机" "是否能提供车，我们跑，或者有个统一标志，知道是滴滴车" "尽量做到人性化管理，在乘客方面应该和司机是同等的" "希望来找各种活动、奖励、比赛，来提高我们司机师傅在社会中的地位"
业务内容	"滴滴快车应该取消拼车，因为已有顺风车了" "出行时必须来回有补助，不能让车空跑路" "提高起步价" "空驶方面" "提现时间应在次日提现" "后台需改进，服务待改善"
政策试点	"继续补贴" "我就不知道有什么补助，不知道有什么配套政策" "组建单位的滴滴车队，统一管理" "继续给滴滴司机补贴" "这是个公司和滴滴合作就不是我们集团公司。要合作需要有点诚意" "暂时想不到，双方的合作，很赞同，缓解社会压力，提升再就业空间，产能奖励持续，让员工生活有点补helper" "希望在企业转型期能与企业深度合作，给广大职工创造经济效益和社会效益，共同实现共享发展" "这活动还要继续搞" "希望以后可以持续合作，既能解决煤矿与工人之间的矛盾，也能让我们更想去享受滴滴带来的乐趣" "应该一如既往支持帮助职工就业。下岗职工特别贫困，加大帮扶力度，使困难职工走出困境，解决重新再就业问题"
交通管理	"奖励与扣车服务" "政策法规决定一切"

2. 大部分去产能职工不满足交通部门对网约车准入门槛的政策要求

在政策试点期间，2016年12月26日，太原市政府发布了《太原市实施网络预约出租汽车经营服务管理暂行办法细则（公开征求意见稿）》（以下简称《太原市细则》）。该细则详细规定了从事网约车需要具备的资质和前提，包括对于网约车驾驶员及网约车辆等提出要求。车辆方面，《太原市细则》规定，申请从事网约车经营的车辆，应当符合下列条件：

(1) 为5座以上7座（含7座）以下乘用车；

(2) 具有本市车辆牌照且车辆注册登记使用年限未满3年；

(3) 燃油车为二厢（含二厢）以上小客车，排量不小于1.6升（或1.4T）、轴距不小于2 650毫米；新能源车和清洁能源车为二厢（含二厢）以上小客车，轴距不小于2 600毫米，纯电动车续航里程不小于250公里；7座乘用车排量不小于2.0升（或1.9T）、轴距不小于3 000毫米；

(4) 安装使用符合国家规定并经市客运出租汽车管理机构认可的固定式具有行驶记录功能的车辆卫星定位系统、应急报警装置及安全监控设备，且接入市客运出租汽车管理机构监管平台；

(5) 通过营业性车辆环保和安全性能检测；

(6) 投保营业性交强险、营业性第三者责任险和乘客意外伤害险；

(7) 不喷涂巡游出租汽车专用标志标识、不安装顶灯装置；

(8) 个人仅限为其所有的一辆车辆申请从事网约车经营，且须持有《网络预约出租汽车驾驶员证》；

(9) 除出租汽车企业和汽车租赁经营企业（车辆需为自有车辆）外，其他单位所有的车辆不得申请网约车经营；

(10) 法律法规规定的其他条件。

根据排量、轴距和车龄三个条件，本次参与政策试点的去产能职工中，仅有9.92%符合《太原市细则》的要求（尚未考虑本地居住证满1年等要求）。

人员方面，《太原市细则》要求申请从事网约车经营服务的驾驶员，应当符合下列条件：

(1) 有本市常住户口或取得本市《居住证》一年以上；

(2) 取得相应准驾车型机动车驾驶证并具有3年以上驾驶经历；

(3) 年龄60周岁以下，身体健康；

(4) 具有完全民事行为能力；

(5) 无交通肇事犯罪、危险驾驶犯罪、吸毒、暴力犯罪、饮酒后驾驶记录，最近连续3个记分周期内没有记满12分记录；

(6) 经市客运出租汽车管理机构考核合格；

根据《太原市细则》，绝大多数报名参与政策试点职工的车辆不满足交通部门要求的准入门槛，他们将被迫退出网约车平台工作或购买符合交通部门要求的车辆继续从事网约车工作（见图6-11、图6-12）。

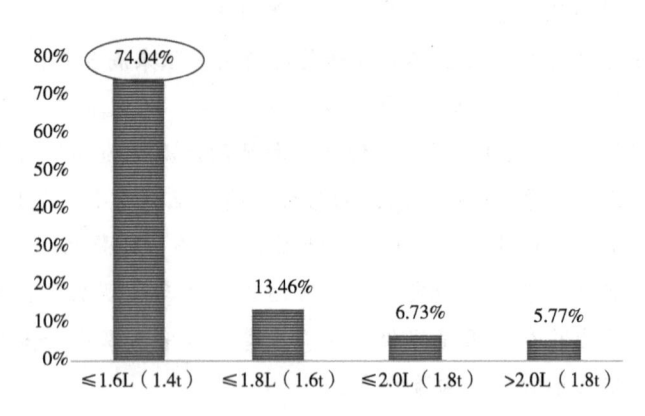

时代的重铸：新就业形态与去产能职工再就业

图 6-11　报名参与政策试点的去产能职工车辆排量情况

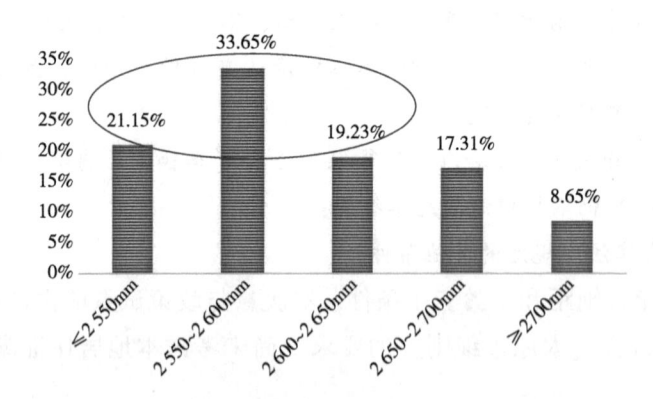

图 6-12　报名参与政策试点的去产能职工车辆轴距情况

从表 6-13 可以看出，职工对《太原市细则》的主要意见集中在车辆方面。职工不同意《太原市细则》中关于车型、轴距、排量要求的比例分别为 35.6%、29.8% 和 43.3%。此外，"60 万公里时强制报废或使用达 8 年时退出网约车经营"也是职工普遍反对的条款。

表 6-13　参与项目职工对《太原市细则》的意见

细则	非常同意（%）	同意（%）	一般（%）	不同意（%）	非常不同意（%）
要求本地户籍或取得该市《居住证》一年以上	53.85	22.12	7.69	11.54	4.81
3 年以上驾龄	74.04	20.19	4.81	0.00	0.96

续表

细则	非常同意（%）	同意（%）	一般（%）	不同意（%）	非常不同意（%）
要求本地车牌	58.65	18.27	7.69	7.69	7.69
车龄未满 3 年	38.46	9.62	16.35	21.15	14.42
燃油车轴距不小于 2 650 毫米（电动车 2 600 毫米）	30.77	13.46	25.96	13.46	16.35
燃油车排量不小于 1.6 升（或 1.4T）	23.08	16.35	17.31	24.04	19.23
经太原市客运出租汽车管理机构考核合格	16.35	16.35	21.15	22.12	24.04
60 万公里时强制报废或使用达 8 年时退出网约车经营	26.92	21.15	22.12	12.50	17.31

交通管理部门的职责中并不包含对去产能职工再就业工作的支持和帮扶，但交通管理部门政策出台的结果却客观上破坏了此次政策试点的效果。人社部门希望推动去产能职工参与网约车工作，或转移到网约车平台，以解决其就业和生计问题。但由于两个部门之间缺乏联动，在目标和行动上存在截然相反，其结果必然造成市场主体的混乱，造成去产能职工无法做出合理的选择。整个政策试点的过程也是交通管理部门逐步加强对网约车行业监管的过程。这就如同一群人拼命构建一件事，另一群人也拼命构建一件事，可惜这两件事是朝着两个截然相反的方向前进的；如果我们不去揣测两件事背后的利益空间，仅从政策目标的角度考虑，似乎其初衷都是为了实现更好的社会治理。

下篇 新就业形态帮扶去产能职工再就业的机制与建议

第七章
去产能职工就业安置与新就业形态对接长效机制

第七章　去产能职工就业安置与新就业形态对接长效机制

中国新就业形态在规模和应用范围等方面已经处于世界前列。新就业形态不仅能创造大量工作岗位，还可以直接连接供给和需求，打破长久以来供需双方的信息不对称。新就业形态借助人工智能、大数据的优势，提升了劳动者的劳动生产率。中国新就业形态已经为大量下岗失业人员、去产能职工、复员转业军人、零就业家庭等困难群体提供了就业机会，起到了就业"蓄水池"和社会"稳定器"的作用。

建立新就业形态与去产能职工就业安置的长效机制，既是帮助去产能就业受影响职工再就业的可行路径之一，也能够为应对未来产业结构转型中可能出现的大面积结构性失业问题做好政策储备，并可以成为解决社会结构性就业困难群体的重要方式。因此，去产能职工就业安置与新就业形态对接长效机制可以成为未来中国公共就业服务的重要组成部分。

一、去产能职工就业安置与新就业形态对接的阻碍

（一）社会对新就业形态就业风险认知存在偏差

由于新就业形态发展时间较短，政府、企业和劳动者对新就业形态以及相关的互联网平台企业认知较少，因而在政府主导的去产能职工安置中，较少考虑与新就业形态对接。

在本次去产能职工安置与新就业形态对接试点中，试点地区政府与企业的配合意愿与配合能力是决定项目成功的关键推动力。在试点企业中，焦煤集团将与滴滴的合作作为推动内部转型升级的一个方面，有较强的意愿与滴滴公司共同推进活动；但其他试点地区的政府与企业对滴滴平台仍然存在疑虑，认为活动只能在短期内起作用，长期可能缺乏稳定性。例如，调查中东北地区相关机构对去产能就业帮扶主要寄希望于国家扶持，希望国家增加去产能就业帮扶资金，并明确表示不愿意与民营企业合作解决去产能职工安置事宜。尽管人力资源和社会保障部联合多部委共同出台《关于开展东北等困难地区就业援助工作的通知》，为东北等困难地区指出去产能职工安置与新就业形态对接的可行性，但在地方实施层面仍然面临认知和思想意识的阻力。

新就业形态行业监管政策也具有不明确性。地区网约车实施管理细则成为活动推行最大阻碍。网约车管理细则筑起一道阻碍在滴滴平台灵活就业的高墙。大连、太原、沈阳等地先后出台了各自城市的管理细则，对车型、人

员做出了严格限定，极大地冲击了各城市网约车市场，增加了职工加入平台的成本。以太原市为例，根据细则中人员（户籍、驾龄）和车辆（轴距、排量、车龄）两方面的准入条件，将导致存量车辆下降约40%。除此之外，职工并不愿意因兼职从事滴滴工作就将车辆转变为营运车辆，因为一旦转为营运车辆后，车辆保险费、折旧费等成本每年将增加一万多元；除非转为专职司机，否则按照网约车实施细则，以兼职身份从事滴滴平台工作将无法获利。

此外，政府运输管理部门也不时采用非法手段查扣网约车。试点城市存在以无运管证为名大规模查扣网约车，高额处罚司机，甚至采用了钓鱼执法等非法手段查扣网约车的现象。这些行为增加了职工在网约车平台工作的困难，也加重了职工参与网约车平台的顾虑。

（二）去产能行业处于不同周期

地区差异、行业差异对活动推进影响重大。地区、行业存在差异，对活动推进影响不同。不同地区网约车市场规模不同，地区市场规模越大，对去产能职工吸纳能力越强。钢铁、煤炭行业去产能对职工安置有差异。煤炭行业去产能导致产量下降，职工就业受影响较大。钢铁行业去产能，但可能并未影响产量，职工就业安置问题不如煤炭行业明显。劳动关系灵活程度不同，如唐山市去产能主要涉及民营钢铁企业，劳动关系灵活，企业推动活动意愿小。

二、公共就业服务与新就业形态

（一）新就业形态对公共就业服务的需求

1. 平台企业需求

在新就业形态发展初期，平台企业主要依靠市场手段解决平台用工方面的问题。平台运营企业依然主要以市场方式组织和安排劳动用工，与公共就业服务有关联，但主动关联较少，主要是劳务派遣公司、人力资源外包服务公司通过公共就业服务帮助平台招聘从业者。平台企业普遍成立时间较短，对公共就业服务了解不足。随着新就业形态的发展成熟，平台用工规模不断扩大，涉及的用工方面问题不断增多，结合公共就业服务体系已有的功能和服务范围，可以帮助平台企业弥补市场化手段的不足，降低平台企业用工成本。平台企业对公共就业服务的需求主要包括以下方面。

第一，招聘需求。平台运营企业由于快速扩张，普遍存在招工困难的问题。国内主要劳动分享平台（如美团、滴滴等）都表示其业务需求量大，但是现有平台从业者规模并不能完全满足平台订单需求。平台运营企业所采用的招聘方式主要是"老乡带老乡"的传统方式，招聘成本高、效率低且从业者职业认同感低。平台运营企业期望与公共就业服务机构合作，既可以解决部分就业困难群体就业问题，也可以降低企业的招聘成本。

第二，享受就业创业、职业培训优惠政策的需求。一方面，平台运营企业希望可以和公共就业服务机构进行合作，享受就业创业、职业培训优惠政策，即对于所有符合条件都可以享受的普惠的就业创业、职业培训优惠政策。另一方面，平台中包括了大量重点群体人员。平台运营企业希望这部分群体优先纳入享受优惠政策范围。

平台运营企业也希望可以和公共就业服务机构进行合作，由平台提供职业技能培训，公共就业服务机构提供部分职业培训资金补贴。比如，某修理平台阿里修希望获得政府培训方面的资金补贴，以便让他们对修理工人进行相关技能培训，之后修理工人可以直接在其平台上就业。但是，目前培训补贴政策仅支持传统培训学校进行的培训，传统方式下劳动者经过学校培训后，仍然要面对劳动力市场的再次匹配；而如果由平台对其进行培训，则可以直接对接市场需求。

第三，社会保险分担需求。新就业形态主要以平台进行组织，目前从业者与平台运营公司的关系以劳务或合作关系为主，建立劳动关系的比例较低。对于平台从业者的社会保障，特别是从业者需求更为急迫的工伤保险，仅依靠平台运营公司使用商业保险是否能够解决，还未可知。平台运营企业希望工伤保险能够前置于劳动关系，帮助从业者解决较为急迫的工伤问题。政府部门已经开始职业伤害保障制度试点，以解决新就业形态中平台从业者的职业伤害保障问题。

第四，新职业认定需求。在新就业形态发展过程中，出现了大量以前未有的工作内容、工作任务、工作岗位以及职业类型。平台运营企业从平台发展角度考虑，希望能够将其中规模较大、工作内容较新颖的工作任务或职业类型以新职业的方式确定下来，希望能够进入《职业分类大典》，以增强平台从业者的职业认同感和职业稳定性。

除了上述公共就业服务需求外，新就业形态的发展也对其他劳动力市场公共政策提出新的要求，例如，新就业形态参与者应以何种身份参加社会保险，其社会保险该如何转移接续，是否可以由平台报送就业困难人员信息，政府给予相应灵活就业人员参保补贴等。

2. 普通劳动者与去产能职工需求

课题组访谈了北京市职业介绍中心和顺义区职业介绍中心，通过访谈了解到公共就业服务机构寻找工作的部分劳动者，与新就业形态的联系以及对职业介绍的需求，可以分为以下几种情况：

（1）部分到公共就业服务机构求职的劳动者，属于迫切需要获得收入的就业者群体。这些群体在公共就业服务机构与平台企业相关的劳务派遣企业签订劳动合同，再由劳务派遣企业将其派入平台工作。

（2）部分劳动者事实上已经在平台工作，到公共就业机构求职是为等待更好的工作岗位。在公共就业服务平台登记的劳动者，有部分已经在新就业形态中就业，他们的求职心态是"骑驴找马"，一边在平台就业获得相对较好的收入水平，一边等待并期望在公共就业服务职业介绍中获得更好的岗位。

（3）偏好在新就业形态中就业的主要是年轻就业群体。对于 90 后、00 后年轻就业群体而言，灵活自由的新就业形态吸引力更高。很多 90 后、00 后劳动者不希望到企业中工作，更喜欢可以自主安排工作的灵活就业或新就业形态，如自由职业者、威客等。首都经济贸易大学课题组对中国新就业形态就业质量的研究中发现，平台工作有高度灵活性，提升了从业者的工作动机和工作热情，这有利于吸引离校未就业大学生进入劳动力市场。平台工作灵活性强的特点也适应于部分需要照顾家庭的就业困难群体，使得他们可以满足照顾家庭的基础上，自主安排工作时间。

综上所述，新就业形态一方面可以满足困难群体短期内获得收入的需求，另一方面也适应了年轻就业群体的就业偏好。为了满足"用人单位"资格要求，平台企业主要是通过合作公司在公共就业服务机构招聘劳动者。对公共就业服务而言，新就业形态可以满足就业困难人员和离校未就业高校毕业生的需求。

（二）现有公共就业服务体系适配新就业形态服务需求的情况

课题组通过发放调研问卷以及召开座谈会的形式，了解了公共就业服务体系对于新就业形态的理解以及可以提供给新就业形态的服务内容。课题组于 2019 年 5 月对广东省 200 位市、县两级公共就业服务机构的管理人员和业务骨干发放了问卷，并先后走访了北京、上海、广州等地的公共就业服务机构，通过召开座谈会等形式听取意见。

总体上公共就业服务机构人员认为，从长期来看，新就业形态属于未来中国劳动力市场的重要趋势，但是短期内不愿意接触新就业形态，认为新就业形态属于传统灵活就业范围：首先，公共就业服务机构工作人员普遍认为平台企业与从业者不是劳动关系，所以公共就业服务机构不愿意与平台企业合作或发布平台企业的岗位，认为平台运营企业不符合"用人单位"要求；其次，公共就业服务机构所愿意提供的服务，都是自身风险责任较小的政策宣传类工作，缺乏职业介绍、技能培训等服务内容。

1. 公共就业服务机构工作人员对新就业形态的整体认知不足

公共就业服务机构工作人员认为，新就业形态是未来长期发展的趋势，但又对其缺乏深入了解。公共就业服务机构工作人员普遍认为新就业形态是未来长期发展趋势，公共就业服务机构应该为新就业形态发展提供服务，但现行公共就业服务体系和政策制度并不能够满足新就业形态的发展。调查显示，公共就业服务机构工作人员对新就业形态了解程度一般。大部分公共就业服务机构工作人员认为新就业形态从业者与平台运营企业之间并不是劳动关系，而主要是平等主体的劳务关系或合作关系。

调查结果显示，96.51%的政府工作人员认为新就业形态是一种长期趋势，仅 3.49%的政府工作人员认为新就业形态是短期现象。这种认识主要源于政策对新就业形态的支持。十三五以来，中国政府工作报告中多次提到要"支持灵活就业和新就业形态发展"。《"十四五"规划和 2035 年远景目标纲要》《十四五促进就业规划》等文件都明确提出"支持和规范发展新就业形态"。公共就业服务机构工作人员对新就业形态作为中国劳动力市场长期趋势认识得非常清晰。

对于公共就业服务是否应该涉及新就业形态，95.93%的人认为公共就业服务机构应该涉及新就业形态。对于现有公共就业服务机构是否适应新就业形态，有 61.05%的人认为现有的公共就业服务机构并不适应新就业形态的发展。不适应的原因主要在于对新就业形态缺乏了解。机构人员中只有 9.30%的人表示对新就业形态非常了解，大多数人对新就业形态只有一般性的了解，甚至还有 1.16%的人对新就业形态一点也不了解（见表 7-1）。

表 7-1　公共就业服务机构工作人员对新就业形态的认知

对新就业形态的了解	选项	占比（%）
对新就业形态发展趋势的判断	短期现象	3.49
	长期趋势	96.51
公共就业服务机构是否应该为新就业形态提供服务	是	95.93
	否	4.07
现有公共就业服务机构是否适应新就业形态	是	38.95
	否	61.05
机构人员对新就业形态的了解程度	一点也不了解	1.16
	有点了解	14.53
	一般	49.42
	了解	25.58
	非常了解	9.30
平台企业与从业者的关系	劳务关系	40.70
	关系不明确	34.88
	劳动关系	13.95
	合作关系	4.65
	我不清楚	5.81

由于相关制度尚未明确，公共就业服务机构工作人员对于平台运营企业与新就业形态从业者的关系还存在较大分歧。对于"新就业形态下的平台企业与从业者之间属于什么关系"，40.70%的政府工作人员认为是劳务关系，13.95%的人认为属于劳动关系，34.88%的人认为关系不明确，4.65%的人认为是合作关系。这种对于新就业形态从业者身份认知的不明确，可能是导致公共就业服务机构不愿意为新就业形态相关企业、劳动者提供公共就业服务的原因。

调查显示，公共就业服务机构工作人员对新就业形态就业者的认知主要是基于对日常生活的观察。公共就业服务机构工作人员所了解的新就业形态类型主要包括电子商务、平台类（如滴滴司机）和社群类（如微商）等（图7-1）。公共就业服务机构人员对新就业形态类型的了解，与该类型在社会消费生活中的渗透率有密切关系。

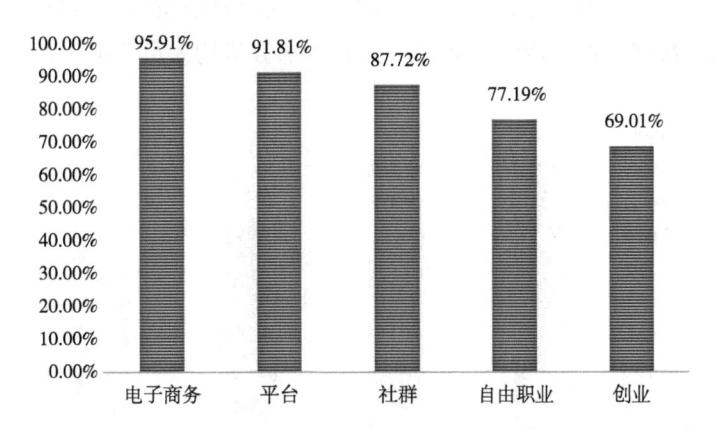

图 7-1　新就业形态从业者的就业模式

对于新就业形态的工作特点，超过 70% 的工作人员认为，新就业形态从业者的工作时间更灵活、工作地点不固定，有较高的自主权，可以从事多种职业。同时，也有 60% 左右的工作人员认为，新就业形态从业者的工作不稳定，收入也不稳定，培训不足，同时缺乏社会保障。对新就业形态持正面观点的机构工作人员占多数（表 7-2）。

表 7-2　工作人员对新就业形态从业者就业特点的认知

特点	百分比（%）	特点	百分比（%）
工作时间更灵活	97.09	缺乏社会保障	61.63
工作自主权较高	88.37	收入不稳定	59.88
工作地点不固定	81.98	培训不足	53.49
有多重职业	74.42	工作不稳定	52.33

公共就业服务机构工作人员对平台企业的认知与新就业形态的渗透率和生活消费习惯有关（图 7-2）。绝大多数工作人员认为平台不受地域限制，求职者入岗的门槛较低。滴滴、美团等平台在全国许多城市开展业务，不同城市的求职者都可以通过平台工作，同时平台对劳动者不会有太多的技术要求。75.58% 的机构工作人员认为平台企业的运营成本低。66.86% 的认为平台企业的岗位需求量大。

机构人员认为新就业形态渗透率较高的行业主要有电子商务、网约车和外卖。与机构人员所了解的新就业形态类型类似，渗透率较高的行业都是与生活消费密切相关的行业，而一些出现时间较晚或消费需求较低的行业，如娱乐网红、共享医护、网约美业等，只有少部分机构人员了解（图7-3）。

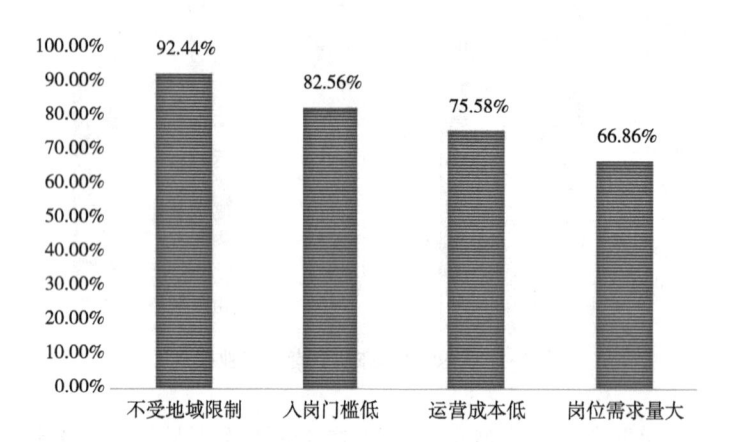

图7-2 公共就业服务机构工作人员认为的平台特点

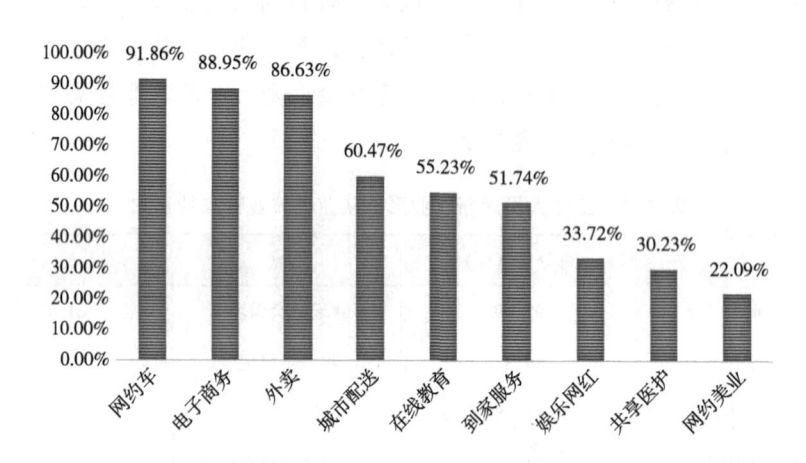

图7-3 公共就业服务机构工作人员认为新就业形态渗透的行业

图7-4显示了公共就业服务机构工作人员认为的新就业形态渗透的行业。网约车平台滴滴出行，外卖平台美团、饿了么，电子商务平台淘宝等为机构工作人员所熟知；但一些规模较小或适应特定类别就业者的平台，如自由职业者平台猪八戒网、一品威客，医疗服务类平台好大夫在线、医护到家，家政类服务平台阿姨帮等，机构工作人员了解较少。

2. 公共就业服务机构愿意提供的都是自身风险责任较小的服务

表7-3显示了公共就业服务机构工作人员认为可以为新就业形态从业者提供的公共就业服务。针对从业者，公共就业服务机构提供政策咨询的意愿

最高，提供职业介绍的意愿最低。机构人员认为，公共就业服务机构可为新就业形态人员从业者提供的服务主要有政策咨询、创业服务和职业培训。首先，让从业者了解相关的政策可以更好地维护劳动者的权益；其次，对从业者进行创业培训，可以提高劳动者创业的成功率；最后，对从业者进行职业培训，可以提高劳动者的技能，增强劳动者的竞争力，减少失业率。

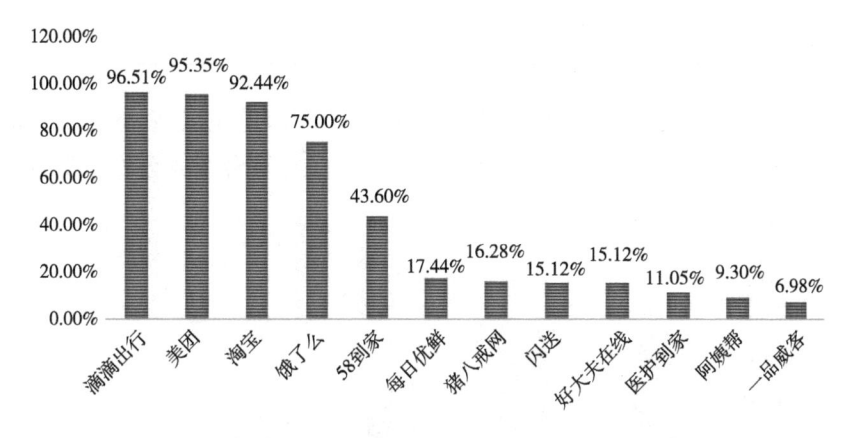

图 7-4 公共就业服务机构工作人员了解的平台

表 7-3 机构人员可以为新就业形态从业者提供的公共就业服务

服务	百分比（%）	服务	百分比（%）
政策咨询	88.37	协调与企业的关系	48.26
创业服务	79.07	代缴社会保险	43.02
职业培训	67.44	职业介绍	40.12
就业与失业登记	65.70		

表 7-4 显示了公共就业服务机构人员认为可以为平台企业提供的公共就业服务。针对平台企业，公共就业服务提供政策咨询的意愿最高，开展代理招聘的意愿最低。机构人员认为，公共就业服务机构可以为平台企业提供政策咨询、优惠政策和招聘指导，其中，92.98%的认为可以提供政策咨询，80.12%的认为可以提供优惠政策，60.82%的人认为可以提供招聘指导。

机构人员对为平台提供代理招聘等事项的支持度较低，选择代理招聘的占比只有46.78%。机构人员认为：如果为企业代理招聘会增加机构人员的工作量；同时，代理招聘并不一定能为平台找到他们想要的员工；平台与从业者一旦发生纠纷，公共就业服务机构就会处于两难境地，降低机构的公信力。

表 7-4 机构人员可以为企业提供的公共就业服务

服务	百分比（%）	服务	百分比（%）
政策咨询	92.98	代理招聘	46.78
优惠政策	80.12	代办社保事务	43.27
招聘指导	60.82		

图 7-5 显示了公共就业服务机构人员认为可以为新就业形态提供的培训方式。其中，68.60%的认为公共就业服务机构应与平台企业合作，平台企业可以为从业者提供培训。

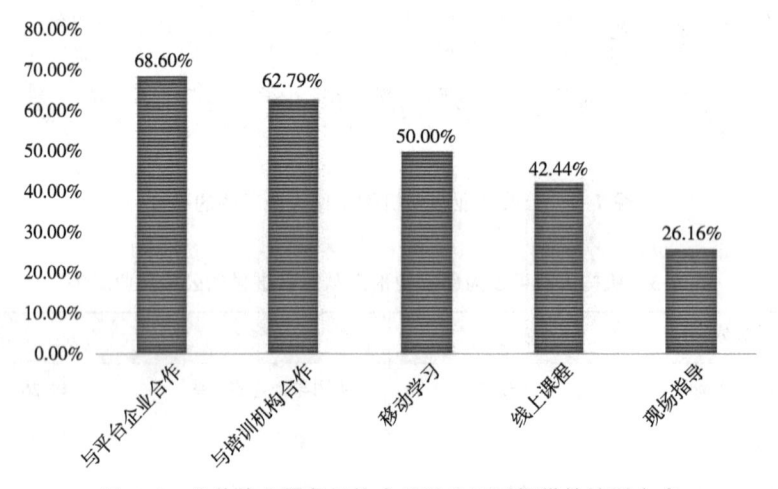

图 7-5 公共就业服务机构人员认为可以提供的培训方式

除了与平台企业和培训机构合作的方式提供培训外，机构人员也希望开发移动平台或发布线上课程进行培训。其中，50%的人支持移动学习，42.44%的人支持线上课程。这两种方式下从业者可以自由选择课程，也可以随时随地学习。只有 26.16%的人选择现场指导。一方面，现场指导需要耗费大量的人力物力财力，且时间、地点固定，从业者参与热情低；另一方面，参加现场培训的从业者无法进行巩固复习，培训效果差。

在就业培训内容方面，机构人员认为可以侧重对相关政策的咨询与讲解、劳动者权益的保障、技能培训、职业道德和素养，较少支持对从业者提供理论知识方面的培训（图 7-6）。

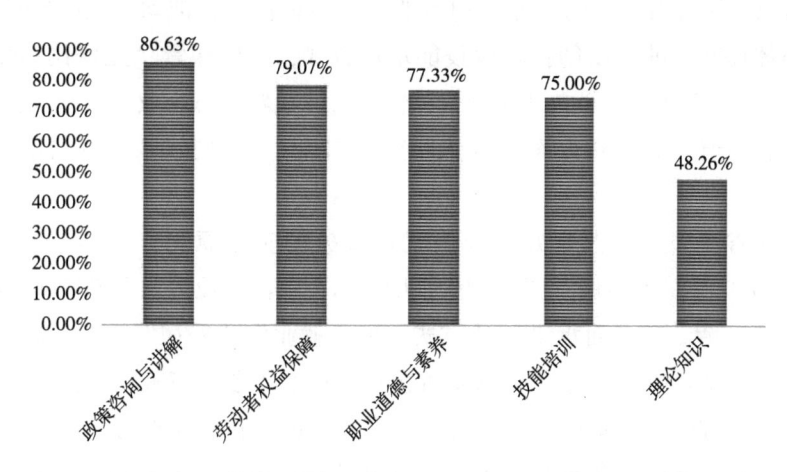

第七章 去产能职工就业安置与新就业形态对接长效机制

图 7-6 公共就业服务机构人员认为可以提供的培训内容

（三）新就业形态与公共就业服务融合的地方政策情况

个别省份已经出台了支持新就业形态与公共就业服务融合发展的相关政策。

四川省出台了《关于推进全方位公共就业服务的实施意见》（川人社办发〔2019〕114号），将新就业形态纳入公共就业创业服务中，要求"加强对灵活就业、新就业形态的服务。要把灵活就业、新就业形态从业人员纳入公共就业创业服务范围，创新就业服务方式。探索建立新就业形态岗位信息发布平台，对处于初创阶段以及灵活形式用工等用人主体，可采取'经办人书面承诺'的方式受理，并在招聘信息中标注，必要时可进行部门信息核查或工作人员调查"。

浙江省出台《关于优化新业态劳动用工服务的指导意见》（浙人社发〔2019〕63号）明确，"各级人力社保部门和行业主管部门应根据新业态特点，大力支持新业态领域就业，提供有针对性的就业创业服务，完善就业创业补贴政策。对新业态企业吸纳就业困难人员、退役军人、高校毕业生等，符合条件的按规定落实社会保险补贴等政策。对不裁员或少裁员的新业态企业按规定享受稳岗补贴，为符合条件的员工制家政服务从业人员提供免费岗前培训和'回炉'培训"，并特别强调推动平台职业技能提升，提出"各级人力社保部门要加大对新业态从业人员职业技能培训的支持力度，积极争取将新业态的职业（工种）纳入到职业技能培训补贴目录清单，并按规定给予培训补贴。引导有条件的企业承担行业技能培训任务，推动行业技能劳动者素质整体提升。进一步创新职业技能培训方式，积极探索'互联网+职业培训'，为新业态从业人员技能培训提供便利。鼓励新业态企业为从业人员建立技能成长通道，引导新业态从业人员学习技能、提升技能、走技能成才之路"。

吉林省《关于推进全方位公共就业服务的实施意见》（吉人社联字〔2019〕187号）也强调，要"减少证明材料，灵活就业人员和新就业形态人员可采取'劳动者书面承诺'的方式，申请就业失业登记"，要"加强新就业形态公共就业服务。高度重视灵活就业、新就业形态在吸纳就业和帮扶困难群体就业方面的重要作用。将新业态用人单位和新就业形态从业人员纳入公共就业服务范围，向新业态用人单位提供用工指导、政策咨询、招聘用人等服务；向求职人员提供有针对性的职业介绍、职业指导等服务，引导劳动者进入新就业形态就业"。

上海市公布的《关于进一步完善本市公共就业服务体系的意见》（沪人社就〔2021〕176号）指出，要"加强新就业形态的就业管理和服务。把灵活就业、新就业形态从业人员全面纳入公共就业服务范围。清理取消对灵活就业的不合理限制，强化政策服务供给，创造更多灵活就业机会。对新业态领域劳动者求职就业和单位招聘用人开展全程服务"。

总体上看，开展新就业形态与公共就业服务融合的地区仍然是少数。大部分地区在公共就业服务中，仍然沿用主要针对传统就业形态服务的模式，而未涉及对新就业形态的服务。因此，要实现对于去产能职工，以及因产业结构调整被挤出劳动者向新就业形态转移，需要设计长效机制，推动该趋势发生。

三、公共就业服务体系与新就业形态对接存在的突出问题

在国家层面已经明确要支持新就业形态发展，但是尚缺乏明确鼓励公共就业服务支持新就业形态发展，或明确鼓励公共就业服务融合新就业形态的政策文件及举措。公共就业服务体系与新就业形态对接的顶层设计仍处于探索建立阶段。

从基层调研的实际反映看，公共就业服务仍以传统就业形态为主要服务对象，对于新就业形态、灵活就业者、零工经济从业者等接触较少。基层机构希望有明确的政策文件，明确指出公共就业服务可以为新就业形态平台组

织或新就业形态从业者服务。

（一）政策层面

1. 公共就业服务体系主要支持传统正规就业，对灵活就业、新就业形态考虑较少

职业介绍方面，传统公共就业服务以推介传统正规就业为主。进入职业介绍的岗位，要求用人单位必须与介绍成功的劳动者建立劳动关系，用人单位需为劳动者缴纳社会保险企业支付部分。公共就业服务机构尚未开展对新就业形态从业者和平台运营企业的服务。各级公共就业机构提供服务时（如职业培训、创业支持等），对灵活就业人员考虑较少，一般会将平台型企业和新就业形态从业者排除在服务范围外，未能利用平台扩展相关就业服务范围。在组织机构、职能机构设置方面，公共就业服务在各地方设立不同级别机构，但平台运营企业主要在全国范围内运营，地方代表处权限有限，双方缺乏对接机制。公共就业服务机构并未设立专门的与新就业形态发展对接的部门和人员，与平台缺乏有效沟通，容易出现信息不对称、政策与实际情况不匹配的问题。

2. 传统的就业界定和统计方式未将新就业形态纳入统计，无法认定新就业形态的就业规模

传统的就业界定包括就业、失业和不充分就业，基本上是以劳动关系及工作时间作界定，这也与国际劳工组织的标准一致。新就业形态劳动关系尚未明确，工作时间灵活，劳动者可以自由进入或退出平台。新就业形态的特点造成了对其进行就业统计上有难度。新就业形态就业统计标准尚不明确，新就业形态创造的岗位尚未纳入公共就业服务机构统计体系，导致操作层面无法认定新就业形态下的就业规模。

3. 企业与劳动者建立劳动关系为目前公共就业服务的抓手

新就业形态中平台型企业与从业者关系尚未明确，成为就业机构提供服务的阻碍。当前公共就业服务体系中的职业介绍、职业指导、技能培训等就业、创业的制度政策都是针对传统企业或者传统用工方式设计和制定的，要求企业所提供的是有劳动关系的正规就业岗位。现行公共就业服务的方式和手段也难以适应新就业形态无组织、自雇式、流动性的特点。基层公共就业服务机构对为新就业形态提供服务存在顾虑，无法厘清相关法律关系；公共就业服务部门如果推介平台岗位，相当于对无劳动关系的岗位进行背书，存

在潜在风险。

4. 政策传达与贯彻实施仍需要时间，操作层面认为突破创新风险大

已经发布的《关于推进全方位公共就业服务的指导意见》第四条指出："各类企业、个体经济组织、民办非企业单位等组织，机关事业单位、社会团体以及创业实体，可向公共就业服务机构咨询了解人力资源市场信息，申请招聘用工服务。对民营企业等非公有制经济，要公平对待，提供同等服务。公共就业服务机构要在3个工作日内审核用人单位相关资质，核实发布招聘信息的真实性、合法性。对处于初创阶段以及灵活形式用工等用人主体，可采取'经办人书面承诺+工作人员必要调查'的方式受理，并在招聘信息中标注。"该条政策事实上指出了公共就业服务应该为新就业形态（灵活形式用工用人主体）提供服务，但基层公共就业服务机构对于政策的理解以及政策传导尚未到位，对于政策的贯彻落实还需要过程。《意见》也未明确灵活形式用工主体包括平台型用工主体，基层公共就业服务机构也未能将政策朝向有利于融合新就业形态的方向进行解读。

（二）操作层面

1. 各级公共就业服务机构对服务新就业形态担心存在风险

各级公共就业服务机构都是严格按照国家现有确切的、有具体工作要求的政策进行工作。国家支持但未做明确、具体要求的，基层公共就业服务机构一般并不会去做。比如，在职业介绍方面，基层公共就业服务机构只为劳动者对接可以签订劳动合同的用人单位，而不会为美团、滴滴等需要灵活用工的平台进行岗位登记。上文分析了公共就业服务机构愿意为新就业形态提供的服务，主要是自身风险责任较小的政策宣传类、政策解读类工作，这也反映了基层公共就业服务机构对于风险的担忧。

2017年《国务院关于做好当前和今后一段时期就业创业工作的意见》明确提出要支持新就业形态发展，但公共就业服务体系中仍然缺乏承担推动与新就业形态融合的专职部门。由于专职部门缺位，也导致基层公共就业服务机构害怕承担风险与责任，不愿意接触新就业形态。

2. 职业介绍服务未覆盖新就业形态

公共就业服务中的职业介绍主要是介绍用人单位提供的传统正规岗位工作，并要求用人单位与劳动者形成劳动关系，签订劳动合同、为劳动者缴纳社保企业承担部分等。尽管平台普遍存在劳动力短缺、招工困难，平台企业也希望通过职业介绍服务来扩大宣传,让更多的劳动者了解其招聘需求并进入平台工作,但基层公共就业服务机构对平台招聘登记仍存顾虑,主要原因有三点:一是公共就业服务机构为平台企业代理招聘会增加工作人员的工作量;二是公共就业服务机构认为其代理招聘并不一定能为平台找到他们想要的员工;三是公共就业服务机构担心若代理招聘的员工与平台发生纠纷,可能会降低公共就业服务机构的威信。

总之,公共就业服务机构认为平台用工不符合传统岗位中存在劳动关系、签订劳动合同、缴纳社保等标准。公共就业服务机构担心用工存在问题以及由于用工问题导致公共就业服务机构承担风险。

3. **失业信息不完善,新就业形态下,难以界定失业与就业**

公共就业服务中的失业信息登记不完善,大量失业人员未进行登记。劳动者参与就业与失业登记的积极性低。就业与失业信息化程度低,企业招聘与失业者求职匹配程度低,就业与失业信息更新速度慢,就业信息准确度低。同时,新就业形态的出现给失业界定也带来了困难。失业者可以自由进入或退出平台,随时获得工作;但是失业者在平台获得工作后,由于无劳动关系,也无法被认定为就业。造成这种矛盾局面的主要原因是新就业形态下,劳动者失业和就业缺乏相应标准。

4. **职业技能培训补贴未覆盖新就业形态**

职业培训补贴的发放条件包括劳动者在职或在岗、有劳动关系、户籍限制等。这些条件限制了大量外地务工者获得职业培训,而新就业形态从业者很大一部分是从原来的灵活就业者转变而来,其中大部分为外地务工者。同时,以劳动关系作为享受职业技能培训补贴的前提条件,也限制了新就业形态从业者获得职业培训补贴,减少了这部分群体获得职业培训的机会。

传统职业技能培训注重劳动者岗前培训,对劳动者在岗培训主要以企业内培训为主。新就业形态进入门槛低,但服务标准高,仍然需要平台提供大量培训以改善从业者服务质量。为了交易顺畅,平台运营企业已经对平台劳动者进行了大量与业务相关培训,如美团给外卖骑手进行大量安全培训和城市交通规则培训,滴滴平台为网约车司机提供了大量服务技能提升的培训;但公共就业服务机构未与平台企业开展合作,上述培训也未纳入职业技能培训补贴范围。

5. **公共就业服务机构对新就业形态了解有限,对其能提供的岗位不熟悉**

根据数据调研以及与基层公共就业服务机构座谈,发现公共就业服务机构对新就业形态的特点和范围了解有限，不熟悉新就业形态能够提高哪些岗位，适合于哪些群体就业。公共就业服务机构工作人员对新就业形态的了解，主要和自身消费体验有关，缺乏深入了解。同时，平台企业普遍成立时间短，对公共就业服务了解不足，也无法对公共就业服务提出有效需求。

四、公共就业服务与新就业形态对接长效机制设计

尽管新就业形态已成为未来中国劳动力市场重要组成部分，公共就业机构人员也认可新就业形态是未来发展趋势，但中国公共就业服务尚未覆盖新就业形态，公共就业服务机构人员对新就业形态了解程度较低，导致公共就业服务政策措施不能适应新就业形态发展，服务范围和服务内容尚未覆盖新就业形态从业者与平台运营企业。平台运营企业与新就业形态从业者都有公共就业服务的需求，但公共就业服务机构在职业介绍、信息登记、培训补贴、服务模式方面都未覆盖新就业形态。

为了积极适应新就业形态发展，建议以职业介绍等方面作为公共就业服务融合新就业形态的突破方向，在政策层面与操作层面作出探索。例如，下述以职业介绍为讨论对象的长效机制设计，也可以适用于公共就业服务中的技能培训、创业扶持等。

（一）政策层面

1. 贯彻落实《关于推进全方位公共就业服务的指导意见》，明确公共就业服务可以支持新就业形态

目前公共就业服务的政策来源如《就业促进法》《就业服务与管理规定》等，主要以正规就业为服务对象。《关于推进全方位公共就业服务的指导意见》提出，建立健全覆盖全民、贯穿全程、高效便捷的公共就业服务体系，实现全方位的公共就业服务。应贯彻落实《关于推进全方位公共就业服务的指导意见》，将新就业形态纳入公共就业服务范围。同时，政策层面应出台支持新就业形态的公共就业服务相关政策，为公共就业服务机构的操作与执行提供明确政策支持。另外，在强调提供服务的同时，进一步强化管理职能，让服务更有实效性和执行力。公共就业服务机构可以考虑在小范围内进行试点，降低对平台企业及其平台从业者享受服务的门槛。

个别省份已经出台了支持新就业形态与公共就业服务融合发展的相关政策。四川省出台了《关于推进全方位公共就业服务的实施意见》，将新就业形

态纳入公共就业创业服务中，提出要"加强对灵活就业、新就业形态的服务。要把灵活就业、新就业形态从业人员纳入公共就业创业服务范围，创新就业服务方式。探索建立新就业形态岗位信息发布平台，对处于初创阶段以及灵活形式用工等用人主体，可采取'经办人书面承诺'的方式受理，并在招聘信息中标注，必要时可进行部门信息核查或工作人员调查"。浙江省出台《关于优化新业态劳动用工服务的指导意见》明确，"各级人力社保部门和行业主管部门应根据新业态特点，大力支持新业态领域就业，提供有针对性的就业创业服务，完善就业创业补贴政策。对新业态企业吸纳就业困难人员、退役军人、高校毕业生等，符合条件的按规定落实社会保险补贴等政策。对不裁员或少裁员的新业态企业按规定享受稳岗补贴，为符合条件的员工制家政服务从业人员提供免费岗前培训和'回炉'培训"，"各级人力社保部门要加大对新业态从业人员职业技能培训的支持力度，积极争取将新业态的职业（工种）纳入到职业技能培训补贴目录清单，并按规定给予培训补贴。引导有条件的企业承担行业技能培训任务，推动行业技能劳动者素质整体提升。进一步创新职业技能培训方式，积极探索'互联网+职业培训'，为新业态从业人员技能培训提供便利。鼓励新业态企业为从业人员建立技能成长通道，引导新业态从业人员学习技能、提升技能、走技能成才之路"。

2. 将新就业形态纳入就业统计，探讨新就业形态的就业标准

新就业形态无劳动关系、工作时间灵活、兼职与专职均可，这些都对新就业形态的就业法律关系认定造成困难。建议相关部门探讨新就业形态的就业标准，如以收入水平或工作时间作为标准，达到一定金额或时间后即认定为就业。平台运营企业掌握从业者的收入水平、工作时间等数据，可利用这类数据对劳动者就业进行认定。通过与平台运营企业开展合作，将平台运营企业需求导入公共就业服务体系，使用平台数据识别就业困难群体和重点就业人群的就业状况，可以帮助公共就业服务机构精准服务目标群体。

现阶段可以以新就业形态从业者的就业收入和就业工时来计算就业规模[①]。例如，在调查周期内，根据平台大数据，凡是个人净收入超过当地最低工资标准，且周工作时间超过 10 小时的，都应当算作一个新增加就业，计入城镇新增就业之中；也可以再构建一个标准，比如净收入水平在最低生活保

---

① 中国就业促进会会长张小建在中国新就业形态研讨中心主办的"稳就业与平台经济发展暨中国新就业形态研究中心第二届年度研讨会"上的讲话（2019）。

障与最低工资标准之间的,算作半就业。这样就可以计算出在平台经济中合作劳动类灵活就业人员在新增就业中的数量和比例,同时也可以统计半就业状况,说明它还创造多少新的就业机会。建议国家统计局和人社部在这方面同有关平台进行合作,将劳动力调查同平台大数据进行比对。可先行试点,逐步推广。

3. 改革用人单位表述,突破劳动关系限制

公共就业服务机构提供职业介绍、培训补贴等,都以劳动者与用人单位签订劳动合同、建立劳动关系为前提,即以"用人单位招用人员"为前提。新就业形态条件下,工作的提供方由传统用人单位——企业,转变为平台组织。在劳动者与平台企业关系尚未明确前提下,应适度放宽"用人单位"限制,将用人单位扩展为用人组织,放松劳动关系限制条件,建议将"用人单位"改为"用人单位或用人平台"。

(二)操作层面

1. 构建适合新就业形态的公共就业服务"三赢模式"

新就业带动就业岗位规模巨大,已经吸收大量就业困难群体与就业重点群体。在当前背景下,公共就业服务机构应主动适应新就业形态发展,主动为新就业形态的参与者——平台企业、平台从业者等提供服务。推动公共就业服务与新就业形态融合应遵循以下三个原则:一是既要考虑平台企业利益,也要兼顾劳动者利益;二是逐步推动,试点先行;三是由部级层面推动。

在稳就业的背景下,发挥新就业形态创造就业岗位的能力,为公共就业服务机构关注的重点就业群体和就业困难群体服务,既对公共就业服务机构稳就业有利,也有利于新就业形态的发展,同时又有利于劳动者获得工作、增加收入,形成政府-平台-劳动者三方共赢的模式。

构建既能满足平台企业岗位招聘需求,也能满足公共就业服务机构就业援助需求,还能满足劳动者就业需求"三赢模式",前提是新就业形态平台有岗位招聘需求,公共就业服务机构有就业援助需求,劳动者有就业需求。上文已经论述了平台企业在招聘、享受就业、创业、培训优惠政策等方面的需求。平台已经为大批就业困难群体和重点就业群体提供了岗位,部分平台如滴滴、美团开展了以帮助建档立卡贫困户、去产能就业困难人员和离校未就业高校毕业生的就业援助和就业扶贫活动,这些都符合公共就业服务的服务对象标准。大量劳动者也有进入新就业形态工作的动力和需要。

"三赢模式"可以通过两种方式开展，各有利弊。

一种模式是自下而上（如图7-7所示），地方公共就业服务机构和平台企业在各省市的代理处直接对接。人社部层面鼓励地方公共就业服务机构主动去对接，或宣传组织平台企业与地方公共就业服务机构进行对接，或鼓励地方公共就业服务机构搭台子、由平台企业和求职者直接对接。

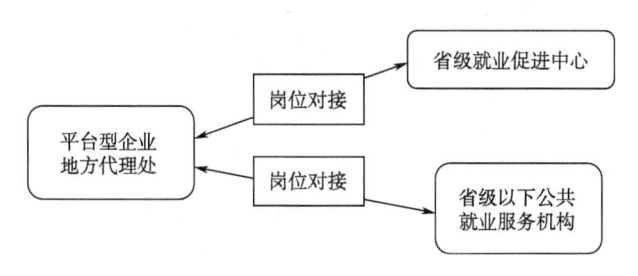

图7-7　自下而上的地区层面对接的"三赢模式"

自下而上模式的好处是地方公共就业机构可以直接对接平台企业岗位。地方公共就业机构与平台企业地方代理处直接互动，便于岗位信息与求职人员信息及时对接与调整。但也应当考虑到，一方面组织新就业形态的平台企业都是全国范围运营，省市分公司或代理处权限有限，大量决策仍需要总部做出，因此可能导致支持新就业形态过程中特殊事项的沟通成本较高；另一方面，基层公共就业服务对新就业形态服务的理念更新需要时间，短期内由于担心承担责任不愿意接触新就业形态，可能推进力度较小。

另一种是自上而下的模式，在部级层面设立对接平台企业的专职单位，负责对接平台运营企业，建立职业介绍、职业培训等方面的合作关系。以职业介绍为例，专职单位获得不同地区新就业形态的岗位信息，然后将信息提供给各省市公共就业服务机构（如图7-8所示），地方利用信息做就业援助、职业介绍等工作。在明确专职单位和地方公共就业服务机构权利和义务前提下，专职单位分担了地方公共就业服务机构的责任，解决了地方公共就业服务机构的后顾之忧，有利于地方公共就业服务机构积极性的提升。同时由专职单位与平台总部直接沟通，形成"总对总"的沟通局面，有利于协调支持新就业形态工作过程中遇到的问题。但是该模式涉及组织机构工作内容调整，内部调整成本可能较高。

课题组建议优先考虑自上而下构建适合新就业形态的公共就业服务"三赢模式"，在人社部内部建立推进新就业形态与公共就业服务的专职单位，与

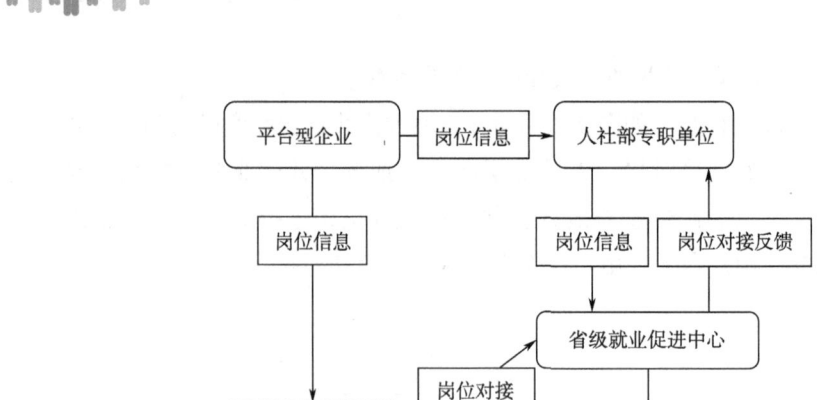

图 7-8　自上而下的人社部专职单位下的"三赢模式"

平台型企业总部保持密切联系,推动平台型企业关注就业。自上而下模式的试点成本更低,对接新就业形态的推动力也更强。

构建"三赢模式"运行机制关键点如下:

第一,构建组织机构,特别是推动公共就业服务体系融合新就业形态的专职单位,结合各省级公共就业服务机构实践探索,形成自上而下的推动力量,解决政策层面与操作层面存在的阻碍。

第二,在运作过程中需要激励平台企业参与,管控风险。三赢模式的运作应遵循"包容审慎"原则:一方面,允许和鼓励平台企业积极参与,不设置过高门槛或过多条件增加平台企业负担;另一方面,公共就业服务机构要与平台企业签订相关协议,保证岗位真实性,对重点就业群体或就业困难群体承诺优先招录。建议在少数相对成熟的平台企业先行试点,解决试点中存在的问题,试点成功后再进行推广。公共就业服务机构优先兑现重点群体进入平台工作享受的就业创业、职业培训补贴、社保补贴等优惠政策,并逐步扩展到平台所有从业者;公共就业服务机构支持平台企业申报新职业等工作。

第三,推动公共就业服务机构贯彻落实。应当采取如下措施来推动公共就业服务机构融合新就业形态:一是改变公共就业服务机构意识,将新就业形态作为全方位公共就业服务的重要组成部分;二是加强培训,使公共就业服务机构人员了解新就业形态的特征、规律和价值;三是加强沟通,使公共就业服务机构与平台企业之间，专职单位与基层机构之间形成沟通与信息共享机制；四是组织落实，公共就业服务机构要组织发动相关群体，积极对接企业岗位。

2. 建立推动适应新就业形态的专职机构

无论采用自下而上还是自上而下的三赢模式，都应建立推动公共就业服务体系适应新就业形态的主要责任机构。该机构的主要使命是为推动公共就业服务适应新就业形态发展提供技术与信息支撑，定位是有管理、监督、政策发布权限的专职单位。该机构的主要工作内容包括：根据新就业形态特点设计公共就业服务体系与新就业形态融合机制，推进地方公共就业服务体系利用新就业形态扩大职业介绍范围。在自上而下的三赢模式下，该机构还可以参与平台岗位信息传达、地方就业机构推进融合新就业形态绩效监督等工作内容。

该专职单位可以依托中国就业培训技术指导中心。中国就业培训技术指导中心是隶属于人力资源和社会保障部的专业性事业单位，负责全国就业、职业培训的技术指导和组织实施工作，具备对接平台企业的能力，能够为地方公共就业服务机构提供政策支持与信息资源。

3. 建立适应新就业形态的服务体系，拓宽公共就业服务的范围

调整公共就业服务中一些不适应新就业形态特点的要求，如平台运营企业一般在全国各城市运营，各城市在职业介绍中要求平台企业与传统企业一样，出示营业执照（副本）对于平台企业而言成本过高，无法实现。

与平台企业进行合作，通过平台企业来反映从业者的需求，有针对性地主动为从业者提供服务。利用平台企业现有资源对劳动者进行培训。建议由平台企业提供就业者名单和就业证明，由相关服务机构对名单上的人员进行职业培训的补贴。可以试点平台运营企业职业技能培训补贴。

《职业技能提升行动方案（2019—2021）》提出从失业保险基金结余中拿出 1 000 亿元，用于 1 500 万人次以上的职工技能提升和转岗转业培训；规定参保企业吸纳就业困难人员、零就业家庭成员就业并开展以工代训的，给予一定期限的职业培训补贴。应鼓励平台企业向一些愿意试点的省份提出自己的需求，争取一定的职业培训补贴。

探索建立新就业形态岗位信息对接机制。对于"用人平台"，可采取"经办人书面承诺"的方式受理，并在招聘信息中标注，必要时可进行部门信息核查或工作人员调查。

4. 提升公共就业服务机构信息化能力，增强公共就业服务机构与平台企业协调合作

提升公共就业服务机构信息化能力，加强主动服务新就业形态功能。公共就业机构应加强信息化建设，与平台运营企业形成信息对接机制，了解平台中已经工作的重点就业人群和就业困难人群的工作状况。可以针对就业困难人员、农村建档立卡贫困户等就业者主动提供帮助，通过举办平台运营企业专场招聘会等形式促进就业困难人员与平台运营企业互相了解，解决彼此的需求。通过专职单位推动，形成地方公共就业服务机构与平台企业地方分支机构相互协调沟通的工作模式。

5. 对基层公共就业服务机构加强新就业形态相关知识的培训，增进其对新就业形态的理解

对公共就业服务机构工作人员，应加强新就业形态知识的宣传和普及，加深公共就业服务机构对新就业形态的理解，提升工作人员对新就业形态功能及作用的认知，扭转公共就业服务机构因为害怕承担风险而不愿接触新就业形态的观念，调动工作人员利用新就业形态解决就业困难问题的积极性。

6. 建立新就业形态工作岗位目录及工作岗位白名单制度

由公共就业服务指导中心发布新就业形态岗位白名单，分为《适合就业援助对象从业的新就业形态工作岗位目录》《适合离校未就业高校毕业生从业的新就业形态（新职业）工作岗位目录》。前者对应新就业形态中工作门槛较低、工作技能要求较低、适合于就业困难群体的工作岗位类别。后者对应新就业形态中有一定工作门槛、工作技能要求较高、适合于毕业未就业大学生群体的工作岗位类别。各级公共就业服务机构可以根据自身实际情况，参考工作岗位目录，适时向区域内劳动者群体发布岗位。

在此基础上，建立新就业形态工作岗位白名单制度，将其充实于公共就业服务与新就业形态"三赢模式"框架中，出台新就业形态工作岗位遴选标准、发布机制、调整机制、对接机制等。由人社部专职单位根据就业规模、适应群体、就业质量、工作满意度等标准，遴选适应公共就业服务对象的新就业形态岗位目录，鼓励各级公共就业服务机构与平台企业达成合作意向，通过给予平台运营企业优惠或服务，利用平台解决部分就业困难人员就业难的问题。

第八章
新就业形态促进去产能职工就业安置的政策建议

第八章 新就业形态促进去产能职工就业安置的政策建议

改革开放以来，中国的国有企业先后经历了多次去产能，以及两次规模较大的职工下岗浪潮。中国经济依然处于快速的变革转型过程中，通过行政手段调整资源配置的改革未来依然有可能在行业或企业层面继续出现。那么我们应该反思这样的为达到经济结构短期调整目标，以行政手段推动的资源配置调整，应该具体采取哪些措施来尽可能减少对身处其中的劳动者造成的损害，以及如何尽可能减少结构性变革带来的负面影响。

在此次去产能职工安置过程中，中国政府吸取了20世纪90年代下岗潮的经验与教训，通过多种手段与措施，特别是采取了创新的手段，如利用新就业形态来帮助解决去产能职工就业安置，使得此轮去产能职工比20世纪90年代下岗潮中劳动者有了更多的选择和支持。但我们仍然应该清楚地认识到在化解过剩产能的过程中，普通劳动者所遭受的巨大负面影响。我们首先需要思考如何避免剧烈的外生冲击发生，而不是在发生后动员更多的资源和力量去解决，因为无论解决办法多么细致周到，劳动者在这样剧烈的变动中依然会承担大量风险和痛苦。

但在这个充满不确定性的时代，经济社会所面对的各类冲击是不可避免的。技术变革、国际贸易争端、疫情以及各种不确定的外生冲击都会损害劳动力市场的运行。因此，应对劳动力市场冲击的解决办法与措施也是必要的。这些解决办法与措施既是帮助劳动者渡过难关的必要举措，也能够为未来类似的冲击形成政策储备。本书希望在这方面做出创新的尝试。本书讨论了在平台经济与新就业形态出现的时代，在去产能职工的安置过程中，政府以及去产能企业如何将劳动者群体与新就业形态相结合，以及如何实现新就业形态对去产能职工帮扶的长效机制。面对快速变革的产业环境，一部分劳动者无法适应环境和企业要求，将面临被淘汰的风险，特别是随着更先进的自动化、机器人、人工智能的应用，未来中国可能有大量制造业从业者被机器替代。对于这样庞大的群体面临的就业问题，应该思考新就业形态所能够起到的作用。

此次山西省去产能职工安置工作吸取了20世纪90年代国有企业改革中职工下岗的教训。按照山西省人社部门要求，除职工自愿离职外，不得将企业职工推向社会，而是在企业内部挖潜进行消化。短期来看，企业可以承担部分去产能职工的安置，但在焦煤集团调研中发现，集团合理定员标准是18万人，需要在目前22万的基础上再安置3~4万人，企业才能达到行业平均效率标准。目前企业内部岗位挖潜已经十分困难，去产能持续推进必然

时代的重铸：新就业形态与去产能职工再就业

带来职工就业安置的困境。

新就业形态已经成为中国城市生活服务业发展的长期趋势。大量低技能的劳动者可以在新就业形态中获得就业机会。这样的工作可以成为去产能职工或其他短期失业者度过失业期的短期选择，也可以成为劳动者长期的职业选择。以网约车司机为代表的新就业形态可以帮助国有企业解决职工安置问题。通过平台的信息整合，劳动生产率可以大幅度提高。有学者认为，新就业形态可以打破服务业劳动生产率低于制造业劳动生产率的假说，使服务业的价值创造能力高于制造业。长期来看，以网约车司机为代表的新就业形态可能是去产能职工安置的最优选择之一。

本书归纳的事实证明了去产能企业与平台企业可以建立长效的合作机制，从而帮助解决去产能企业职工安置问题。山西焦煤集团的成功经验表明，通过去产能企业的组织与激励体系设计，去产能企业职工愿意进入滴滴平台从事网约车工作，并能够获得更好的福利改善。同时，去产能企业在与新就业形态碰撞的过程中，也激发了内部创新的动力与活力。

在国家层面，对分享经济、平台经济等新就业形态提出了"鼓励创新、包容审慎"的原则[1]设计政策。2017年7月，国家发改委联合多部委共同出台了《关于促进分享经济发展的指导性意见》。《意见》肯定了分享经济带动大量就业、推动双创的巨大作用和对中国经济社会发展的积极影响，概括了分享经济的模式、特点。《意见》提到了分享经济对中国经济社会产生的巨大影响，包括"对推进供给侧结构性改革"具有重要意义，"化解过剩产能，带动大量就业，显示出巨大发展活力与潜力"。《意见》认为，未来各个部门对分享经济的"认识统一"，应该统一在分享经济的巨大社会价值；"制度适应"应该按照"鼓励创新、包容审慎"的原则设计制度并适应分享经济的特征与规律。2019年8月，国务院办公厅印发《关于促进平台经济规范健康发展的指导意见》，明确了平台经济在中国经济社会发展中的重要作用，包括优化资源配置、促进跨界融通发展和大众创业万众创新、推动产业升级、拓展消费市场尤其是增加就业等。2022年第2期《求是》杂志刊发习近平总书记重要文章《不断做强做优做大我国数字经济》。《"十四五"数字经济发展规划》提出要"推动平台经济规范健康持续发展"。2022年1月，国家发展改

---

[1] 2017年7月3日，发改委等八部委联合下发了《关于促进分享经济发展的指导性意见》，其中提到对于分享经济新业态的发展，要按照"鼓励创新、包容审慎"的原则进行制度设计。

革委等部门《关于推动平台经济规范健康持续发展的若干意见》指出，要从构筑国家竞争新优势的战略高度出发，坚持发展和规范并重，坚持"两个毫不动摇"，遵循市场规律，适应平台经济发展规律，建立健全规则制度，优化平台经济发展环境。一系列政策、规划出台说明中国政府对发展好平台经济的信心和决心。2022年12月中央经济工作会议指出，要大力发展数字经济，提升常态化监管水平，支持平台企业在引领发展、创造就业、国际竞争中大显身手。

根据前述研究结果，本书提出相关政策建议，希望通过政策创新提升新就业形态对去产能职工再就业的帮扶潜力，也希望政策建议能够适用于由于产业转型导致结构性失业或大型企业大规模裁撤带来的大规模职工安置。

一、去产能职工安置应在供给侧结构性改革和产业升级背景下考虑

供给侧结构性改革和产业升级是中国经济发展的长期趋势。随着供给侧结构性改革和产业升级不断推进，适用于低技能劳动者的劳动密集型岗位创造会减少，造成从传统行业释放出的低技能劳动者、就业困难职工的就业问题加剧。同时，产业结构升级导致劳动密集型岗位减少，人工智能与机器人技术发展会进一步替代低技能、重复性的岗位。

新就业形态的出现，为去产能过程中受影响的职工、下岗工人、城市低技能劳动者提供了更多元的就业机会，尤其是为就业困难群体创造了大量收入稳定，兼具灵活性与稳定性的就业机会。

长期来看，新就业形态以城市生活服务业为主，有各类适合于去产能职工的职业类别。例如，网约车司机、外卖骑手、网约修理工等新就业形态非常适合钢铁、煤炭行业以男性为主、技术单一的劳动者。新就业形态可以为城市低技能劳动群体以及其他就业困难群体提供长期收入机会。新就业形态也可作为部分群体的过渡性工作，如退伍军人、受市场短期波动影响的人群。这些群体愿意进入新就业形态，并可以在平台上获得并不低于在传统行业与企业中工作获得的报酬，在经过一段时间找到更好的工作机会后又可能会离开新就业形态。

因此，对新就业形态应该包容支持，以最大程度发挥其创造就业岗位的作用。在政策制定过程中，应当按照"鼓励创新、包容审慎"的原则，根据新就业形态的特征与规律设定政策、规则，以进一步提升新就业形态拉动就业的潜力。

二、就业帮扶思路应从以"输血"为主转向以"造血"为主

煤炭、钢铁等去产能受影响的职工仍然以中年男性劳动力为主，他们距离退休仍然有相当长的时间，也正处于家庭负担最重的阶段。因此，去产能受影响的劳动者所需要的，不仅仅是短期的以帮扶或救助为目标的岗位，而是切实能够帮助其创造价值的工作。以"输血"为主要方式的就业帮扶政策持续性差，并不能够完全满足去产能职工的需求。职工对于短期就业帮扶普遍缺乏安全感，担心该类政策随时可能结束，无法在长期中解决他们的就业问题。政府的就业帮扶政策主导思路应该由以"输血"为主转向以"造血"为主。就业帮扶的目标不仅是给职工安排岗位，而且该岗位还能够让职工创造价值，只有这样，去产能职工才能在新的岗位中发挥作用，才不会成为企业进一步转型升级的负担。

新就业形态的工作就是能够使就业者创造价值，具备"造血"功能的工作。新就业形态的总体工资水平较高，工作稳定性和收入稳定性高于传统非正规就业。只要劳动者付出努力，就可以得到相应的回报。新就业形态不仅是劳动者度过失业期的短期选择，而且也可以成为劳动者的长期职业选择。因此，新就业形态对去产能职工而言，是具备"造血"功能的工作。

新就业形态帮扶去产能职工就业仍有较大发展潜力与创新空间。平台企业可以利用大数据技术，实现就业困难群体精准帮扶。例如，滴滴平台可以根据不同区域设定不同费率、奖励等参数。对于一些已经或正在关停的独立工矿区，由于地理位置离市区较远，往返成本较高，可以通过设定基于区域的激励措施，如进入市区和返回矿区的订单奖励，降低车主往返的成本，激励就业困难的独立工矿区职工加入滴滴平台工作。

除了滴滴平台的网约车司机工作，其他类型的新就业形态工作，如外卖骑手、城市即时配送、网约修理工、网约家政等同样有较高的收入水平和较大的劳动需求。随着平台业务不断发展，各类需求稳定的新就业形态未来也会形成类似于阿里巴巴电商一样的商业生态系统，岗位创业潜力极大。平台的附加价值对去产能企业同样具有巨大的吸引力。总之，在政策稳定和监管有序的前提下，通过新就业形态平台帮助去产能行业受影响的职工以及劳动力市场中就业困难的群体仍然有巨大的创新空间。

三、新就业形态对去产能职工的长期支持需要政府与企业的支持与配合

新就业形态代表了城市低技能服务业未来的发展方向。通过平台的信息整合，可以大幅度提高劳动生产率。长期来看，新就业形态的各类职业和工作可能是去产能职工安置的最优选择之一。

从调研实践看，新就业形态平台的工作无论在现行劳动法律体系中还是在现实考量中都满足职工与企业人事关系不能中断的底线。例如，网约车工作可以为职工提供不低于甚至高于本职工作的收入，企业可以为职工继续缴纳社保。这种模式，对企业来说可以减少职工人工成本的部分负担，对网约车公司来说可以获得较为稳定的车主供给。可以说，推动去产能职工进入网约车平台工作是一个多方共赢的制度设计。

好的制度设计也需要相应的条件支持。对于通过新就业形态解决去产能职工再就业方向而言，地区市场的稳定性是吸引职工参与的先决条件。例如，对于网约车而言，大部分网约车司机将该工作视为稳定的就业形式，但是，交通管理部门的监管措施却成为网约车司机的最大担忧，成为影响新就业形态工作稳定性的最大阻碍。如果希望新就业形态能够为年龄偏大、技能单一的去产能职工发挥岗位创造作用，那么各类监管措施应首先保障新就业形态工作的稳定性，使从事新就业形态工作的劳动者能够在获得合法合规地位的前提下工作。这可能需要肩负不同绩效目标的各政府部门，在政策出台过程中相互配合，形成合力。

仅靠新就业形态平台企业的宣传和线上推广难以吸引足够多的去产能企业职工参与，应以去产能企业作为责任主体，推动去产能职工与平台企业需求结合。政府的主要作用在于帮助去产能企业与新就业形态平台企业之间建立联系，消除去产能企业对新就业形态的认识偏见，增加双方信任，提供必要的政策指导等。活动推广的主体应该是有职工安置压力的去产能企业，去产能企业应将与平台企业的合作作为企业去产能职工安置战略的一部分。

因此，如果将新就业形态作为去产能职工再就业的方向之一，希望职工安心在新就业形态长期工作，还需要地方政府、去产能企业密切配合，降低行业监管的政策门槛，减少职工对平台工作前景的顾虑，为职工能够在新就业形态长期工作创造条件；也需要去产能企业在战略、人力资源管理方面进行创新，共同推动职工在新就业形态长期工作，而不仅仅是短期参与，这样

才能从根本上解决去产能职工的转移安置难题。

建议加大宣传沟通力度，改变去产能企业领导与职工意识。进一步加强对去产能职工安置工作的宣传，坚定政府、企业各级领导推进去产能职工安置工作的决心。进一步开展细致的组织沟通，引导职工转变观念，减少去产能职工的观望和迷茫。对于职工关心的劳动关系问题、是否存在裁员问题等给予及时的回应与澄清。

（一）新就业形态的需求市场稳定是吸引职工参与的先决条件

地区市场的稳定性是吸引职工参与新就业形态的先决条件。在2016年的政策试点中，当时唐山市尚未出台本地的"网约车管理办法"，当地的交通管理部门全然不顾网约车已经在全国范围内获得合法地位的事实，依然根据原有的《出租汽车经营服务管理规定》对网约车实行查扣与罚款，破坏了网约车司机工作的稳定性。从事网约车工作的司机将该工作视为一种稳定的就业形式，但是，交通管理部门的不作为或乱作为却成为网约车司机的最大担忧。

北京、上海等地严格的网约车准入条件产生了负面示范效应，职工普遍担心太原市会效仿出台类似的严格准入限制，也有职工担心网约车平台未来的发展不稳定。这些会降低职工向新就业形态转移的动力。对网约车从业人员及车辆的限制是制约网约车发展的主要原因。北京、上海等城市严格的准入限制，不符合平台型经济发展的本质特征，更不利于发挥平台对就业的促进作用，对其他城市会产生负面示范效应。应尽可能减少对网约车准入的限制，消除劳动者对网约车平台未来发展的担忧。尽快出台地方网约车管理办法实施细则，杜绝非法查扣网约车乱象。地方政府应尽快出台地方网约车管理办法实施细则，从地方层面再次明确平台工作的合法性质，杜绝非法查扣网约车乱象，为去产能职工在平台工作提供稳定的保障。

不同行业可以出台指导本行业内新就业形态从业者的行业规范，通过大型平台企业、行业协会等对平台范围内或行业界定范围内从业者做出服务规范要求，并建立监督与评价机制。建议去产能重点城市放宽对新就业形态从业者的准入门槛限制，例如放松对网约车准入门槛的限制。目前各城市的管理细则均依照交通运输部《网络预约出租汽车经营服务管理暂行办法》，提高网约车准入门槛，用限制排量、轴距等来规范网约车的高品质服务。这样的制度设计会导致一部分网约车重新成为黑车，也不符合分享经济发展的特征和趋势，更不利于平台发挥就业蓄水池的作用。

为加强新就业形态对就业的促进作用，建议由政府就平台经济促进就业形成工作领导小组或不同部门间的联席会议机制，重点解决由于行业监管制约导致的对劳动者参与新就业形态就业影响；清理制约劳动者进入新就业形态就业的行政许可，减少对各类职业，如网约车司机的准入限制，消除劳动者对新经济平台未来发展不确定性的担忧；尤其对于就业较为困难的地区，应当尽快放宽准入门槛限制，从而为就业困难群体创造更多获得收入的机会。

建议保持平台就业灵活性、提升稳定性。如果能够提升平台的稳定性，将会有相当比例的职工愿意转移到新就业形态工作。但职工对平台经济监管政策的稳定性、新就业形态工作的稳定性仍然存在疑虑，其中对政策与监管稳定性的担忧更大。提升政策与监管的稳定性，需要对平台经济的作用、社会价值与技术基础有更深刻的认识，并且认识到其对传统制度下以企业为主体的各项制度规范带来的影响。平台不仅是各类服务业行业向数字化转型的重要基础设置，也是数字经济中形成新的就业形态的组织基础。政府的监管目标应综合考虑平台带来的社会收益，从制度设计上提升平台工作的稳定性，为新就业形态的发展创造良好环境。

（二）政府与平台企业应协调配合，实现精准帮扶

数字平台有管理平台从业者的意愿与能力。去产能就业帮扶活动也有利于数字平台增加劳动力。政府部门应加强与平台协调配合，如提供去产能人员信息，帮助平台识别去产能职工，从而实现精准帮扶。政府部门可以设定相应条件，以数字平台为途径，为新就业形态从业者提供灵活就业补贴，以增加新就业形态的吸引力；加强对去产能职工的培训，提升其在数字平台的服务质量；为数字平台对去产能职工的培训提供补贴等。

政府部门可以与平台共享信息，实现对去产能职工就业的精准帮扶。政府人社部门掌握的去产能职工信息，可以在签订保密协议的条件下，与平台企业分享，帮助平台企业更精准地识别出平台上的去产能职工，以更好地实施精准帮扶，避免帮扶资金没有使用到最值得帮扶的职工对象身上。

（三）去产能企业战略支持是保障顺利转移的根本

去产能职工安置所涉及的不仅仅是职工的岗位创造或岗位转移，而且要与企业产业结构调整和转型升级结合起来。因此，去产能企业应从战略高度认识到去产能职工安置的紧迫性，以及通过去产能提升企业运营效率、降低

人工成本压力的必要性。只有将去产能职工安置作为企业战略目标并积极推动企业战略转型，才能与平台企业有效对接，实现去产能职工的顺利转移。从战略层面推动去产能职工安置是保证去产能职工向新就业形态转移顺利实施，保证职工与平台顺利对接的根本保障。

焦煤集团是从战略层面认识去产能职工安置的范例，它希望借助该目标的完成同时实现企业效能提升和转型升级。在与滴滴平台等新就业形态平台接触之前，焦煤集团就已经出台了推进"双创"指导意见，组建了创业创新园区，各子公司组建了多种创业创新空间和基地；集团还组建了人力资源公司，积极与山西省内开发区、企业、高校、医院、市政对接，开展劳务派遣输出。在战略层面的准备和具体的调整措施，为集团内接纳新就业形态作为去产能职工安置创新措施创造了环境和氛围。例如，焦煤集团在认识到以滴滴为代表的新就业形态对企业去产能职工安置带来的巨大机遇后，可以设定参与新就业形态职工享受"双创"职工的待遇。这样的政策和环境是去产能职工向新就业形态转移能够在焦煤集团顺利推进的主要原因。而东北地区试点城市中的龙煤集团、鞍钢集团等尚未从战略层面推进去产能职工安置，仅仅将去产能职工安置作为短期的、临时的，由政府包揽的活动，没有为新就业形态做制度和管理的调整。

焦煤集团在集团战略层面进行了组织架构调整，以人力资源公司为抓手推动去产能职工安置。但是由于集团规模庞大，战略落地实施尚需要一段时间，企业人力资源管理层面的岗位体系设计、劳动关系管理等都需要进行调整以适应与新就业形态对接的趋势，在短期内难以完成。

与太原市以焦煤集团作为试点企业推行去产能职工向新就业形态转移不同，唐山市去产能职工向新就业形态转移的主要推手是政府人力资源和社会保障部门。唐山市去产能企业对推进去产能职工向新就业形态转移发挥的作用较小，也没有真正将该手段作为去产能职工安置的手段之一。

去产能职工向新就业形态转移推行应以去产能企业作为责任主体。与山西焦煤集团有组织的推介去产能职工向新就业形态转移相比，唐山市的推介缺乏有组织的引导，缺乏线下的推动主体，仅靠平台企业的宣传和线上推广难以吸引足够的去产能企业职工参与。政府的主要作用在于帮助去产能企业与平台企业之间建立联系，消除去产能企业对平台企业的认识偏见，增加双方信任，提供必要的政策指导等。落实去产能职工向新就业形态转移最主要的责任主体还应该是与去产能职工安置密切相关的企业。

(四) 人力资源管理与调整是重要的推动力量

尽管焦煤集团在战略层面已经开始调整，但在企业人力资源管理层面仍然缺乏相应的手段激励职工向新就业形态转移。前文提到，集团鼓励职工加入滴滴平台与保证本职工作、劳动纪律之间存在矛盾。这一矛盾的解决依赖于企业人力资源管理制度的创新。

去产能企业应制定人力资源规划，明确企业现有员工存量，依据国家供给侧结构性改革对煤炭企业的要求，进行系统、科学的定岗定员定编；优化组织结构和岗位体系设计，为向新就业形态转移的职工设计能够兼顾平台工作的工作、工时模式。薪酬与绩效系统也应根据职工与新就业形态对接情况进行适时调整，保证不产生由于参与向新就业形态转移而导致的薪酬损失。

(五) 激励方式设计是转移成功的基础

如前所述，滴滴平台设定的激励方式对于职工参与意愿具有重要影响。激励方式设计要考虑职工的目标、成本与收益。滴滴平台及时改变了去产能职工向新就业形态转移的激励措施，使之更适合职工司机的实际情况，大大提高了职工参与的积极性。去产能企业的战略转型、人力资源管理实践支持与平台企业的有效激励措施是推进去产能职工向新就业形态转移成功不可或缺的三个方面。

应调整以鼓励尝试为主要目标的激励政策。部分职工已经有过在平台工作的经历或尝试。激励政策不应以吸引员工参与为主要目标，而应着重于在长期内帮助员工实现在平台工作质量的提升。此外，政府作为推动去产能就业安置的主要驱动力量，也可以参与到去产能职工向新就业形态转移中，为激励方式设计提供支持，例如，政府对于独立工矿区职工参与滴滴平台可予以一定补贴，作为职工司机进入市区与返回矿区的成本补贴，由滴滴平台协助发放。政府参与到去产能职工向新就业形态转移中，也可以提振职工的信心，部分消除职工的顾虑情绪。

建议增加政策激励的多样性，挖掘平台企业生态化发展的就业带动潜力。除现金帮扶外，平台企业可以考虑在平台派单上予以去产能职工更多的激励，增加去产能职工参与的动力。以滴滴平台为例，除了专、快车司机帮扶外，在访谈中了解到，很多职工也参与了滴滴代驾业务，建议在试点推广中将该业务也纳入帮扶范围；除了去产能职工就业帮扶外，建议滴滴公司以焦煤集团为样板，建立滴滴出行去产能职工就业创业帮扶基地，探索更广泛更深入的帮扶内容；建议政府以滴滴平台为样板，设立平台型就业创业帮扶基金，推动去产能职工进入滴滴平台工作，或进入平台周边产业创业就业。

（六）沟通宣传是转移成功的关键

去产能职工向新就业形态转移在两个相关的进程中推进：一是职工从不了解到逐步了解转移的相关背景；二是职工以观望等待态度与管理层进行博弈。焦煤集团在推进去产能职工向新就业形态转移过程中做了大量工作，包括宣讲会、微信公众号宣传等，对于职工了解政策起到了良好的作用。但由于集团规模庞大、层级复杂，由集团主导的项目在向下级宣贯的过程中会被各种"噪声"所干扰，形成误读。在调研中发现，去产能职工对于网约车平台、去产能职工向新就业形态转移的背景与实施等存在不少误解。推动政策试点的沟通宣传到位仍然是促进政策试点成功的关键。

推动试点政策，仍然需要加大宣传沟通力度，改变集团分、子公司领导与去产能职工意识。第一，进一步加强对去产能工作的宣传，明确供给侧结构性改革是当前经济工作的主线，从而坚定各级领导推进去产能工作的决心。第二，进一步开展细致的组织沟通工作，引导职工转变观念认识。焦煤集团在前期的去产能人员安置工作中，广泛开展宣讲教育、积极引导观念转变已经收到了良好的效果。在去产能职工向新就业形态转移推进中，应继续加强组织沟通，减少去产能职工对向新就业形态转移的观望、迷茫。第三，对于职工关心的劳动关系问题、是否存在裁员问题等给予及时的回应与澄清，避免消息误传对去产能职工向新就业形态转移的实施带来负面影响。

组织调整中的宣传沟通是确保信息准确传递和理解的关键。有效的信息传递不仅仅是将信息从上到下传递给员工，更重要的是要确保信息的清晰度、一致性和可接受性。通过宣传和沟通，管理层需要"解冻"员工的现有观念和行为模式，使其愿意接受变革。在变革完成后，还需要持续的沟通来巩固变革成果，确保去产能职工能够在新就业形态或其他工作中稳定下来。

在去产能职工安置过程中，职工要在很短时间内做出几乎改变职业生涯甚至改变命运的决策，需要及时、真实的沟通，帮助重建职工对组织的信任，增强他们的组织承诺。只有通过明确沟通组织的承诺和支持措施，减少员工的焦虑和不安，促进其积极适应新环境，才能确保去产能职工对新就业形态的认同。

四、加强适应新就业形态从业者社会保障制度设计

以传统用人单位和个人为缴费对象的社会保险制度设计,并不适用于新就业形态。应加强对适用于新就业形态的社会保障制度的研究,尽快制定适用于新就业形态的社会保障政策,提升新就业形态的稳定性。加强新就业形态的特征研究,制定适用于新就业形态的劳动规制政策,防范与化解新就业形态的劳动争议。

建立适应新就业形态的社会保障制度,是支持新就业形态发展的长期要务。从长期看,新就业形态的出现可以为城市低技能劳动者、就业困难人员创造更多工作机会,但这一政策实施要处理好从业者的社会保障问题。中国目前的社会保障体系可以将新就业形态从业者以灵活就业者纳入到社会保障体系范围内。社会保障最重要的养老保险方面,按照当前的制度设计,灵活就业人员可以选择参加城镇职工基本养老保险或城乡居民基本养老保险。与正规就业相比,灵活就业者的社会保障体系中唯一欠缺的就是工伤保险。人社部已经开始新就业形态职业伤害保障试点工作。灵活就业者养老保险面临的最主要问题是参保率低。根据研究,灵活就业人员参保率低的原因包括:政策宣传不到位,灵活就业人员对于社会保险制度知之甚少;缴费水平偏高、缴费条件多且缴费设置缺乏灵活性。

2017年9月20日,国务院常务会议召开,部署进一步促进扩大就业,其中就提到"加快完善适应新就业形态的劳动用工和社保等政策"。相关政策的制定应以新就业形态特征为基础,不能简单套用传统就业模式下的经验。灵活就业者社会保障政策着力点应为劳动者参保行为改变而非社会保障体系建设。应该在现有体系下,采取办法提高劳动者参保意识,鼓励劳动者积极参加灵活就业者养老、医疗等社会保障体系。工伤保险方面,可以鼓励平台企业提供按单投保的商业保险发挥作用。对平台从业者而言,应利用平台联系广泛的特点,使其成为连接劳动者与社会保障体系的桥梁。

五、行业监管措施和地方政府态度影响巨大

(一)行业监管措施阻碍了去产能职工向新就业形态转移

网约车行业由于涉及公共安全,所以面临较为严格的监管措施。网约车行业在城市交通中扮演着越来越重要角色,自兴起以来一直受到较为严格的

监管。它涉及公共安全，包括乘客和司机的安全问题，因此，政府采取了一系列举措以确保这一行业的安全性。这些措施通常包括背景调查、司机资质要求，车辆安全标准以及数据隐私规定。此外，政府还可能要求网约车平台与监管机构分享相关数据，以便更好地监督和管理该行业。这些监管措施也带来了一些挑战，包括对行业的限制和司机合规成本上升。

例如，根据《太原市细则》和数据调研结果，90.08%已经参与去产能就业帮扶政策的职工将失去在滴滴平台工作的资格。根据现有5 800名报名职工计算，其中5 224名职工在取得去产能职工向新就业形态转移补贴支持后，又将被迫退出滴滴平台。

行业监管的目标与就业支持政策目标之间存在偏差，这反映了政府在管理新就业形态时面临的挑战。一方面，交通部门的监管主要聚焦于确保道路安全、乘客权益以及公共交通的合规性。因此，他们倾向于对网约车行业提出严格的要求，如车辆合规、驾驶员合规等。然而，与此同时，政府可能也希望通过支持网约车行业来创造更多的就业机会，尤其是在经济不景气或失业率上升的情况下。这包括降低司机的注册门槛、提供补贴以吸引更多的司机参与网约车服务。这些政策旨在提供经济上的支持，但它们可能与交通部门的监管目标存在一些冲突。因此，政府需要在监管和就业支持政策之间取得平衡，以确保在保障公共安全的前提下，网约车行业仍能够为更多的司机提供就业机会。这可能需要不断调整和改进政策，以应对不同时间和情境下的需求，以兼顾各方的利益。

具体而言，随着网约车这一新业态的出现，规范其发展的行业监管措施也在制定过程中。交通运输部门将网约车定位为价格高于传统出租车的出行服务，因此对其准入门槛做出了较为严格的规定，这也是为什么大部分去产能职工的车辆都无法满足行业准入门槛的原因。但是从就业支持政策角度，门槛越低的行业监管政策，约有利于帮助完成去产能职工安置，也越有利于给更多低技能劳动者创造生存机会。

行业监管措施和就业支持政策之间的冲突似乎无法调和。各个部门尽管都服从地方政府的统一协调指导，但同时又要受到同系统的上级主管部门的指导。因此，各个部门都非常坚持自己部门的目标，彼此之间缺少协同，这会给去产能职工的安置带来更多复杂性。

（二）地方政府对新就业形态的态度影响去产能职工的选择

地方政府对于新就业形态的态度，也会影响劳动者向新就业形态转移的态度。在化解过剩产能阶段，新就业形态是刚刚出现的新生事物。新就业形态是否可以成为劳动者长期从事的工作，还是仅仅昙花一现，对这一问题的理解会影响劳动者的选择。特别是对于长期在相对稳定工作环境中的国有企业职工来说，从几乎是终身雇佣的"体制内"就业，进入到全新的由市场决定劳动力价值的环境，这样的抉择是非常困难的。

因此，去产能职工对新就业形态的认可，很大程度会受到政府态度的影响。去产能职工并非完全根据当前或未来一段时间收入和福利水平的综合比较来做出决策，他们还会考虑内部职业发展和外部职业发展。如果选择外部职业发展，那么外部职业的正当性也是必须考虑的内容。如果市场化的工作不被政府认可，那么不管其收入水平高于当前收入多少，去产能职工可能都不会选择该工作。因为去产能职工相信，对于不具备正当性的工作，政府一定会采取措施抑制或者消除。

在网约车支持焦煤集团去产能职工安置的案例中，尽管与太原市相比，介休市等山西省其他城市当时尚未出台网约车管理细则，但这些城市的交通管理部门对网约车几乎都采取了打压和限制的态度，这阻碍了去产能职工向新就业形态转移。调研中有网约车司机反映，介休市交通运输管理部门甚至会采用钓鱼执法方式，对滴滴平台网约车司机处以每次 5 000~10 000 元罚款。去产能职工参与新就业形态面临巨大的心理压力。政府交管部门的严厉"打击"与限制，是介休汾西集团职工参与去产能职工向新就业形态转移的主要障碍。

第九章 结　语

第九章 结 语

在本书的讨论结束之际，回顾一下本书开篇所提出的问题。在去产能的大背景下，处于困境中的职工选择新就业形态的逻辑是什么？去产能企业特别是去产能的国有企业，怎样帮助去产能职工在新就业形态中顺利转移安置？政府如何引导新就业形态在去产能过程中发挥就业带动效应？

限于笔者的能力，本书并未给出对上述问题简单明确的因果关系识别。本研究形成了去产能职工向新就业形态转移过程的整体叙述，这样形成的认知会更加完善。张五常（2015）认为，研究应该重视现象的细节，注重事实。在本研究的进展过程中，笔者认知到任何一种转型过程、制度变迁过程，或政策实践过程的复杂性，其中的细节性问题都值得被记录和讨论。笔者希望通过本书展现发生在去产能阶段的劳动力市场转型的细节和事实。

在企业效益下滑的过程中，去产能职工所能够选择的就业范围很狭窄，但每一种选择对他们生活的影响却足够重大。新就业形态的出现为去产能职工提供了大量的岗位选择，让去产能职工可以获得维持生计的收入。武钢的钢铁工人最先选择成为网约车司机，煤炭集团的矿工、测量员，甚至集团医院的医生，不仅纷纷转型为网约车司机，有的甚至在企业内部创业成立汽车租赁公司。网约车市场、外卖市场发展之初高额的市场补贴，以及政府、企业的推动共同增加了去产能职工转型成功的可能性。新就业形态的灵活性也使得去产能职工可以在保留与原本所在的国有企业劳动关系的前提下以兼职身份工作。

但同时，这样的选择对去产能职工而言也充满了风险。去产能职工所面临的是一个全新的市场。在该市场发展初期，行业监管的滞后性和过多的政策干扰，让市场发展的不确定性大幅度增加。去产能职工也面临着和在企业中完全不同的行为模式，他们从科层制下受上级指令指导但也受到企业边界保护的雇员，转变为依靠自身力量独自面对市场波动，进行自我行为选择的劳动者。这种不确定性增加了他们的心理压力和对就业风险的感知。过去的身份也制约着成为完全在劳动力市场中自由选择的劳动者。国有企业职工的身份代表着一定的社会地位，受到社会认可和尊重。除非有类似于去产能这样巨大的外部冲击导致他们原有的生活陷入困顿，否则这样的转型对大多数普通国有企业职工来说难以完成。

去产能企业职工向新就业形态流动的决策，是在考虑了流出职业（去产能企业职业）的推力和拉力因素，流入职业（新就业形态）的推力和拉力因素，中间因素和个人因素等后的综合结果。即使面临同样的推力、拉力环境，不同的劳动者也会做出截然相反的选择，因为不同个体经验的去产能职工能够感知到的就业风险有差异。由于个人生计资本的不同，在面对新就业形态时有的去产能职工会存在犹豫和退缩。

从去产能企业职工转化为平台从业者，涉及了角色间的转移，既包括具体的改变，又包含抽象意义上的转换。例如，从煤炭去产能企业职工转变为网约车司机，既是职业内容的转变，也是从国有企业职工到平台自由劳动者这种个体身份的转变。同时，这种转换是一种新型的职业转换类别，不是一个受雇岗位到另一个受雇岗位的职业的转换，而是从企业中有边界的职业向平台生态系统中无边界的职业的转换。

但这样的转换是否能够成功，也取决于劳动者的就业能力。在所有的去产能职工就业安置的选项中，"企业内部分流"和"转岗就业创业"对去产能职工的就业能力要求较高，并且去产能职工的就业能力越高，越能在这两类安置政策中获得优势。在参与了新就业形态的安置项目后，去产能职工的外部就业能力总分下降了，而内部就业能力总分上升了，说明经过对比外部市场化的工作岗位，去产能职工认识到了自身能力和技能的不足，认知到自身满足外部市场机会的能力较弱。内部就业能力评价提升反映了去产能职工对自身在原单位竞争力的肯定。

在本研究中，不同类型的去产能企业在职工安置问题上的行动差异较大。民营企业职工比国有企业职工分流安置相对容易，民营企业的劳动者一般自行遣散到劳动力市场再就业，再安置困难较小。去产能职工安置的核心和主战场是国有企业。

本书分别总结了一般意义上化解过剩产能与职工安置的理论与实践，以及新就业形态对去产能职工就业帮扶实践，对比了山西、河北和东北三省的煤炭、钢铁企业在新就业形态帮扶去产能职工就业安置实践上的差异。

国有企业的去产能职工安置，一般都以政府的政策目标、指导意见或具体的政策执行文件作为推动起点。政策文件下发后，国有企业会根据政策原则，结合本企业实际情况出台相应政策措施，完成政策目标。

不同企业在安置去产能职工中所面临的实际情况千差万别。也许正是一些现实细节上的差异，导致精心设计的政策措施在实际中无法执行成功。例如，煤炭行业去产能和钢铁行业去产能存在技术上的差异，这种差异导致了职工安置的差异。煤炭行业降低产能后，则产量下降，用工需求必然下降。钢铁行业的产能和产量之间有一定关系，但产量水平还需要具体看市场需求和利润情况。如果产能下降,但市场需求强劲,那么现有企业将以现有产能为基础提高产量,对劳动者的需求依然存在。因此,钢铁行业去产能与劳动者岗位减少之间的线性关系不如煤炭行业明显。

在不同地理环境中的企业,职工安置所面临的劳动力市场环境差异巨大。煤矿企业的矿井一般都分布于离城市较远的山区,如古交市的白家沟煤矿位于古交市梭峪乡白家沟村,该矿区离市区距离较远,围绕白家沟煤矿已经形成了约5万人左右的生活区,其中巅峰时期约有3万人属于煤矿或下属相关企业职工。这样的位置条件下职工转移安置就更困难。相比较而言,位于城市郊区的一些钢铁、煤炭企业面对的外部劳动力市场机会更多,职工安置的难度会下降。

另一个差异来源于企业是从哪个层面考虑去产能职工安置。去产能职工安置的本质不仅仅是职工的岗位创造或岗位转移,而且是供给侧结构性改革背景下企业产业结构调整和转型升级的需要。以新就业形态支持去产能职工安置较为成功的焦煤集团为例,该企业认识到去产能职工安置与提升企业运营效率、降低人工成本压力密切相关。因此,焦煤集团从企业战略层面思考去产能职工安置,将去产能职工安置作为企业战略目标并借助该目标实现积极推动企业战略转型。在与平台企业接触之前,焦煤集团就已经出台了推进"双创"指导意见,组建了创业创新园区,各子公司组建了多种创业创新空间和基地;集团还组建了人力资源公司,成为推动创新政策实施的主要推手。所以当焦煤集团推动职工与滴滴平台对接的项目时,企业内部已经形成了对该类创新相对宽松的环境和氛围。这保障了企业可以以较小的阻力推动去产能职工安置的创新措施。

随着市场经济的发展和深化,劳动力市场涌现的就业机会越来越多。这对于类似于去产能职工安置这样的以行政命令推动的企业内部人力资源队伍的大规模调整创造了较好的外部条件。劳动者有了更多市场化的选择,也更容易实现自身福利最大化。从去产能职工安置与新就业形态对接的事实可以看到,相比20世纪90年代末的下岗潮,当前的劳动者对于市场化就业的接受程度已经有了较大提升。很多劳动者进入新就业形态是基于自身条件的选择,而非被迫进入市场。政府部门如何借助市场化的力量完成去产能职工安置或实现员工队伍优化是进一步值得思考的主题。

政府部门推动去产能职工市场化安置,需要引入新的利益相关者(如电商平台、网约车出行平台),通过试点政策构建传统企业和新就业形态平台企业之间对话的基础和框架,即形成强有力行动的"参与式架构"。同时,允许平台企业根据自己的优势提出解决方案,鼓励去产能企业与平台企业接触沟通,形成"多元印记"。最终形成以滴滴出行平台支持焦煤等企业去产能职工向网约车司机转岗的政策试点,达到"分布式实验"的结果。

  建立新就业形态与去产能职工就业安置的长效机制,既是帮助去产能受影响职工再就业的可行路径之一,也能够为应对未来产业结构转型中可能出现的大面积结构性失业问题做好政策储备,并可以成为解决社会结构性就业困难群体的重要方式。应从公共就业服务角度,将新就业形态纳入公共就业服务的范畴,形成公共就业服务的"三赢模式"。在稳就业的背景下,发挥新就业形态创造就业岗位的能力,为公共就业服务机构关注的重点就业群体和就业困难群体服务,既对公共就业服务机构稳就业有利,也有利于新就业形态的发展,同时又有利于劳动者获得工作、增加收入,从而形成政府-平台-劳动者三方共赢。

参考文献

[1] "城镇企业下岗职工再就业状况调查"课题组,1997. 困境与出路:关于我国城镇企业下岗职工再就业状况调查 [J]. 社会学研究 (6):26-36.

[2] G20 数字经济工作组,2016. G20 数字经济发展与合作倡议 [R]. 杭州:G20 杭州峰会.

[3] 埃森哲,2017. 迈向平台:中国企业转型升级新机遇 [R/OL]. (2017-03-23) [2024-02-20]. https://www.fxbaogao.com/detail/482818.

[4] 白天亮,2016. 去产能,会影响就业稳定吗 [J]. 就业与保障 (8):42-43.

[5] 曹建海,2001. 现代产权理论与我国城市土地产权制度研究 [J]. 首都经济贸易大学学报 (6):21-26.

[6] 常雅慧,2014. 下岗家庭中的孩子们:H 市 G 社区下岗职工子女生命历程研究 [D]. 西安:西北大学.

[7] 车蕾,杜海峰,2019. 就近务工农民工就业风险感知现状及其影响因素研究 [J]. 西安交通大学学报(社会科学版),39 (4):48-56.

[8] 大成企业研究院,2018. 民营经济改变中国(改革开放 40 年民营经济主要数据简明分析) [M]. 北京:社会科学文献出版社.

[9] 滴滴政策研究院,2016a. 2015—2016 年移动出行就业促进报告 [R]. 北京:滴滴政策研究院.

[10] 滴滴政策研究院,2016b. 移动出行支持重点去产能省份下岗再就业报告 [R]. 北京:滴滴政策研究院.

[11] 滴滴政策研究院,2017. 2017 年滴滴出行平台就业研究报告 [R]. 北京:滴滴政策研究院.

[12] 丁守海,LI C,2015. Employment in township urbanization in China [J]. Social Sciences in China,36 (2):152-167.

[13] 丁守海,沈煜,2016. 去产能的失业风险究竟有多大:兼论两次去产能周期的比较 [J]. 中国经贸导刊 (19):62-65.

［14］董菡芙，2005. 下岗职工家庭的教育资本现状分析［D］. 武汉：华中师范大学.

［15］董亚静，闫晓燕，2016. 去产能分流职工心理现状及疏导机制研究：以河北省钢铁行业为例［J］. 中国劳动关系学院学报，30（3）：24-29.

［16］多西 G，1992. 技术进步与经济理论［M］. 北京：经济科学出版社.

［17］范瑾瑜，2019. 技术范式转变视角下互联网组织平台化发展战略［D］. 杭州：浙江工业大学.

［18］高雪原，周文霞，谢宝国，2017. 职业转换：概念、测量、成因与影响［J］. 中国人力资源开发（2）：6-15.

［19］谷书堂，杨蕙馨，1999. 从进入退出角度对重复建设的考察［J］. 南开学报（5）：76-82.

［20］顾大松，2016. "专车"立法刍议［J］. 行政法学研究（2）：69-77.

［21］关博，2019. 加快完善适应新就业形态的用工和社保制度［J］. 宏观经济管理（4）：30-35.

［22］国际劳工组织，2017. 世界非标准就业［R］. 日内瓦：国际劳工局.

［23］国家信息中心分享经济研究中心，2019. 中国共享经济发展年度报（2019）［R］. 北京：国家信息中心分享经济研究中心.

［24］国家信息中心分享经济研究中心，中国互联网协会分享经济工作委员会，2017. 中国分享经济发展报告 2017［R］. 北京：国家信息中心分享经济研究中心.

［25］国家信息中心分享经济研究中心，中国互联网协会分享经济工作委员会，2018. 中国共享经济发展年度报告（2018）［R］. 北京：国家信息中心分享经济研究中心.

［26］国家信息中心信息化研究部，中国互联网协会分享经济工作委员会，2016. 中国分享经济发展报告 2016［R］. 北京：国家信息中心分享经济研究中心.

［27］国务院发展研究中心《进一步化解产能过剩的政策研究》课题组，赵昌文，许召元，等，2015. 当前我国产能过剩的特征、风险及对策研究：基于实地调研及微观数据的分析［J］. 管理世界（4）：1-10.

［28］韩沐野，2017. 传统科层制组织向平台型组织转型的演进路径研究：以海尔平台化变革为案例［J］. 中国人力资源开发（3）：114-120.

［29］韩永江，段宜敏，2016. 化解产能过剩矛盾中社会保险问题研究［J］.

中国劳动（14）：60-66.

[30] 河北大学课题组，2018. 河北省化解产能过剩失业人员再就业对策分析[J]. 经济研究参考（46）：57-63.

[31] 胡鞍钢，2002. 关于我国就业问题的思考[J]. 中外管理导报（9）：11-14.

[32] 胡鞍钢，王磊，2006. 社会转型风险的衡量方法与经验研究（1993~2004年）[J]. 管理世界（6）：46-54，172-173.

[33] 胡贝贝，王胜光，段玉厂，2019. 互联网引发的新技术-经济范式解析[J]. 科学学研究，37（4）：582-589.

[34] 黄湘闽，2018. 去产能职工就业安置的难点与对策建议[J]. 山东人力资源和社会保障（6）：10-13.

[35] 纪雯雯，2017. 数字经济与未来的工作[J]. 中国劳动关系学院学报（6）：37-47.

[36] 纪雯雯，赖德胜，2016. 网络平台就业对劳动关系的影响机制与实践分析[J]. 中国劳动关系学院学报，30（4）：6-16.

[37] 简新华，张建伟，2005. 构建农民工的社会保障体系[J]. 中国人口·资源与环境（1）：116-119.

[38] 江飞涛，耿强，吕大国，等，2012. 地区竞争、体制扭曲与产能过剩的形成机理[J]. 中国工业经济（6）：44-56.

[39] 姜奇平，2016. 分享经济：垄断竞争政治经济学[M]. 北京：清华大学出版社.

[40] 姜奇平，2016. 互联网改变就业的宏观经济学机理[J]. 互联网周刊（10）：70-71.

[41] 蒋景坤，2016. 供给侧结构性改革中维护劳动者权益的法律思考[J]. 山东工会论坛，22（6）：1-5.

[42] 卡斯特，2000. 网络社会的崛起[M]. 北京：社会科学文献出版社.

[43] 库恩，1962. 科学革命的结构[M]. 金吾伦，胡新和，译. 北京：北京大学出版社.

[44] 郎静臣，2011. 突发性群体事件的发生机制研究[D]. 大连：东北财经大学.

[45] 李罂宇，2021. 供给侧改革背景下东源煤业集团职工分流安置策略研究[D]. 昆明：云南师范大学.

［46］林汉辉，1998. 进入"过剩"时代：一个当前我们已经遭遇的问题［J］. 中国远洋航务公告（7）：51-52.

［47］林毅夫，巫和懋，邢亦青，2010. "潮涌现象"与产能过剩的形成机制［J］. 经济研究，45（10）：4-19.

［48］刘嘉琪，张晓兰，2016. 我国分享经济发展态势及国外经验借鉴［J］. 发展研究（8）：7-11.

［49］刘燕斌，2018. 解决去产能中职工就业安置问题的战略思考［J］. 中国就业（5）：4-6.

［50］刘燕斌，2019-06-24. 去产能职工安置存在现实难题［N］. 中国能源报（015）.

［51］刘燕斌，孟续铎，黄湘闽，2019. 化解过剩产能就业政策研究［M］. 北京：社会科学文献出版社.

［52］娄伟，2020. 重大技术革命解构与重构经济范式研究：基于地理空间视角［J］. 中国软科学（1）：86-94.

［53］罗恩立，2012. 我国农民工就业能力及其城市化效应研究［D］. 上海：复旦大学.

［54］麦可思研究院，2017. 2017年中国本科生就业报告［R］. 北京：社会科学文献出版社.

［55］美团点评，2018. 美团点评招股说明书［EB/OL］.（2018-09-07）［2024-03-18］. https：//www1.hkexnews.hk/listedco/listconews/sehk/2018/0907/ltn20180907012_c.pdf.

［56］美团点评研究院，2018. 新时代新青年：2018年外卖骑手群体研究报告［R］. 北京：美团点评研究院.

［57］孟进，2019. 安徽省煤炭企业去产能职工分流安置的做法与思考［J］. 中国工人（7）：54-55.

［58］南华工商学院课题组，石晓天，2016. 去产能背景下工会在企业职工安置中发挥作用的途径研究［J］. 中国劳动关系学院学报，30（4）：46-53.

［59］戚宏亮，白伟，李巍巍，2017. 去产能背景下煤炭企业员工安置问题研究［J］. 煤炭经济研究，37（5）：63-67.

［60］钱德勒，2006. 规模与范围：工业资本主义的原动力［M］. 张逸人，等. 北京：华夏出版社.

[61] 秦思远, 2017. 去产能过程中职工分流安置的有效探索: 基于MG (HF) 公司钢铁去产能的分析 [J]. 宏观经济研究 (2): 152-156.

[62] 曲玥, 2014. 产能过剩与就业风险 [J]. 劳动经济研究, 2 (5): 130-147.

[63] 人力资源和社会保障部党组, 2020. 如何看待我国就业形势 [J]. 求是 (1): 47-52.

[64] 人力资源和社会保障部党组理论学习中心组, 2018-08-07. 把就业这个最大的民生抓紧抓好: 改革开放40年来我国就业工作取得的成就和经验 [N]. 人民日报, (07).

[65] 阮芳, 蔡菁容, 张奕蕙, 等, 2017. 迈向2035: 4亿数字经济就业的未来 [J]. 科技中国 (4): 20-26.

[66] 商文, 2005-12-10. 一天两令发改委围剿产能过剩 [N]. 上海证券报 (A01).

[67] 施瓦布, 2016. 第四次工业革命 [M]. 北京: 中信出版社.

[68] 史珍珍, 段宜敏, 2017. "去产能"视野的再就业意愿及差异化政策: 五省例证 [J]. 改革 (10): 140-148.

[69] 世界经济论坛, 2016. 全球人力资本报告 [R]. 日内瓦: 世界经济论坛.

[70] 首都经济贸易大学劳动经济学院课题组, 2018. 新经济新就业: 中国新就业形态就业质量研究报告 [R]. 北京: 首都经济贸易大学.

[71] 孙飞, 2017. 去产能中职工分流安置的问题与出路 [J]. 行政管理改革 (1): 57-60.

[72] 谭璐, 2016. 目前我国就业市场存在的风险与应对策略 [J]. 宏观经济管理 (8): 34-37.

[73] 汤晓莹, 2021. 算法雇佣决策下隐蔽就业歧视的法律规制 [J]. 河南财经政法大学学报, 36 (6): 75-84.

[74] 唐鑛, 李彦君, 徐景昀, 2016. 共享经济企业用工管理与《劳动合同法》制度创新 [J]. 中国劳动 (14): 41-52.

[75] 田晓伟, 2018. SY煤矿富余职工分流问题研究 [D]. 兰州: 兰州交通大学.

[76] 托夫勒, 2018. 第三次浪潮 [M]. 黄明坚, 译. 北京: 中信出版社.

[77] 汪旭晖, 张其林, 2015. 平台型网络市场"平台-政府"双元管理范式研究: 基于阿里巴巴集团的案例分析 [J]. 中国工业经济 (3):

135-147.

[78] 王朝明，2000. 中国城镇新贫困人口论［J］. 经济学家（2）：74-79.

[79] 王宏，2016. 关于进一步推动困难企业工资集体协商工作的研究［J］. 中国劳动关系学院学报，30（2）：80-83.

[80] 王家宝，黄晴悦，敦帅，2016. 分享经济：源起、模式与趋势［J］. 管理现代化，36（4）：127-129.

[81] 王立国，高越青，2014. 建立和完善市场退出机制有效化解产能过剩［J］. 宏观经济研究（10）：8-21.

[82] 王擎，2001-05-28. 产能过剩是道坎［N］. 中华工商时报（001）.

[83] 王姝楠，陈江生，2019. 数字经济的技术-经济范式［J］. 上海经济研究（12）：80-94.

[84] 王霆，唐代盛，2006. 国外就业能力框架和模型研究发展综述［J］. 求实（S3）：214-215.

[85] 闻效仪，2020. 去技能化陷阱：警惕零工经济对制造业的结构性风险［J］. 探索与争鸣（11）：150-159，180.

[86] 肖六亿，2008. 劳动力流动的原驱力：技术进步［M］. 成都：四川大学出版社.

[87] 徐滇庆，刘颖，2016. 看懂中国产能过剩［M］. 北京：北京大学出版社.

[88] 徐晋，张祥建，2006. 平台经济学初探［J］. 中国工业经济（5）：40-47.

[89] 杨海龙，楚燕洁，2008. 转型社会与"单位制惯习"［J］. 长春工业大学学报（社会科学版）（3）：64-66.

[90] 杨洁，辛灵，2019. 河北省去产能职工安置的政策创新探析［J］. 中国管理信息化，22（14）：137-138.

[91] 杨俊青，陈虹，许艳红，2018. 传统产业转型与新兴产业培育发展中的就业问题研究：以山西省为例［J］. 中国人口科学（5）：2-16，126.

[92] 杨伟国，张成刚，辛茜莉，2018. 数字经济范式与工作关系变革［J］. 中国劳动关系学院学报，32（5）：56-60.

[93] 佚名，1997. 全塑市话电缆市场需求趋稳产能过剩［J］. 邮电商情（24）：14.

[94] 曾垂凯，2011. 自我感知的可雇用性量表适用性检验［J］. 中国临床心理学杂志，19（1）：41-44.

[95] 曾湘泉，杨涛，刘华，2016. 兼并重组、所有制与产能过剩：基于山西省煤炭去产能困境的案例分析［J］. 山东大学学报（哲学社会科学版）（5）：24-31.

[96] 詹婧，赵越，冯喜良，2018. 去产能企业职工依赖、就业能力与退出意愿研究［J］. 中国人口科学（5）：69-82，127-128.

[97] 张成刚，2017. 平台型就业对去产能职工安置的影响：以滴滴出行平台为例［C］//张车伟. 中国人口与劳动问题报告（NO.18）：新经济新就业. 北京：社会科学文献出版社.

[98] 张成刚，2016. 就业发展的未来趋势，新就业形态的概念及影响分析［J］. 中国人力资源开发（19）：86-91.

[99] 张成刚，2018a. 新就业形态的类别特征与发展策略［J］. 学习与实践（3）：14-20.

[100] 张成刚，2018b. 共享经济平台劳动者就业及劳动关系现状：基于北京市多平台的调查研究［J］. 中国劳动关系学院学报，32（3）：61-70.

[101] 张成刚，2018c. 中国新就业形态的就业质量研究：以滴滴出行平台为例［C］//张车伟. 中国人口与劳动问题报告（NO.19）：新经济新就业. 北京：社会科学文献出版社.

[102] 张成刚，2019a. 问题与对策：我国新就业形态发展中的公共政策研究［J］. 中国人力资源开发，36（2）：74-82.

[103] 张成刚，2019b. 就业变革：数字商业与中国新就业形态［M］. 北京：中国工人出版社.

[104] 张成刚，2020a-04-13. 平台经济就业稳定器作用大［N］. 北京日报（理论版）.

[105] 张成刚，2020b. 数字化转型中的组织形态变革：理论与现状［J］. 上海商学院学报，21（2）：72-83.

[106] 张成刚，2022. 数字经济与中国妇女就业创业研究报告［R］. 北京：阿里研究院.

[107] 张成刚，2022. 中国新就业形态发展：概念、趋势与政策建议［J］. 中国培训（1）：85-88.

[108] 张成刚，冯丽君，2019. 工会视角下新就业形态的劳动关系问题及对策［J］. 中国劳动关系学院学报，33（6）：106-114.

[109] 张成刚，祝慧琳，2017. 中国劳动力市场新型灵活就业的现状与影响

[J]．中国劳动（9）：22-30．

[110] 张东辉，徐启福，2001．过度竞争的市场结构及其价格行为［J］．经济评论（1）：59-63．

[111] 张江湖，2005．从消费品过剩到工业原材料过剩［J］．中国科技财富（10）：102-107．

[112] 张凌寒，2022．算法自动化决策中的女性劳动者权益保障［J］．妇女研究论丛（1）：52-61．

[113] 张涛，2018．去产能企业下岗职工生产生活状况调查［J］．工会信息（9）：33-35．

[114] 张五常，2015．新制度经济学的来龙去脉［J］．交大法学（3）：8-19．

[115] 张占斌，孙飞，2017．"去产能"的相关问题探讨：兼评邯钢的经验及启示［J］．理论探索（1）：111-115．

[116] 张子林，黄艺红，2007．保障东北下岗失业职工基本生活问题的再思考［J］．社会科学战线（1）：319-320．

[117] 赵伟等，2019．"去产能"到了什么阶段［R］．上海：长江证券研究所．

[118] 赵卫红，张昊辰，曹霞，2020．身份差序格局对新生代农民工离职倾向的影响机制研究：基于制造业新生代农民工的调查数据［J］．农村经济（2）：131-137．

[119] 赵延东，王奋宇，2002．城乡流动人口的经济地位获得及决定因素［J］．中国人口科学（4）：10-17．

[120] 郑博阳，2018．组织变革情境下的职业转换力及其效应机制［D］．杭州：浙江大学．

[121] 中国残疾人联合会，阿里巴巴集团．互联网+，让残疾人创业就业不再遥远［R］．北京：中国残疾人联合会，2015．

[122] 中国人民大学劳动人事学院课题组，2016a．平台经济与新就业形态：中国优步就业促进研究报告［R］．北京：中国人民大学．

[123] 中国人民大学劳动人事学院课题组，2016b．阿里零售平台带动就业问题研究［R］．北京：中国人民大学．

[124] 中国人民大学劳动人事学院课题组，2019a．阿里巴巴零售平台就业机会测算与平台就业体系研究报告［R］．北京：中国人民大学．

[125] 中国人民大学劳动人事学院课题组，2019b．生活服务平台就业生态体

系与美团点评就业机会测算报告［R］. 北京：中国人民大学.

［126］中国人民大学劳动人事学院课题组，2019c. 滴滴平台就业体系与就业数量测算报告［R］. 北京：中国人民大学.

［127］钟春平，潘黎，2014. "产能过剩"的误区：产能利用率及产能过剩的进展、争议及现实判断［J］. 经济学动态（3）：35-47.

［128］周黎安，2004. 晋升博弈中政府官员的激励与合作：兼论我国地方保护主义和重复建设问题长期存在的原因［J］. 经济研究（6）：33-40.

［129］周其仁，2005-12-12. 产能过剩的原因［N］. 经济观察报.

［130］朱宁，2016. 刚性泡沫：中国经济为何进退两难［M］. 北京：中信出版集团.

［131］邹至庄，PERKINS D H，2016. 中国经济指南［M］. 北京：清华大学出版社.

［132］左小蕾，2006. 产能过剩并非根源［J］. 中国电子商务（3）：100-101.

［133］ACEMOGLU D, RESTREPO P, 2020. Robots and jobs: evidence from US labor markets［J］. Journal of political economy, 128（6）: 2188-2244.

［134］ADNER R, KAPOOR R, 2010. Value creation in innovation ecosystems: how the structure of technological interdependence affects firm performance in new technology generations［J］. Strategic management journal, 31（3）: 306-333.

［135］Anon, 2014-12-30. Workers on Tap［N］. Economist.

［136］ARMSTRONG M, 2006. Competition in two-sided markets［J］. The RAND journal of economics, 37（3）: 668-691.

［137］ARTHUR M B, 1994. The boundaryless career: a new perspective for organizational inquiry［J］. Journal of organizational behavior: 295-306.

［138］ARTHUR M B, ROUSSEAU D M, 2001. The boundaryless career: a new employment principle for a new organizational era［M］. New York: Oxford University Press.

［139］ASHFORTH B E, SAKS A M, 1995. Work-role transitions: a longitudinal examination of the Nicholson model［J］. Journal of occupational and organizational Psychology, 2（68）: 157-175.

［140］BAGSHAW M, 1996. Creating employability: how can training and development square the circle between individual and corporate interest?

［J］. Industrial and commercial training, 28（1）: 16-18.

［141］ BALDWIN C Y, WOODARD C J, 2009. The architecture of platforms: a unified view［J］. Platforms, markets and innovation, 32: 19-44.

［142］ BOTSMAN R, KEEN A, 2015-05-10. Can the sharing economy provide good jobs?［N］. Wall Street journal.

［143］ CAILLAUD B, JULLIEN B, 2003. Chicken & egg: competition among intermediation service providers［J］. RAND journal of Economics: 309-328.

［144］ CHAMBERLIN E, 1941. The theory of Monopolistic competition［M］. Cambridge: Harvard University Press.

［145］ CIBORRA C U, 1996. The platform organization: recombining strategies, structures, and surprises［J］. Organization science, 7（2）: 103-118.

［146］ COASE R H, 1937. The nature of the firm［J］. Economica, 4（16）: 386-405.

［147］ CODAGNONE C, ABADIE F, BIAGI F, 2016. Market efficiency and equitable opportunities or unfair precarisation［EB/OL］.［2022-07-04］https://publications.jrc.ec.europa.eu/repository/handle/JRC101280b.

［148］ COLQUITT J A, GEORGE G, 2011. Publishing in AMJ—part 1: topic choice［J］. Academy of management journal, 54（3）: 432-435.

［149］ DE GROEN W, MASELLI I, FABO B, 2016. The digital market for loccal services: a one-night stand for workers? An example from the on-demand economy［J］. CEPS special report, 133: 1-31.

［150］ DONOVAN S A, BRADLEY D H, SHIMABUKURU J O, 2016. What does the gig economy mean for workers?［R］. Washington D.C.: Congressional Research Service.

［151］ DOSI G, 1982. Technological paradigms and technological trajectories: a suggested interpretation of the determinants and directions of technical change［J］. Research policy, 11（3）: 147-162.

［152］ EISENMANN T, PARKER G, VAN ALSTYNE M W, 2006. Strategies for two-sided markets［J］. Harvard business review, 84（10）: 92.

［153］ EISENMANN T, PARKER G, VAN ALSTYNE M, 2011. Platform envelopment［J］. Strategic management journal, 32（12）: 1270-1285.

[154] ETZION D, GEHMAN J, FERRARO F, et al, 2017. Unleashing sustainability transformations through robust action [J]. Journal of cleaner production, 140: 167-178.

[155] FARRELL D, GREIG F, 2016. Paychecks, paydays, and the online platform economy [R]. New York: JPMorgan Chase Institute, 109: 1-40.

[156] FERRARO F, ETZION D, GEHMAN J, 2015. Tackling grand challenges pragmatically: robust action revisited [J]. Organization studies, 36 (3): 363-390.

[157] FINKIN M W, 2015. Beclouded work, beclouded workers in historical perspective [J]. Comp. Lab. L. & Pol'y J., 37: 603.

[158] FREEMAN C, PEREZ C, 1988. Structural crises of adjustment, business cycles and investment behaviour [M] //DOSI G. Technical change and economic theory. London: Pinter: 38-66.

[159] GARNAUT R, SONG L, TENEV S, et al, 2005. China's ownership transformation: process, outcomes, prospects [M]. Washington, DC: World Bank.

[160] GAWER A, 2014. Bridging differing perspectives on technological platforms: toward an integrative framework [J]. Research policy, 43 (7): 1239-1249.

[161] GEORGE G, HOWARD-GRENVILLE J, JOSHI A, et al, 2016. Understanding and tackling societal grand challenges through management research [J]. Academy of management journal, 59 (6): 1880-1895.

[162] GEORGE J M, 2014. Compassion and capitalism: implications for organizational studies [J]. Journal of management, 40 (1): 5-15.

[163] GONG J, 2016. A structural two-sided matching model of online labor markets: Fox School of Business research paper (16-015) [R]. Philadelphia: Temple University.

[164] GRAETZ G, MICHAELS G, 2018. Robots at work [J]. Review of Economics and Statistics, 100 (5): 753-768.

[165] GUNZ H, PEIPERL M, TZABBAR D, 2007. Handbook of career studies [M]. Los Angeles: SAGE Publications: 471-494.

[166] HAGIU A, TEH T H, WRIGHT J, 2022. Should platforms be allowed to sell on their own marketplaces? [J]. The RAND journal of Economics, 53 (2): 297-327.

[167] HAGIU A, WRIGHT J, 2015. Multi-sided platforms [J]. International journal of industrial organization, 43: 162-174.

[168] HANAUER N, ROLF D, 2015. Shared security, shared growth [J/OL]. Democracy (37). [2024-04-01]. https://democracyjournal.org/magazine/37/shared-security-shared-growth/.

[169] HENRY D, COOKE S, MONTES S, 1998. The emerging digital economy [R]. Washington D. C.: U. S. Department of Commerce.

[170] HILL S, 2015. Raw deal: how the "Uber economy" and runaway capitalism are screwing American workers [M]. New York: St. Martin's Press.

[171] HILLAGE J, POLLARD E, 1998. Employability: developing a framework for policy analysis [M]. London: DfEE.

[172] ILES P, 1997. Sustainable high-potential career development: a resource-based view [J]. Career development international, 2 (7): 347-353.

[173] International Labour Office. Office of the Director-General. The future of work centenary initiative [M]. Geneva: International Labour Office, 2015.

[174] KALDOR N, 1935. Market imperfection and excess capacity [J]. Economica, 2 (5): 33-50.

[175] KALLEBERG A L, DUNN M, 2016. Good jobs, bad jobs in the gig economy [J]. LERA for Libraries, 20 (1-2).

[176] KANTER R M, 1994. Change in the global economy: an interview with Rosabeth Moss Kanter [J]. European management journal, 12 (1):1-9.

[177] KATZ L F, KRUEGER A B, 2016. The rise and nature of alternative work arrangements in the United States, 1995-2015: NBER Working Paper (22667) [R]. Cambridge, MA: National Bureau of Economic Research.

[178] KENNEY M, BEARSON D, ZYSMAN J, 2021. The platform economy matures: measuring pervasiveness and exploring power [J]. Socio-economic review, 19 (4): 1451-1483.

[179] KENNEY M, ZYSMAN J, 2016. The rise of the platform economy [J]. Issues in science and technology, 32 (3): 61.

[180] KIRSCHENBAUM A, MANO-NEGRIN R, 1999. Underlying labor market dimensions of "opportunities": the case of employee turnover [J]. Human relations, 52 (10): 1233-1255.

[181] KLUYTMANS F, OTT M, 1999. Management of employability in the Netherlands [J]. European journal of work and organizational psychology, 8 (2): 261-272.

[182] KORNBERGER M, PFLUEGER D, MOURITSEN J, 2017. Evaluative infrastructures: accounting for platform organization [J]. Accounting, organizations and society, 60: 79-95.

[183] KRETSCHMER T, LEIPONEN A, SCHILLING M, et al, 2022. Platform ecosystems as meta-organizations: implications for platform strategies [J]. Strategic management journal, 43 (3): 405-424.

[184] LANDIER A, SZOMORU D, THESMAR D. Working in the on-demand economy: an analysis of Uber driver-partners in France [J]. Unpublished working paper, 2016.

[185] LANE D, PURI A, CLEVERLY P, et al, 2000. Employability: bridging the gap between rhetoric and reality: second report: employee's perspective [R]. London: Create Consultancy/Professional Development Foundation.

[186] LEE E S, 1966. A theory of migration [J]. Demography, 3: 47-57.

[187] LEIDNER R, 1993. Fast food, fast talk: service work and the routinization of everyday life [M]. Oakland: University of California Press.

[188] LI F L, DING X H, MORGAN W J, 2009. Higher education and the starting wages of graduates in China [J]. International journal of educational development, 29 (4): 374-381.

[189] LOUIS M R, 1980. Career transitions: varieties and commonalities [J]. Academy of management review, 5 (3): 329-340.

[190] MAKADOK R, COFF R, 2009. Both market and hierarchy: an incentive-system theory of hybrid governance forms [J]. Academy of management review, 34 (2): 297-319.

[191] MÄKINEN S J, KANNIAINEN J, PELTOLA I, 2014. Investigating

adoption of free beta applications in a platform-based business ecosystem [J]. Journal of product innovation management, 31 (3): 451-465.

[192] MALLOUGH S, KLEINER B H, 2001. How to determine employability and wage earning capacity [J]. Management research news, 24 (3/4): 118-122.

[193] MANDL I, CURTARELLI M, RISO S, et al, 2015. New forms of employment [M]. Luxembourg: Publications Office of the European Union.

[194] MOORE J F, 1993. Predators and prey: a new ecology of competition [J]. Harvard business review, 71 (3): 75-86.

[195] OYER P, 2016. The independent workforce in America: the economics of an increasingly flexible labor market [EB/OL]. (2016-03-21) [2024-03-08]. https://s3-us-west-1.amazonaws.com/adquirocontent-prod/documents/paul oyer the independent workforce in america.pdf.

[196] PARKER G G, VAN ALSTYNE M W, CHOUDARY S P, 2016. Platform revolution: how networked markets are transforming the economy and how to make them work for you [M]. New York: W. W. Norton&Company.

[197] PEREZ C, 1983. Structural change and assimilation of new technologies in the economic and social systems [J]. Futures, 15 (5): 357-375.

[198] PEREZ C, 2003. Technological revolutions and financial capital [M]. Cheltenham: Edward Elgar Publishing.

[199] PEREZ C, 2009. The double bubble at the turn of the century: technological roots and structural implications [J]. Cambridge journal of economics, 33 (4): 779-805.

[200] RAHMAN K S, THELEN K, 2019. The rise of the platform business model and the transformation of twenty-first-century capitalism [J]. Politics& society, 47 (2): 177-204.

[201] RAJAN A, 1997. Employability in the finance sector: rhetoric vs reality [J]. Human resource management journal, 7 (1): 67.

[202] RAJAN A, VAN EUPEN P, CHAPPLE K, 2000. Employability: bridging the gap between rhetoric and reality [R]. London: Create

Consultancy/Professional Development Foundation.

[203] RASHID B, 2016. The rise of the freelancer economy [J]. Forbes Magazine, Jan 26.

[204] ROCHET J C, TIROLE J, 2003. Platform competition in two-sided markets [J]. Journal of the european economic association, 1 (4): 990-1029.

[205] ROCHET J C, TIROLE J, 2004. Two-sided markets: an overview [R]. Toulouse: Institut d'Economie Industrielle: 1-44.

[206] ROCHET J C, TIROLE J, 2006. Two-sided markets: a progress report [J]. The RAND journal of economics, 37 (3): 645-667.

[207] ROGERS B, 2015. The social costs of Uber [J]. University Chicago law review dialogue, 82: 85.

[208] ROTHWELL A, ARNOLD J, 2007. Self-perceived employability: development and validation of a scale [J]. Personnel review, 36 (1): 23-41.

[209] RYSMAN M, 2009. The economics of two-sided markets [J]. Journal of economic perspectives, 23 (3): 125-143.

[210] SANDERS J, DE GRIP A, 2004. Training, task flexibility and the employability of low-skilled workers [J]. International journal of manpower, 25 (1): 73-89.

[211] SCHMID-DRÜNER M, 2016. The situation of workers in the collaborative economy [R]. Strasbourg: European Parliament.

[212] SHERMAN R O, 2016. Resiliency during leadership career transitions [J]. Nurse leader, 14 (4): 232-233.

[213] SOLINGER D J, 2002. Labour market reform and the plight of the laid-off proletariat [J]. The China quarterly, 170: 304-326.

[214] SPENCE A M, 1977. Entry, capacity, investment and oligopolistic pricing [J]. The bell journal of economics: 534-544.

[215] SPIEZIA V, GIERTEN D, 2016. New forms of work in the digital economy [C]//OECD. OECD digital economy papers. Paris: OECD Publishing.

[216] SRNICEK N, 2017. Platform capitalism [M]. New York: John Wiley&Sons.

［217］ STARR C, 1969. Social benefit versus technological risk: what is our society willing to pay for safety？［J］. Science, 165（3899）：1232-1238.

［218］ SUNDARARAJAN A, 2017. The sharing economy: the end of employment and the rise of crowd-based capitalism［M］. Cambridge: MIT Press.

［219］ SUSSMAN A L, ZUMBRUN J, 2016-03-25. Contract workforce outpaces growth in silicon-valley style 'gig' jobs［N］. The Wall Street journal（7）.

［220］ TAMKIN P, HILLAGE J, 1999. Employability and employers: the missing piece of the jigsaw［M］. Brighton: Institute for Employment Studies.

［221］ TAPSCOTT D, 1996. The digital economy: promise and peril in the age of networked intelligence［M］. New York: McGrawHill.

［222］ TeamStage, 2024. Gig economy statistics: demographics and trends in 2024［R］. San Francisco: TeamStage.

［223］ Business Research Insights, 2024. Gig economy market size, share, growth, and industry analysis［R］. Pune: Business Research Insights.

［224］ VALENDUC G, VENDRAMIN P, 2017. Digitalisation, between disruption and evolution［J］. Transfer: European Review of Labour and Research, 23（2）：121-134.

［225］ VALENDUC G, 2018. Technological revolutions and societal transitions［EB/OL］.（2018-04-04）［2024-04-01］. https：//www.researchgate.net/publication/325750492_Technological_Revolutions_and_Societal_Transitions.

［226］ VALLAS S, SCHOR J B, 2020. What do platforms do? understanding the gig economy［J］. Annual review of sociology, 46：273-294.

［227］ VAN DAM K, 2004. Antecedents and consequences of employability orientation［J］. European journal of work and organizational Psychology, 13（1）：29-51.

［228］ VAN DAM K, 2005. Employee attitudes toward job changes: an application and extension of Rusbult and Farrell's investment model［J］. Journal of occupational and organizational psychology, 78（2）：253-272.

［229］ WENDERS J T, 1971. Excess capacity as a barrier to entry［J］. The journal of industrial economics, 20 (1): 14-19.

[230] WILLIAMSON O E, 1975. Markets and hierarchies: analysis and antitrust implications: a study in the economics of internal organization [M]. New York: Free Press.

[231] WILLIAMSON O E, 1981. The economics of organization: the transaction cost approach [J]. American journal of sociology, 87 (3): 548-577.

[232] WILLIAMSON O E, 1985. The economic institutions of capitalism [M]. New York: Free Press.

[233] WILLIAMSON O E, 1993. The economic analysis of institutions and organizations—in general and with respect to country studies [C] // OECD. OECD economics department working papers 133. Paris: OECD Publishing.

后 记

感谢能够身处于这样一个巨大变革不断出现的时代。在 2016 年刚刚开始做新就业形态研究时，这一概念远未有今天这样的热度，也远未像今天这样深入人心。写作本书的过程中，我的思绪不断地回到 7 年前。那时的场景、人物、情节都常常浮现在眼前：山西焦煤集团的大礼堂挤满了焦虑而喧闹的工人；在太原返京的高铁上，滴滴平台的"同学"抱着笔记本工作后又沉沉睡去；一心为职工谋利却又屡次被误解而满腹委屈的山西焦煤集团领导；一听到是民营企业就拒绝合作的东北地区某市政府官员；在午夜的太原，研究者齐聚大排档畅谈新就业形态的作用；北京春寒料峭天气中只穿着单衣却依然陪专家等车来的滴滴研究院同事。每一位公务员、去产能企业的领导与职工、滴滴研究院的同行、高校的研究者、青年创业职工，他们为解决去产能职工生计和前途的所有奔波呼号都值得被记录。每一位新就业形态从业者，平台企业的从业者、研究者，他们为中国新就业形态发展所付出的努力也应该被记录。

本书是我在博士毕业之后，致力于将研究从象牙塔转移到现实世界的过程的记录。在这样一次难忘的研究之旅中，我得到了来自政府部门、研究机构、国有企业、平台运营企业以及不同专业领域许多领导、专家的大力支持。感谢人力资源和社会保障部、中国就业促进会、山西省人力资源和社会保障厅、唐山市人力资源和社会保障局、山西焦煤集团人力资源公司、滴滴出行发展研究院对我研究的大力支持。感谢山西焦煤集团人力资源服务公司的安仰滨董事长、张志国副董事长，山西焦滴滴汽车服务有限公司总经理冯森涛和他的创业伙伴；感谢中国人民大学劳动人事学院杨伟国院长、中国劳动关系学院经济学院纪韶院长；感谢滴滴出行的冯馨、薛岩、叶如诗、陈雨虹、缐伟华、王本喜等同仁们的大力支持；还要感谢国家社会科学基金的大力支持。

特别感谢我的妻子、岳父岳母对我在学术科研上的支持，感谢他们为家庭的巨大付出使我能够将更多时间花在学术科研上。感谢我的父母一直以来对我的期望与关怀。我母亲亲身经历了 20 世纪 90 年代国有企业漫长动荡的十余年，她的经历在我脑海中刻下了"下岗职工"的概念，也最早地激发了我对劳动问题研究的兴趣。谨以此书献给像我母亲一样的，千千万万为国家进步做出过贡献的国有企业下岗职工。

  本书的内容主要来自我 8 年来对新就业形态研究的积累。本书主要剖析了新就业形态支持去产能职工的政策试点工作，并力图记录这段历史。感谢那段充满活力和思考的时代，感谢我遇到的那些有能力、有愿景又有理想的人。在本书成书之际回望那时的场景，不免让人唏嘘感慨，唯愿时代能够继续繁荣，愿国家富强、人民幸福。我一直害怕这本书写不好，对不住那么多一路同行支持我的人；受自身水平和能力所限，本书可能存在各种不足，恳请读者对本书内容提出宝贵意见。

张成刚
2023 年 3 月于北京

附录　关于开展东北等困难地区就业援助工作的通知

人社部发〔2016〕106号

天津市、河北省、山西省、辽宁省、吉林省、黑龙江省、上海市、江苏省、浙江省、山东省、广东省人力资源社会保障厅（局）、发展改革委、总工会、团委、妇联：

当前，辽宁、吉林、黑龙江、河北、山西等地区经济下行压力加大，去产能任务重，失业风险有所上升，部分群体就业难度较大。为加大对东北等困难地区就业工作的支持力度，人力资源社会保障部、国家发展改革委、全国总工会、共青团中央、全国妇联定于自2016年第四季度至2017年底开展就业援助工作。现将有关事项通知如下：

一、总体要求

整合社会资源，动员系统力量，缓解东北等困难地区就业压力。以去产能任务重、停产职工多、失业风险上升的就业困难城市和企业为重点，以帮扶去产能中失业人员、停产停工企业职工、高校毕业生等重点群体就业为目标，发挥部门职能优势，动员群团组织力量，搭建政企合作平台，多措并举，促进重点群体就业创业，稳定东北等困难地区就业局势。

二、主要任务

（一）发挥部门职能优势

发挥人社系统职能作用，开展有针对性地劳务对接和就业帮扶，加强人才援助，提升劳动者技能，推动东北等困难地区就业工作。

1. 劳务对接协作行动。组织天津、上海、江苏、浙江、山东、广东等省市人社部门，结合各地实际，选择一到两个用工需求较大的城市，与东北等困难地区开展劳务对接，建立跨省份人力资源服务联盟，搭建信息对接平台，帮助这些地区去产能中失业人员和长期停产停工企业职工跨地区劳务输出。

东北等困难地区要摸清本地区有转移就业意愿人员的基本情况和就业需求,有条件的给予跨地区就业创业的人员一次性交通补贴。用工地区要针对性地筛选出部分岗位信息,开展远程和现场招聘,做好活动承接,并积极推进将在本地稳定就业的困难地区人员及其随迁家属纳入本地城镇基本公共服务。

2. 大中城市联合招聘活动。组织部分大中城市开展联合招聘,在高校集中、毕业生数量多的沈阳市设立巡回招聘站,结合东北等困难地区区域、产业、行业等特色,组织行业性、跨区域专场招聘活动,增加招聘场次,加大岗位信息收集和投放力度,促进高校毕业生就业。

3. 高层次人才促就业专项行动。实施东北等困难地区高层次人才援助计划,举办高级研修项目,培养急需紧缺和高层次创新创业人才。围绕这些地区经济转型发展、创新驱动发展、人才资源开发、产学研对接等需求,开展多种形式的交流研讨活动,为东北等困难地区经济社会发展和人才资源开发建言献策。组织国内专家人才和留学回国人才,到东北等困难地区开展服务活动。带动技术、智力、管理、信息等要素流向基层,为东北等困难地区提供人才支撑,注入持续发展动力,带动就业增长。

4. 技工院校校企合作培养行动。鼓励办学条件好、师资力量强、专业前景好的技工院校,参与企业新型学徒制试点工作,加大对企业新招用人员和转岗人员的培训。推动老工业基地产业转型技术技能人才双元培育改革试点。针对东北等困难地区去产能中失业人员和低保家庭未就业初高中毕业生,通过校企合作进行定向招生,开展订单式培养,力争毕业后实现稳定就业。

(二) 动员群团组织力量

发挥群团组织的优势,强化精准帮扶,开展解困救助,重点帮扶困难职工、青年、妇女就业创业。

5. 工会解困脱困活动。依托基层工会组织、工会困难职工帮扶中心和站点,建立以困难职工需求为导向,"线上""线下"相统一、互为补充的服务职工工作体系,为困难职工提供政策帮扶、制度保障和普惠性服务。推进"技能培训促就业""创业援助""阳光就业""职工医疗互助""金秋助学""一帮一""为困难职工送温暖"等行动计划实施,为困难职工提供就业援助、技能培训、创业援助、精准帮扶等措施,保障困难职工的基本生活。

6. 青年见习助就业行动。依托共青团组织,将企业扩张性用工需求与组织青年上岗见习相结合,根据东北等困难地区的产业特点和青年见习意愿,确定并推出一批高质量的见习岗位。充分整合各方资源，合作建设青年见习基地。通过集中开展见习岗位进校园、进技能培训机构、进人才市场以及见习岗位双选会等有效形式，组织本地和跨地区上岗见习，帮助高校毕业生开拓视野，提升就业能力。

7. 高校就业困难学生精准帮扶行动。依托共青团组织、各级青学联、协会组织，针对就业困难的高校毕业生，开展精准帮扶，对接一批高质量的就业岗位，本着学生自愿、就近就便的原则，重点帮扶建档立卡贫困家庭和零就业家庭、优抚对象家庭、农村贫困户、城乡低保家庭及残疾等就业困难高校毕业生实现就业。

8. 妇女巧手帮扶行动。组织妇女手工制品协会、商会和手工企业，根据生产和市场需求，对失业妇女和零就业家庭妇女开展手工制品技能培训，引进来料加工项目，促进东北等困难地区失业妇女和零就业家庭妇女依托手工产业发展实现居家灵活就业。命名一批"全国巾帼巧手致富示范基地"，组织妇女参加国际国内文化交流、博览会、展销会、经贸洽谈会等各类商贸展洽活动，帮助在手工制品领域就业的妇女增加收入。

（三）搭建政企合作平台

引导社会企业参与，发挥电商、分享经济、人力资源服务等企业资源优势，借力"互联网+"行动，拓宽东北等困难地区就业门路。

9. 电商专项帮扶活动。扩大返乡创业试点发展农村电商战略合作协议覆盖范围，推进农村青年电商培育工程，将东北等困难地区就业困难城市纳入其中，发挥电商企业的资金和渠道等资源优势，设立电商帮扶基地，采取"平台+园区+培训"帮扶方式，对接市场需求，整合优势产品，帮助去产能中失业人员、长期停产停工企业职工、高校毕业生开办网店及从事流通行业。

10. 移动出行专项帮扶活动。支持滴滴公司等分享经济企业，通过优先录入平台、初期现金激励、专项技能培训、购车优惠支持等帮扶措施，对东北等困难地区有意愿从事移动出行行业的人员进行登记，开展车辆营运、安全、保险等方面培训，帮助去产能中失业人员和长期停产停工企业职工通过从事移动出行行业实现就业、增加收入。同时，分享经济企业将及时收集行业内汽车租赁公司、货运公司的用工需求，帮助部分人员转入这些公司，成为正式司机。

11. 人力资源服务企业联合招聘行动。支持58同城、前程无忧、智联招聘等人力资源服务企业，整合社会招聘和用工信息，筛选出一批工作岗位，通过在网站首页开辟招聘绿色通道发布职位、在微信公众平台和微博公众账号宣传推广、组织部分用工需求大的企业开展现场集中招聘等形式，帮助东北等困难地区去产能中失业人员和高校毕业生就业，帮助长期停产停工企业职工获得转岗就业信息。

三、组织实施

（一）加强组织领导

各地人社、发展改革、工会、团委、妇联等部门要高度重视本次就业援助工作，明确部门分工，加强协调配合，突出重点，共同发力。各地人社部门要充分发挥牵头协调作用，认真办好劳务对接协作、大中城市联合招聘、高层次人才促就业、技工院校校企合作培养等活动，参与电商专项帮扶活动，做好与分享经济企业和人力资源服务企业的对接工作；发展改革部门要积极引导企业参与电商专项帮扶活动，推动老工业基地产业转型技术技能人才双元培育改革试点；工会组织要不断推进工会解困脱困活动；团委组织要精心筹划青年见习助就业和高校就业困难学生精准帮扶行动，推进农村青年电商培育工程；妇联组织要切实开展好妇女巧手帮扶活动。活动实施期间，各地人社部门要密切关注经济和就业形势变化，加强对重点城市和行业的监测，及时跟踪活动效果，总结推广经验，研究解决工作中出现的问题。

（二）制定实施计划

本次就业援助工作的各项具体活动安排将由相关部门和单位会同各地制定。各地人社、发展改革、工会、团委、妇联等部门要根据各自分工，制定各项活动的实施计划，做到可落实、可操作、可检查。各部门要细化目标任务，明确时间进度，选准帮扶对象，积极出台保障计划顺利实施的相应配套措施，做好与地方的工作衔接，确保援助工作取得实效。

（三）广泛开展宣传

各地人社部门要充分利用网络、电视、报纸等多种媒体，加大对就业援助工作的宣传工作。做好本地公共招聘网站与各项招聘活动的对接，让更多劳动者了解和参与行动，吸引更多企业参与援助工作、创造就业机会。加强社会舆论引导，树立先进典型，营造全社会形成关心就业工作、互帮互助的良好氛围。

为保障本次就业援助工作的顺利开展，请各地人社部门确定负责整体协调工作的联系人和联系方式，于 2016 年 11 月 15 日前上报。

人力资源社会保障部

国家发展和改革委员会

中华全国总工会

共青团中央

全国妇联

2016 年 11 月 1 日